Burocracia
e ideologia

FUNDAÇÃO EDITORA DA UNESP

Presidente do Conselho Curador
Herman Jacobus Cornelis Voorwald

Diretor-Presidente
José Castilho Marques Neto

Editor-Executivo
Jézio Hernani Bomfim Gutierre

Conselho Editorial Acadêmico
Alberto Tsuyoshi Ikeda
Áureo Busetto
Célia Aparecida Ferreira Tolentino
Eda Maria Góes
Elisabete Maniglia
Elisabeth Criscuolo Urbinati
Ildeberto Muniz de Almeida
Maria de Lourdes Ortiz Gandini Baldan
Nilson Ghirardello
Vicente Pleitez

Editores-Assistentes
Anderson Nobara
Fabiana Mioto
Jorge Pereira Filho

Maurício Tragtenberg

Burocracia
e ideologia

2ª edição revista

Coleção Maurício Tragtenberg
Direção de Evaldo A. Vieira

© 2006 Beatriz Romano Tragtenberg

Direitos de publicação reservados à:

Fundação Editora da UNESP (FEU)
Praça da Sé, 108
01001-900 – São Paulo – SP
Tel.: (0xx11) 3242-7171
Fax: (0xx11) 3242-7172
www.editoraunesp.com.br
www.livrariaunesp.com.br
feu@editora.unesp.br

1ª edição – 1992, Ática

CIP – Brasil. Catalogação na fonte
Sindicato Nacional dos Editores de Livros, RJ

T685b
2.ed.

Tragtenberg, Maurício, 1929-1998
   Burocracia e ideologia / Maurício Tragtenberg. – 2.ed. rev. e ampliada. – São Paulo: Editora UNESP, 2006. (Coleção Maurício Tragtenberg)

   Inclui bibliografia
   ISBN 85-7139-656-6

   1. Weber, Max, 1864-1920.   2. Administração.   3. Burocracia.
I. Título.   II. Série.

06-1444   CDD 658.001
                                                                              CDU 65

Editora afiliada:

Asociación de Editoriales Universitarias de América Latina y el Caribe   Associação Brasileira de Editoras Universitárias

Burocracia e Ideologia foi originalmente tese de doutoramento junto ao Departamento de Ciências Sociais da USP – disciplina Política – defendida em 1973.

Agradeço ao Prof. Francisco C. Weffort pela orientação na elaboração da tese e leitura atenta de seu texto. Extensivos meus agradecimentos à Banca Examinadora, composta por Francisco C. Weffort (orientador), Mário Wagner Vieira da Cunha, Juarez R. Brandão Lopes, Manoel T. Berlinck e Leôncio Martins Rodrigues. Não poderia deixar de mencionar a importância do estímulo do Prof. Antônio Angarita Silva, chefe do Departamento de Ciências Sociais da Eaesp/FGV, e o inestimável auxílio intelectual recebido durante os anos de convívio com o jornalista Hermínio Saccheta.

Igualmente sou devedor ao Prof. Evaldo Amaro Vieira pelo auxílio prestado na revisão do texto, como também à minha esposa Beatriz e a meus filhos, Marcelo, Lívio e Lucila, pela paciência na elaboração da bibliografia consultada e no acompanhamento da produção do texto até sua conclusão.

Os mesmos homens que estabelecem as relações sociais de acordo com a sua produtividade material produzem também os princípios, as ideias, as categorias, de acordo com suas relações sociais. Assim, estas ideias, estas categorias são tão pouco eternas quanto as relações que exprimem. São produtos históricos e transitórios.

KARL MARX
Das Elend der Philosophie

Não há contrarrevolução sem teoria contrarrevolucionária.
FLORESTAN FERNANDES

Sumário

Apresentação 11
Prefácio à primeira edição 13
Introdução 19

**Parte I
Pré-capitalismo e capitalismo**

1. O modo de produção asiático 25

2. As harmonias administrativas de Saint-Simon a Elton Mayo 71

**Parte II
A crise do capitalismo e a passagem da teoria da administração à sociologia das organizações complexas**

3. A crise da consciência liberal alemã 113

4. Max Weber   133

5. Burocracia: da mediação à dominação   231

Bibliografia consultada   273

Apresentação

Os trabalhos de Maurício Tragtenberg se caracterizam pela erudição meditada, a heterodoxia tolerante e autonomia intelectual. Estes são traços constantes numa obra sempre influente, dispersa em longo período de tempo e variada no assunto, mas que preserva sua agudeza e atualidade de maneira, por vezes, dramática.

Justamente por isso, com o intuito de preservar e mais divulgar as contribuições deste autor, falecido em 1998, a Editora UNESP apresenta ao público a COLEÇÃO MAURÍCIO TRAGTENBERG, composta pela parcela mais representativa de tudo que produziu: seus livros; ensaios publicados em revistas, especializadas ou não; ensaios incluídos em trabalhos coletivos; prefácios e introduções. São também inseridos na COLEÇÃO os artigos saídos esparsamente na imprensa e os escritos destinados apenas à coluna jornalística "No Batente".

Esta reunião de obras impôs certos cuidados formais aos quais se voltaram tanto o coordenador da COLEÇÃO como a Editora UNESP, a saber: restabelecimento de textos por meio de compração com originais; eventuais notas; compilação de artigos; revisão e demais procedimentos necessários a uma edição sólida, que esteja à altura de seu conteúdo e respeite a visita do pesquisador/leitor a este marco da produção intelectual brasileira.

Coordenador da Coleção e Editor

Prefácio à primeira edição

O livro de Maurício Tragtenberg que agora apresentamos ao público está destinado a constituir-se num ponto de referência obrigatório para quantos se interessem pelo desenvolvimento das ciências sociais entre nós.

Haveria que começar por dizer que esta é certamente a primeira vez que se faz no país um esforço de apreciação crítica de conjunto sobre a Teoria Geral da Administração em seu processo de constituição histórica. E, neste caso, a novidade da análise de Tragtenberg está não apenas na exposição bastante criteriosa das ideias de Taylor, Fayol e Mayo como também na perspectiva histórica em que procede ao seu exame. Mais que uma teoria da administração, o taylorismo é visto aqui como uma transposição para o campo da administração de uma ética que corresponde às primeiras etapas do desenvolvimento do capitalismo, período de uma industrialização extensiva que requereria a concepção da estrutura administrativa como estrutura monocrática fundada num princípio particular, ou melhor, numa virtude particular, a obediência. Fayol representa de certo modo um prosseguimento dos princípios de Taylor. E de fato os leva mais longe em sua aplicação com a introdução de uma concepção de unidade de comando que significa a transposição para o campo da administração industrial dos princípios que fundamentam a hierarquia militar.

Deste modo, a Teoria Geral da Administração ganha vida, na análise de Tragtenberg, pela apresentação já não apenas de seus conceitos como do contexto histórico particular que a constitui num ramo particular das ciências sociais e, ao mesmo tempo, num dos capítulos mais importantes da história das ideologias que acompanham os processos de burocratização do mundo moderno. Neste sentido, caberia não esquecer o momento particular representado pela concepção das relações humanas de Elton Mayo. Na perspectiva de Tragtenberg, as relações humanas de Mayo são uma resposta intelectual às circunstâncias sociais criadas, especialmente ou primeiramente nos Estados Unidos, pela concentração do capital e pela formação das grandes *corporations* bem como pelo reconhecimento da enorme capacidade de defesa econômica da classe operária por parte do movimento sindical dos países avançados.

Mas o livro de Tragtenberg nos reserva ainda uma novidade talvez mais valiosa. Refiro-me à apresentação extremamente meticulosa das ideias de Max Weber, reconhecido, a justo título, como um dos autores mais importantes na teoria da burocracia. E com referência a esta parte, permita-me sugerir ao leitor que conceda igual atenção ao texto, ao qual o autor dedicou, aliás, o melhor de seus esforços de análise e crítica, e às notas de pé de página, riquíssimas de indicações novas sobre o pensamento político de Weber.

Digo que a análise de Tragtenberg sobre Weber contém uma novidade valiosa embora saiba que Weber é no Brasil talvez o mais conhecido dos clássicos da sociologia. E, de fato, temos aqui uma interpretação histórica do pensamento weberiano que diferentemente da leitura positivista mais frequente, não apenas no Brasil e sobretudo nos Estados Unidos, nos apresenta o sociólogo diante da maré montante do irracionalismo e na busca desesperada de manter as linhas de uma tradição liberal europeia que era na Alemanha não apenas frágil como inteiramente desamparada diante das perspectivas de crise que presidem a história alemã de inícios deste século.

Para tomar as palavras de Tragtenberg, temos aqui a sociologia weberiana apresentada dramaticamente como "a vivência de valores liberais numa época em que o liberalismo atravessa uma crise mortal".

Compreende-se o cuidado e mesmo a paixão com que Tragtenberg se ocupa do pensamento weberiano. É o próprio Tragtenberg quem registra, seguindo neste passo a indicação hegeliana, que o conceito de burocracia tem sua forma mais acabada, não na empresa privada, mas precisamente na administração estatal. Significa dizer que o conceito de burocracia, operando a mediação entre o interesse particular e o interesse geral diz respeito não apenas a razões de eficácia na empresa mas sobretudo a razões de poder no Estado. (Não é casual, portanto, que Fayol transfira para a administração industrial princípios da hierarquia militar...) Em outras palavras: a burocracia é essencialmente um conceito da esfera política, e, nesta medida, se diz respeito ao poder, diz respeito também à liberdade.

Deste ponto de vista, a reflexão sobre Weber assume, embora situada no quadro da sociedade alemã de inícios do século XX, até mesmo com riqueza de detalhe histórico, uma significação mais geral. A Alemanha vivia à época um período de transformação política, seria melhor dizer de crise política, que lançava raízes nas peculiaridades de uma sociedade vinda de um processo de industrialização, sem dúvida, muito intenso mas de qualquer modo atrasado em relação a outros países da Europa e de um processo histórico-político no qual a indecisão da burguesia na Revolução de 1848 terminara por lançar o país "na moldura burocrática da contrarrevolução". Deste modo, a realidade da Alemanha de Weber era, nas palavras de Tragtenberg, a de um país marcado pelo "predomínio do Estado e de sua burocracia sobre a sociedade civil". É neste quadro que vem a ganhar significação, na análise de Tragtenberg, não apenas a relevância do tema da burocracia na sociologia de Weber como as próprias características estruturais do pensamento weberiano. Embora apegado aos valores racionalistas e liberais de uma época mais feliz da burguesia europeia, o sociólogo alemão não poderia deixar de expressar também a crise que afetava o liberalismo em seu próprio país. É neste quadro que se pode entender as antinomias típicas de uma sociologia dividida entre a racionalidade da burocracia e a irracionalidade do carisma, entre uma concepção formal da racionalidade e uma concepção da racionalidade material.

Não escapará decerto ao leitor que a Alemanha da época de Weber ocupa no livro de Tragtenberg uma posição de verdadeiro paradigma analítico. E o mesmo ocorre num certo sentido com o pensamento de Weber. Na verdade, não há como deixar de reconhecer que até certo ponto os dilemas do intelectual Max Weber são os de todos os intelectuais democráticos do mundo atual, venham eles de uma tradição liberal ou de uma tradição socialista. E, em particular, naqueles países que, como o Brasil de nossos dias, têm em comum com a Alemanha da passagem do século um desenvolvimento industrial atrasado, porém intenso, uma burguesia dotada de uma tradição liberal extremamente frágil, um movimento operário frágil (muito mais frágil, aliás, que o alemão) e *last but not least* uma enorme burocracia estatal e um regime autoritário que submetem a seu império todas as manifestações de vida da sociedade civil. Resta saber se será possível aos nossos intelectuais diante de nossa época uma resposta mais rica que aquela oferecida por Weber diante da Alemanha de seu tempo. Resta saber se nos será possível não descolar da sociedade e ao mesmo tempo garantir a preservação dos valores da razão e da liberdade. Quem queira meditar sobre a questão terá certamente na Alemanha daquele período de crise um caso tristemente privilegiado para fins de comparação. A propósito, talvez não seja demais lembrar que a história da Alemanha não terminou com a República de Weimar, frágil substitutivo da democracia num país que parecia incapaz de realizá-la, e que nem mesmo a extraordinária imaginação sociológica de Weber poderia vislumbrar a quanto chegaria em seu país a brutalidade da avalanche irracionalista e autoritária do totalitarismo nazista.

A oportunidade que oferece ao leitor de uma reflexão desta natureza, na verdade a única reflexão digna de uma ciência social responsável, é certamente um dos maiores méritos do livro de Tragtenberg. E é mérito que se combina precisamente ao tratamento que o autor decidiu dar ao seu tema, cuja significação geral não deixa nunca escapar embora permanecendo todo o tempo fiel aos preceitos do método histórico na análise das questões da teoria. Neste sentido, as análises dedicadas a Weber são mais uma vez exemplares. Aí, verifica-se que o conhecimento da história da teoria pode e deve servir não para esvaziar a significação interna e geral dos textos teóricos em favor de sua redução ao contexto histórico em que foram produzidos, mas precisamente para iluminar a sua significação teórica geral. Deste modo, o livro de Tragtenberg é de grande valia para todos nós em sua dupla função de história crítica da teoria e de texto de análise teórica. E por esta razão, bem como pela inegável relevância dos temas que aborda, tem certamente garantido um lugar de realce em nossa literatura sociológica e política.

Francisco C. Weffort

Introdução

Este ensaio se destina, principalmente, a examinar o surgimento e o perecimento das teorias administrativas através do tempo, conforme as determinações econômico-sociais existentes.

Naturalmente, a análise obriga à apreciação de inúmeras questões, a fim de poder-se conseguir um quadro explicativo da irrupção e predominância de certas teorias de administração num dado momento histórico, refletindo os interesses das classes dominantes. Daí, determinada teoria transformar-se em *teoria dominante*; nessa medida assume caráter ideológico.

Assim, desde logo se levantam algumas perguntas fundamentais a respeito, às quais se pretende responder respectivamente ao longo dos capítulos que se seguem.

De modo global, são elas:

1. Sendo o estudo da Teoria da Administração a análise da legitimação burocrática do Poder, seja privado ou público, essa teoria de caráter repressivo aparece na ênfase à adaptação e controle do homem. Por que sua preocupação com o nível do co-

nhecimento permanece instrumental e o conhecimento do humano, limitado àquelas partes passíveis de controle?

2. Em que medida a passagem do vapor à eletricidade condicionou o surgimento das teorias de Taylor-Fayol como ideologia administrativa de acumulação? E como o capitalismo de organização encontrou em Mayo sua ideologia administrativa explícita?

3. Quais as condições históricas alemãs que permitiram a passagem da teoria da administração para a sociologia da organização em Weber?

4. Quais os limites e ambições da explicação weberiana? Quais os níveis de articulação de sua metodologia com sua sociologia da organização, do seu racionalismo burocrático com o capitalismo moderno e da sua neutralidade axiológica com o liberalismo político?

Com isto, se pretende estudar a Teoria Geral da Administração como ideologia, dentro do plano traçado e fundamentando-se em textos relevantes ao assunto.

Tal análise será desenvolvida em perspectiva estritamente sociológica, no nível de sociologia do conhecimento, isto é, do estudo da causação social das teorias de administração ideológicas.

Pretendemos estudar as teorias da administração dinamicamente, ou seja, como representações intelectuais de momentos de desenvolvimento histórico-social, explicar sua transitoriedade e ambiguidade: *ideológicas* como *falsa consciência* da realidade, ao mesmo tempo, *operacionais* em nível técnico.

Como nascemos, vivemos e morremos em organizações formais, as teorias explicativas destas são de primordial importância, principalmente, quando pela intervenção do Estado na economia, o próprio Estado aparece como organização. Daí, qualquer análise da Teoria Administrativa deve partir da burocracia enquanto poder, para atingir a burocracia na estrutura da empresa.

É claro que não temos a pretensão de esgotar assunto tão amplo, por força do volume de trabalhos a respeito e da multiplicidade de problemas que envolve. Ao contrário, tal tema necessita reiterados estudos, devido a suas peculiaridades e importância.

Cremos, pois, estar oferecendo o que poderia ser considerada uma contribuição, *em nível crítico*, para aqueles que se dedicam à investigação dos problemas da sociologia do conhecimento, especialmente na área da Teoria Geral da Administração.

Este ensaio funda-se numa análise categórica baseada em textos.

Em *nível lógico*, como administração significa burocracia, aproveitamos a contribuição de Hegel a respeito; em *nível histórico*, na medida em que as teorias administrativas são transitórias (ideológicas), porque refletem interesses econômico-sociais transitórios, fundamo-nos na perspectiva dialética; e, em *nível lógico-histórico*, na medida em que as teorias administrativas posteriores, embora refletindo momento histórico-econômico diverso do anterior, trazem em seu âmago o conhecimento cumulativo das teorias preexistentes, fundamo-nos na perspectiva de Marx, da relativa autonomia da produção teórica em relação às determinações econômico-sociais globais.

O levantamento de dados necessários à elaboração deste ensaio se deu nos textos mais significativos dos autores citados na bibliografia constante na parte final desta obra.

Recorremos a obras especializadas, a textos estudados dos teóricos da administração, a artigos de revistas e publicações de natureza sociológica e referida a teorias gerais da administração.

É claro que, embora tenhamos pesquisado em textos básicos e atuais, entendemos que um ensaio não é somente um universo articulado baseado em fontes primárias, porém, *uma interpretação e associação nova de ideias, fundadas em "antigos" textos.*

Parte I
Pré-capitalismo e capitalismo

1
O modo de produção asiático

A administração, enquanto organização formal burocrática, realiza-se plenamente no Estado, antecedendo de séculos ao seu surgimento na área da empresa privada.

O *segredo* da gênese e estrutura da Teoria Geral da Administração, enquanto modelo explicativo dos quadros da empresa capitalista, deve ser procurado onde *certamente seu desenvolvimento mais pujante se dá: no âmbito do Estado* (Touraine, 1968).

O capitalismo industrial, estruturando a empresa burocrática, encontrou, nos vários modelos da Teoria Geral da Administração, de Taylor aos estruturalistas ou sistêmicos, um modelo explicativo, no século XX, a transição das sociedades fundadas no capitalismo liberal para o capitalismo monopolista e a emergência da burocracia como poder funcional e político,[1] elemento

---

1 O *modo de produção asiático* fora enunciado inicialmente por John Stuart Mill em 1848 e Montesquieu no seu *De l'Esprit des Lois*, posteriormente desenvolvido sistematicamente por Marx, 1931, p.244; Godelier, Marx & Engels, 1966; e Wittfogel, 1931, v.I, desenvolvendo sistematicamente o tema em

típico no plano meramente formal das civilizações orientais.[2] Foi Hegel que, no plano lógico, operacionalizou o conceito *burocracia* em nível do Estado e da corporação privada.

Hegel foi um dos primeiros estudiosos da burocracia, enquanto poder administrativo e político, formulando o conceito: *onde o Estado aparece como organização acabada* (Hegel, 1940, p.190), considerado *em si e por si* (ibidem, p.190), que se realiza pela *união íntima do universal e do individual* (p.191).

Para Hegel (1940), o Estado como *realidade moral*, como *síntese do substancial e do particular* (p.196), contém o *interesse universal enquanto tal, que é sua substância* (p.200), deduzindo-se, então, ser o Estado a *instância suprema que elimina todas as particularidades no seio de sua unidade* (p.218).

Oriental Despotism: a Comparative Study of Total Power, 1951. "Consequentemente, as condições coletivas da apropriação real através do trabalho (p.ex.: *Sistemas de irrigação*) muito importantes entre os povos asiáticos, meios de comunicação, etc., *aparecem como obra da unidade superior, do governo despótico* que flutua *acima* das pequenas comunidades" (Marx, 1971d, v.I, p.436).

[2] "Esse modo de produção aplica-se em geral a países com grandes extensões desérticas, onde as condições climáticas obrigavam a um atendimento particular, à organização da irrigação artificial pelos canais; essa área estende-se pelo Sahara aos *plateaux* mais elevados: o Egito Antigo, Mesopotâmia, Arábia, Pérsia, Índia e Tartária" (Babicou, 1968, p.49).

Entenda-se, a burocracia patrimonial pré-capitalista ou a capitalista representam categorias *historicamente* dadas cuja inteligibilidade é obtida através do estudo da especificidade do modo de produção asiático, escravista, feudal, capitalista. O que se quer colocar é o que as estruturas de dominação, ressalvados os dados de transitoriedade e especificidade, têm em comum: a *separação* entre o Estado e a sociedade civil, a burocracia e o súdito numa relação de dominação, ou dominação exploração (no modo asiático de produção), levando à *Pacificação da existência social* de que fala H. Marcuse. Tais comparações já haviam sido feitas por Marx, quando após ter descrito as condições econômico-sociais que permitiram a emergência do modo de produção asiático, fundado na *cooperação simples do trabalho*, finaliza: "Esse poder dos reis egípcios e asiáticos, dos teocratas etruscos e outros, na sociedade moderna *transferiu-se* para o capitalista, seja um capitalista isolado, ou, como num fundo de empresas reunidos, *coletivo*" (Bottomore & Rubel, 1964, p.113).

Sendo o Estado para Hegel a *realidade em ato da liberdade concreta* (1940, p.195) que *se conhece, pensa e realiza pelo fato de sê-lo* (p.190), sua finalidade é a integração dos interesses particulares e individuais. Essa integração não suprime a antinomia (interesse geral) e sociedade (conjunto de interesses corporativos e particulares). Essa antinomia manifesta-se na existência de interesses particulares das coletividades que pertencem à sociedade civil e que estão fora do *universal em si mesmo e por si, do Estado*, e são administrados pelas *corporações nas comunas e em sindicatos e classes por suas autoridades: presidentes, administradores. Esses negócios que eles cuidam representam a propriedade e o interesse dessas esferas particulares* (p.220), o que não impede a *transitividade* do espírito corporativo da burocracia empresarial privada à pública do Estado, na medida em que ela *nasce da legitimidade das esferas particulares e transforma-se internamente, ao mesmo tempo, em espírito do Estado, pois encontra nele o meio para atingir seus "fins" particulares* (p.226).

Hegel procura sintetizar na corporação (entendida como burocracia privada) e no Estado (entendido como burocracia pública acabada) as múltiplas determinações que levam à tensão entre o interesse particular e o universal do Estado; na existência da burocracia que pressupõe as corporações, ela, enquanto burocracia estatal, é o formalismo de um conteúdo situado fora dela: a corporação privada.[3]

A teoria de Hegel aplicada à burocracia é formal, mas de um formalismo político, que encobre uma realidade que ele desnatura, reduzindo arbitrariamente a oposição e traindo o real.

Hegel analisa a composição social da burocracia: funcionários oriundos da classe média.

---

3 Para Hegel, na medida em que se estrutura a carreira burocrática no Estado, este passa a constituir finalidade *privada* do funcionário; para prevenir essa *disfunção*, Hegel apela para a *formação moral dos funcionários públicos*.

A existência da burocracia pressupõe, pelo menos, o espírito corporativo.

O Estado com seu formalismo pode opor o *interesse geral* (com a burocracia) como instrumento às corporações (interesses privados), representadas por latifundiários, industriais, operários, camponeses. A burocracia representa no esquema hegeliano certas corporações ou sua combinação. Além de ser um instrumento das classes dominantes, a burocracia tem efeitos de permanência subsistindo com nível relativo de autonomia. Esse nível atualmente é encontrado na burocratização das lideranças sindicais e dos Estados *socialistas*. A *corporação* é a burocracia da sociedade civil e do Estado, *sua hierarquia de formas, de apresentação*. Ela se opõe como *sociedade civil* ao Estado, ao Estado da sociedade civil, às corporações. O mesmo espírito que na sociedade criou a corporação cria no Estado a burocracia. A burocracia é mesmo uma corporação, aparece como realidade no bonapartismo e na Prússia. No capitalismo de Estado, no regime democrático liberal, aparece como agente da *vontade geral*, como um universal que encobre determinações privatistas.

A burocracia protege uma generalidade *imaginária* de interesses particulares. As finalidades do Estado são as da burocracia e as finalidades desta se transformam em finalidades do Estado. A burocracia é sinônimo de toda casta, seja hindu ou chinesa. Ela possui o Estado como sua *propriedade*. A autoridade é sua ciência e a idolatria da autoridade, seu sentimento mais profundo.

A *ideologia* da burocracia aparece quando se dá a divisão dos funcionários como portadores de símbolos, uniformes e signos do que do saber real, técnico e utilitário: hierarquia autoritária. Hegel submete o individual e particular às determinações do universal.

A universalidade representada idealmente pela burocracia assume a forma-limite no fascismo, quando este chama seus funcionários de *hierarcas*. O desenvolvimento capitalista no século XIX caracterizou-se pela resistência das corporações da sociedade civil à burocracia (Inglaterra e EUA) e pela luta contra as limitações à concorrência.

A burocracia hegemônica, incapaz de vencer o antagonismo das corporações, tem aí sua razão de ser; une os aspectos formais e reais no nível do poder real e absoluto. O Estado para Hegel é o espírito que se encarna no mundo.

Hegel considera o Estado como organismo, uma totalidade; para ele é o interesse geral onde reside a *conservação dos interesses* "particulares".

As determinações básicas concretas são:
a. o interesse geral e, nesse interesse geral, a conservação de interesses particulares como finalidade do Estado;
b. os diferentes poderes como *realização* dessa generalidade do Estado;
c. o espírito cultivado, autoconsciente, agindo como sujeito da finalidade e da sua realização.

Em lugar de estudar as diferentes substâncias do estado político – poder legislativo, executivo e judiciário –, Hegel deduz a realidade e a legitimidade da Constituição do Estado, da consciência que um povo possui, *de forma que cada povo tem a Constituição que lhe é apropriada e que lhe convém.*

O poder soberano existe como vontade individual no rei, que é a única pessoa particular na qual se realiza a relação da pessoa particular com o Estado. O povo não pode ter soberanos na medida em que é representado pelo príncipe ou pelo Estado.

Hegel descreve o *ethos* da burocracia prussiana: autonomia da sociedade civil nas corporações, escolha de administradores delegados do poder governamental, funcionários de execução, no conjunto uma função pública retribuída.

Von Mises nota que o sistema administrativo prussiano copiou as instituições da Monarquia francesa. Frederico II importa da França os métodos e as pessoas que vão aplicar a norma burocrática. A administração aduaneira estava nas mãos de algumas centenas de funcionários franceses emigrados. Um francês fora nomeado para o cargo de diretor geral dos Correios; outro, presidente da Academia.

Hegel separa o interesse universal (Estado) e a sociedade civil (interesses particulares). A burocracia fundamenta-se nessa separação, aparecendo como elemento de *mediação* entre governantes e governados.

Atualmente, mesmo os Estados *'socialistas'*, que negam a existência de classes, regulam a existência de estamentos, ou seja, grupos institucionais sociais de interesses *particulares*. Kholkoz, *quadros técnicos*, esses interesses privados são realidade do Estado; na economia burocrática, os sindicatos tornam-se Estado na forma de estamentos.

A burocracia, enquanto classe dominante (detentora dos meios de produção), elemento de mediação com a sociedade global, exercendo o poder político, perfila-os ante a História como uma forma de dominação burocrático-patrimonial ou *modo de produção asiático*. No modo de produção asiático, o déspota oriental representa a confluência de um processo social, que se inicia com a burocracia, surgindo das necessidades técnicas (irrigação da terra arável), finalizando como *poder de exploração*, efetuando-se assim a transitividade da burocracia cumprindo funções de *organização e supervisão* para o *monopólio do poder político*.[4]

---

4 "Os efeitos da cooperação simples no modo de produção asiático aparecem em seu aspecto colossal nas gigantescas obras dos antigos asiáticos, egípcios e etruscos. Na antiguidade, tais Estados asiáticos, depois de empregarem a maioria de seus recursos na área civil e militar, possuíam um *excedente* de produtos para converter em obras de ornamento e utilidade. O domínio que possuíam o rei e os sacerdotes, sobre mão de obra de tal população *não* ocupada na agricultura e o *poder exclusivo* para dispor de tal excedente, oferecia-lhes os meios para levantar aqueles ingentes monumentos que cobriam o país. Utilizou-se quase exclusivamente a força humana para construção e transporte daquelas estátuas colossais e daquelas enormes massas, cuja possibilidade de terem sido transportadas, ainda hoje, nos assombra. Para

O *modo de produção asiático* surge na sociedade quando aparece o excedente econômico, que determina uma maior divisão de trabalho separando mais rigidamente agricultura e artesanato, que reforçam a economia consuntiva,[5] à qual se sobrepõe o poder representado pelo chefe supremo ou uma assembleia de chefes de família. Dá-se a apropriação do excedente econômico por uma minoria de indivíduos com retribuição à sociedade. Daí a exploração assume a forma de *dominação*, não de um indivíduo sobre outro, mas de um indivíduo que personifica uma função sobre a comunidade.[6] A necessidade da cooperação simples, em que a máquina tem papel secundário e a divisão de trabalho é incipiente para a realização de obras que sobrepassam as comunidades, vai requerer uma *direção centralizada* para coordenar os seus esforços. Na medida em que isso se dá, unido à eficiência do trabalho, *é possível a transformação do sentido funcional da autoridade superior em instrumento de exploração das comunidades subordinadas, quando se dá a apropriação da terra pelo Estado, que mantém a propriedade comunal. O indivíduo continua na posse da terra como membro de sua comunidade particular.*

Assim, a cultura de irrigação junto com a horticultura e a irrigação pelos grandes rios criam a necessidade de supervisão centralizada que irá recrutar mão de obra relativamente ampla.

A sorte dos judeus no Egito está ligada a esse processo; são recrutados à força para as expedições dos reis assírios e babilô-

---

tanto, bastou concentrar uma multidão de trabalhadores e unificar seu esforço" (Le Capital, in Marx 1965, p.873).
5 Para Max Weber, economia consuntiva é sinônimo de economia natural; no entanto "não se conhece ainda nos séculos XIV e XV, p.ex., entre os Médici, a *separação* sistemática do regime de economia consuntiva (natural e economia lucrativa)" (Weber, 1956, p.8).
6 Conforme pesquisa do jurista-historiador Maitland, 1911, v.2; e ainda Weber, 1904, v.83. Idêntico processo, acentua *Max Weber*, deu-se na formação da Iugoslávia e Croácia, contrariando a tese de Peisker, 1900, v.7, que vê nessa estrutura o resultado da organização tributária de Bizâncio.

nicos, que, com seus séquitos, procuram reunir mão de obra para construção de canais e cultivo das zonas desérticas. Nesse sentido, a via fluvial do Nilo desempenhou papel vital na centralização burocrática,[7] atuando como fator decisivo na formação de uma hierarquia de clientes subordinada diretamente ao Estado patrimonial-burocrático.[8]

O controle da água em grande escala é dirigido pelo Estado e seu caráter centralizado e despótico no Egito repetia-se na Antiga Mesopotâmia[9] e na China (Weber, 1964a, v.2, p.775), onde os cultivadores passivos e ignaros estão *sob a direção de uma classe letrada de funcionários que planejavam e executavam o plano* (Balazs & Maspero, 1967, p.169-70).[10] Incapaz de organizar-se, o *camponês chinês sofre a dominação tirânica do Estado*, reforçada pela ausência ainda maior dos senhorios territoriais, que apesar dela ainda existiam no Egito, tendo sido substituídos pela burocracia construtora de canais, de depósitos para *armazenamento de tributos "in natura", de onde os funcionários retiravam suas côngruas ou emolumentos, abastecendo o Exército*. No início da época histórica da China, dar-se-á a regularização das águas, atribuída às qualidades carismáticas de um soberano demiurgo, o grande Yu.[11]

---

7 "Sem ela (a via fluvial do Nilo) não teria a centralização burocrática alcançado, no Egito, o grau que efetivamente alcançou" (Weber, 1964a, v. 2, p.716).

8 No Egito Antigo, deu-se "a submissão da povoação a prestações pessoais numa proporção que antes não fora possível e conduziram o Antigo Império a uma situação em que *toda* povoação estava organizada numa hierarquia de clientes (dependentes), na qual o homem sempre foi considerado boa presa; em alguns casos foi incorporado às *cohortes* de escravos do faraó" (ibidem, p.773).

9 A respeito, o magistral estudo de Rustow, 1950-1952.

10 Retomando uma tese idêntica desenvolvida por Wittfogel, 1951.

11 Conforme Balazs & Maspero, 1967, p.170, idêntico processo se dá na América com os incas, onde num nível de tecnologia neolítica a burocracia "governava teocraticamente sobre uma sociedade hidráulica simples" (Wittfogel, 1951, p.117). Tal ponto de vista é reforçado por um cronista incaico da época (Vega, 1945, v.I, p.282), que observara "a falta de retribuição pelos

O objetivo do Estado torna-se o objetivo da burocracia, cujo espírito é o segredo mantido no plano interno pela rigidez hierárquica no fluxo de comunicação, e pelo seu caráter de corporação fechada, no plano externo. Encontramos assim em Hegel *as determinações conceituais que permitem a análise da burocracia do Estado, da burocracia enquanto poder político que antecede em séculos a emergência da burocracia determinada pelas condições técnicas da empresa capitalista, oriunda da Revolução Industrial.*

O modo de produção asiático engloba todas as sociedades asiáticas, como também o México e o Peru.

O modo de produção asiático é ao mesmo tempo um modelo histórico e um modelo sem história. É histórico, porque existiu no passado histórico das sociedades asiáticas; não tem história, porque é impossível precisar a época de seu início e desaparecimento e porque não se deu simultaneamente em todas as sociedades. É um modelo que revela os sistemas econômicos passados dessas sociedades.

O modo de produção asiático para estabelecer-se pressupõe a existência de escassa divisão de trabalho entre campo e cidade, a transição da economia de consumo para a produção do excedente, levando à exploração do sobretrabalho, a existência de uma autoridade suprema (o Estado, para saquear, guerrear e dirigir obras públicas); para tal, o Estado deve ter a propriedade da terra. A burocracia confunde-se com o Estado, é composta por militares, elite intelectual, funcionários públicos.

Para realização de obras públicas e manter a classe dos funcionários, o Estado extrai, sob forma de impostos, mais-valia da economia de subsistência das aldeias.

O povo cria pelo trabalho; em troca, recebe uma remuneração que representa o conjunto de seus bens de consumo. A

---

serviços prestados no *trabalho obrigatório das estradas*, construção de pontes, canais de irrigação e nas *terras do Estado*".

mais-valia, compreendendo a renda da terra, é apropriada pelo Estado sob forma de impostos. O Estado então reparte-a entre a realização de obras públicas e manutenção da burocracia. Esta, com essa renda, adquire bens de consumo. Há rendas de origem externa, saqueio e pilhagem e os tributos recebidos.

A mutação do modo de produção asiático aparece em decorrência de o Estado constituir uma classe sobre uma economia aldeã. Diferentemente da estrutura rural do modo de produção germânico, o asiático engendra a criação de cidades centrais (China, Ásia Central, Índia), propiciando o desenvolvimento das ciências, artes, artesanato, comércio e usura. A classe comerciante num sistema autárquico com cidades criadas pelo Estado não tem papel importante.

O contato das sociedades do modo de produção asiático com o capitalismo determina maior importância da classe comerciante. Ela inverte capitais na terra. Não há feudalismo pela inexistência de servos e senhores feudais. A propriedade territorial coexiste com a do Estado.

O modo de produção asiático aparece também na Rússia por ocasião da invasão huna, determinando a longo prazo certos aspectos da vida social e econômica que a nós, ocidentais, podem parecer impostos pela Revolução Autoritária (1917), mas que são de fato prolongamentos de instituições preexistentes da antiga Rússia, fornecendo dados para a compreensão da realidade russa contemporânea.

As forças produtivas que se acham na base do modo de produção asiático se caracterizam por uma maior utilização da força produtiva do *trabalho humano* do que da força produtiva dos *meios de produção*. O modo de produção asiático pressupõe uma superexploração da força de trabalho que compensa a subutilização das possibilidades tecnológicas. Isso é possível se a população vive em suas aldeias na forma de comunidade primitiva, pois o sistema de exploração que exerce o Estado *não* permite a sustentação da força de trabalho, salvo na época em que é utilizada para construção de canais, edifícios e estradas.[12]

O modo de produção asiático é uma categoria que se define em relação à produção, exprimindo as relações sociais criadas em função das necessidades básicas do desenvolvimento das forças produtivas. Sua *lei básica* não aparece no nível das técnicas de produção, nem dos imperativos geográficos (irrigação, clima seco), mas no nível da produção como forma específica da exploração da natureza pelo homem: implica organização técnica do trabalho, forma de cooperação e autoridade social estruturada hierárquica e monocraticamente.

A intensidade dos estudos atuais sobre o modo de produção asiático se deve ao fato do surgimento de Estados independentes na Ásia, África e América Latina. A via socialista que alguns seguiram e o desenvolvimento dos movimentos de libertação nacional levam ao estudo das sociedades pré-capitalistas europeias, africanas e asiáticas.

O modo de produção asiático aparece no período mais brilhante da civilização do bronze, quando o homem domina a natureza e inventa novas formas de exploração agrícola, do comércio, da moeda e das novas religiões.

O controle ilimitado da força de trabalho dos súditos permitiu aos reis da Suméria, Babilônia, Egito, construir, em seus palácios, jardins e sarcófagos monumentais.

---

12 "Como no Egito e na Índia, as inundações são utilizadas para fertilizar o solo; na Mesopotâmia, Pérsia e outros lugares, o alto nível das águas permite que os canais de irrigação fiquem cheios. Essa necessidade elementar de um uso econômico e comum da água fez com que, no Ocidente, os empresários privados se agrupassem em *associações voluntárias*, como ocorreu na Flandres e na Itália. No *Oriente*, o baixo nível da civilização e a extensão territorial *impediram* que surgissem associações voluntárias, impondo a intervenção do poder centralizador do governo. *Por isso, todos os governos asiáticos tiveram que desempenhar essa função econômica: organizar as obras públicas*" (Godelier, Marx & Engels, 1969, p.81).

Erigiram obras hidráulicas, implantaram instalações produtivas como canais, aquedutos, depósitos, diques para irrigação e controle da inundação,[13] bem como aquedutos para água potável, canais de navegação, ao lado de obras não hidráulicas, como muralhas, estradas, edifícios públicos, palácios, templos, sarcófagos.[14] A mão de obra era mobilizada pelo sistema de prestação de trabalhos forçados, temporários, porém de forma recorrente.

A burocracia aparece em germe nas primeiras cidades sumerianas onde a invenção da escrita favorece esse processo. Em torno do rei, como dos templos, desenvolve-se uma burocracia real para gerir-lhe a fortuna, criando em Nipur um santuário. Hamurabi administra em forma de pirâmide, as vilas são governadas por prefeitos nomeados pelo rei. Os assuntos da sociedade são considerados menos importantes que os do príncipe que encarna o Estado no plano político. Na segunda metade do terceiro milênio, surgem o desenvolvimento da burocracia e a noção de Estado devido à formação dos grandes impérios.

A terceira Dinastia de Ur (2111-2003 a.C.) é o primeiro Estado do Oriente: a autonomia das cidades é liquidada, os chefes são funcionários ante o rei, as fronteiras ficam sob a guarda de

---

[13] Para Marx "a maior contribuição do governo despótico é a irrigação" (Marx, 1968b, v.2, p.315).

[14] Na América, antes da conquista, também se dava isso:
"O Estado no modo de produção asiático armazenava não só água, como víveres; assim a diversidade de armazéns (entre os incas no Peru) e seu conteúdo foram descritos frequentemente com assombro. Em 1547, cinco anos após a conquista europeia, Polo foi capaz de alimentar mil pessoas durante sete semanas com as provisões dos armazéns de *xauxa*. Ele estimava que haveria ali mais de 85 milhões de litros de alimentos ainda armazenados após anos de saque e destruição. Não é necessário aceitar inteiramente como exatas as declarações dos cronistas para notar que, aqui, havia um *superavit* cuidadosamente acumulado por operações do Estado realizadas em grande escala". Cf. Xerez, 1853, v.2, p.322-6; Ondegardo, s.n.t., in Drouton & Vandier,1952, v.2.

funcionários nomeados pelo rei. O Estado mesopotâmico centralizado no soberano e no corpo de funcionários é o modelo que outras monarquias irão imitar, como os hititas entre os séculos XIV e XII a.c. Os funcionários são ligados ao rei por juramento. A irrigação na Mesopotâmia concentra os poderes em torno do rei; a necessidade de construir canais que ultrapassam 350 metros em comprimento, reservatórios para armazenamento da água cuidando de sua manutenção leva na Suméria, no Vale dos Hindus, em Creta ou na Anatólia, à supremacia econômica do palácio.

Nas cidades capadócias onde se estabelecem negociantes assírios, as profissões são controladas pelo Estado.[15] O surgimento da moeda levará a uma equivalência que um poder deve fazer respeitar: só o palácio e o templo podem fazê-lo.[16]

Na Capadócia, o aparecimento da metalurgia determina estrita regulamentação burocrática.[17] Os metalúrgicos aparecem como confraria quase religiosa.

No Egito, o estatismo faraônico, embora não pudesse em alguns períodos abarcar todas as atividades sociais, propusera sobrepor às estruturas descontínuas das províncias uma administração rígida, onde o faraó, agente na terra de caráter divino, tem o domínio eminente do solo egípcio. Ao mesmo tempo con-

---

15 Fundando-se nas viagens de F. Bernier, no pastor C. Foster e na obra de J. Child, Marx crê que o imperador é o único proprietário de terra e nisso vê a chave para explicação da formação econômica e social da Pérsia e Turquia. Conforme cartas de Marx a Engels de 2/6/1853 e 4/6/1853 e carta de Engels a Marx de 6/6/1853 (Godelier, Marx & Engels, 1966, p.51-4).
16 "A irrigação artificial exige um poder central regulador e empreendedor de grandes obras" (Kosambi, 1956, p.280). Refere-se o autor à época Gupta.
17 Essa é uma constante na Antiguidade Oriental, decairá na Grécia arcaica e ressurgirá no período helenístico onde "os Lágidas viam sobretudo nas agrupações profissionais a possibilidade de administrar mais facilmente seus Estados e o modo de impor a responsabilidade coletiva em matéria de tributos, requisições e exigir serviços pessoais em caráter obrigatório" (Touraine, 1968, v. I, p.301-2).

trola o comércio exterior, a exploração mineira e a metalurgia. Desenvolvendo uma política de monopólios que sob os Lágidas atingirá seu apogeu, o Estado e o templo são os dois polos de orientação da atividade do país; esta estrutura monolítica é que dá ao Egito Antigo a aparência de uniformidade.[18]

A abundância da mão de obra e a habilidade na organização do trabalho são responsáveis pela economia de prestígio no Egito (pirâmides) e pela irrigação; no topo, estrutura-se a supremacia da burocracia egípcia.[19]

Agregue-se a isso a legitimidade tradicional do poder, definida pela existência de uma realeza religiosa que facilita a integração. Daí ser ela a expressão de uma sociedade coerente, hierárquica e centralizada num conjunto estruturado. Como na Babilônia, Sargão, fundador do 1º Império Akade, coloca-se como Deus, o Egito após a Unificação apresenta o soberano como de essência divina. O rei é Horus, Deus sobre a terra. Daí tornar-se este culto estatal.[20]

---

18 No Egito helenístico, Bizâncio, Turquia otomana, Índia e China, os grupos profissionais urbanos eram organizados e supervisionados pela administração pública que regulava suas atividades. Diferentemente do Ocidente, "as cidades são campos militares dependendo do Exército, sem participação no poder; elas constituem o fundamento sólido do despotismo oriental, aprisionam o espírito humano tornando-o instrumento dócil da superstição, escravo da tradição, privando-o de toda grandeza e energia histórica" (Karl Marx). Artigo publicado no *New York Daily Tribune*, de 10/6/1853 (Godelier, Marx & Engels, 1966, p.60).

19 "Fora o escriba, todo mundo é mandado no Egito" – é o que ensina a *Sátira dos Ofícios* – e quanto mais pobre é um homem, maior é o número de privilegiados que se creem com poder para dispor dele" (Touraine, 1968, v.I, p.160).

20 Igualmente, no Vietnã, temos a realeza divina. "O caráter Vuong na sua simplicidade (*wong* em vietnamita significa *rei*) *reflete* as relações sociais de que os alunos devem impregnar-se passivamente; comporta três traços horizontais paralelos: o primeiro deles, segundo se pretende, representa o céu; o do centro, que é o mais curto, o homem; e o abaixo, a terra. Um traço vertical que une o céu à terra atravessa o homem e aprisiona-o na *aceitação*

A *China* representa uma forma acabada onde o modo de produção asiático se dera.[21]

No período de Confúcio,[22] apresenta ela grandes monopólios econômicos de artigos de consumo de massa; isso possibilita uma política de alta tributação que incide sobre o sal, álcool e chá. O Estado possui o monopólio da educação e regula burocraticamente as construções públicas e privadas, os rituais das festas, o nascimento e a morte. Isso favoreceu o ambiente de rotina, tradicionalismo e imobilidade ante a qual era suspeito qualquer movimento dirigido à inovação e à livre pesquisa.[23] Esta burocracia utiliza o princípio da responsabilidade coletiva e solidária que iguala os parentes inocentes àqueles que cometeram crimes. Essa arma será utilizada contra inimigos internos. O monarca na qualidade de *filho do céu* representa os interesses do *povo*, que tanto pode significar classe dirigente, massas camponesas ou a própria burocracia.

O monarca chinês reina como pai benevolente, como chefe supremo de uma *família*,[24] e é tutelado pela burocracia, que pos-

---

de sua condição. É de cima para baixo que se traça este último traço, pois o homem deve obedecer à vontade do céu e, por sua vez, a terra deve receber seus trabalhos. *Só o rei tem um poder suficientemente* amplo para abarcar o sistema do mundo" (Chesneaux, 1969, p.90).

21 No Oriente, "a economia fluvial propiciou o fundamento técnico do princípio da unificação, cujo ponto de partida histórico se encontra na origem da realeza como realeza urbana" (Weber, 1964a, v.2, p.780).

22 "É certo que em alguns monumentos literários do Egito encontram-se princípios de uma ética de uma Filosofia específica própria da burocracia. *Mas só na China* encontrou-se uma Filosofia prática burocrática – o confucionismo –, uma perfeição sistemática e fundamental harmonia de conjunto" (Weber, 1964a, v.2, p.777).

23 "A ciência na China é reservada ao funcionário do Estado" (Hegel,1940, p.60).

24 A extraordinária acentuação da piedade familiar na religião de Confúcio, motivada magicamente devido à consequência da significação do espírito dos antepassados, é cultivada deliberadamente por uma organização políti-

sui o direito de destituí-lo do cargo, direito esse delegado pelo céu ao povo revoltado, conforme fórmula datada de 372-289 a.C. A expressão *geming* (destituí-lo do mandato) servirá no século XIX para definir a noção ocidental de revolução, que será exercida pela burocracia como intérprete dos signos de descontentamento popular.

A obediência filial, o culto aos ancestrais e dos inferiores aos superiores hierárquicos, difundido por catecismos, imagens e contos no período Han *fundamentam a disciplina estatal*. No confucionismo, liga-se a obediência filial ao culto dos ancestrais; *essa composição* religiosa do poder imperial pode explicar em parte a falta de um clero e de uma Igreja.[25]

O poder leigo domina no Estado e a burocracia rejeita aqueles imperadores que na Idade Média tendiam ao budismo ou lamaísmo sob os mongóis, não permitindo a intromissão do clero nos assuntos do Estado. Por sua vez, ela utiliza a censura para limitar o poder do rei, controlando-o. O recrutamento por meio de exames a partir dos T'ang e após os Song (960-1279) vai-se constituir no principal meio de acesso à burocracia. Ela, apesar de rotineira, opõe-se ao enfeudamento de seus componentes.[26]

---

ca de tipo patriarcal e burocrático-patrimonial regida pela sentença de Confúcio: "A insubordinação é pior que um baixo sentimento", e por isso a subordinação às autoridades familiares vale, como se diz expressamente, como símbolo das qualidades políticas e sociais (Weber, 1964a, v.I, p.449).

25 Estudando as causas da inexistência de um clero burocraticamente estruturado na China mostra Weber que: "em situações diversas, a posição do Pontífice acha-se submetida ao poder secular, como ocorreu e ocorre em parte no principado romano, na *China*" (1964a, v.2, p.875). Onde "o monacato é completamente aniquilado..." (ibidem, p.886); isto porque "orientava o povo a uma contemplação ociosa e economicamente improdutiva" (p.897).

26 "Nomeações a curto prazo, exclusão dos cargos nos territórios em que o funcionário tenha parentes, vigilância mediante espiões (os chamados *censores*), junte-se a isso, pela primeira vez na História, a exigência de exames e provas de capacidade" (ibidem, p.776).

A China[27] constitui-se numa sociedade agrária, em regime de autarquia econômica. O *sistema hidrográfico* assegura as artérias principais, funda-se na economia natural;[28] possuindo uma classe artesanal e mercantil pouco numerosa, sua grande força é constituída pelo mandarinato, a burocracia letrada, socialmente necessária à coordenação da produção social, que orienta o trabalho produtivo dos outros, dedica-se à organização, transporte, construção de canais e estradas. Essas obras públicas favorecem a irrigação; os burocratas tornam-se arquitetos, administradores e educadores; *são os "managers" generalistas*, essa aristocracia letrada que aprendeu a governar, encarnando o Estado. Tem ela funções hidráulicas (Wittfogel, 1951) e políticas importantes, cria um ambiente de suspeita fundado na delação, levando a um horror à responsabilidade no burocrata chinês.

Por sua vez, o camponês chinês preferia ser *protegido* pelo mandarim a ser pelo proprietário particular.

No que se refere à *cidade* chinesa, ela não se constituíra como no Ocidente em sede da liberdade, mas, sim, do mandarinato, centro de administração estatal.[29]

---

27 "A regulação fluvial e a construção de canais – pelo menos na China setentrional e central – para fins de tráfico, as enormes construções militares – possivelmente realizadas também aqui por prestações pessoais dos súditos – os depósitos para armazenamento de tributos, donde os funcionários retiravam suas côngruas e com que era equipado e abastecido o Exército, e na estrutura social, *uma ausência todavia maior que no Egito de senhorios territoriais. Todas essas circunstâncias foram também aqui os fundamentos do poder adquirido pela burocracia patrimonial*" (ibidem, p.775).

28 "O modelo histórico de todas burocracias posteriores – o Novo Império Egípcio – é ao mesmo tempo um dos mais notáveis exemplos de uma organização fundada na economia natural" (ibidem, p.710).

29 "... Também na China, a necessidade da regularização do curso das águas e uma política hidráulica correspondente originaram uma burocracia governamental – inicialmente orientada para a construção e posteriormente abrangendo toda administração – que possibilitou ao rei com auxílio de seu quadro administrativo assumir a direção do Exército: o *oficial* e o *solda-*

O regime agrário era comunitário, fundado em torno do campo central; pertencia ao senhor e ao trabalhador, em comum. Outros campos são alugados às famílias camponesas. O campo do meio é chamado *campo em comum* e terra pública. O direito exclusivo do rei à propriedade da terra funda-se nesse sistema. O regime da propriedade coletiva implica a tenência da terra aos casais para fins de tributação.

Havia o regime de monopólio estatal para sal, ferro, ópio e tabaco. Incipiente desenvolvimento da manufatura e do comércio; este, desvalorizado na sociedade, fiscalizado pela burocracia, tinha função na medida em que era utilizado por ela como *pagador de tributos*. Daí, o comerciante orientar-se para aquisição de terras; assim, a classe comerciante contribuiu mais para formar uma classe territorial do que uma classe comercial independente. Aplica-se a isso a utilização pelo Estado da corveia, prestação gratuita de serviços.

No período T'ang, havia predominância do critério político-literário na definição de *status*.[30] Isso se dá com igual debilitamento da aristocracia territorial, a tensão entre ela e o poder

---

do; o Exército equipado e sustentado pelos armazéns do rei constituiu a base do poder militar. Consequentemente, deu-se a separação entre o soldado armado e os súditos desarmados. Isso impossibilitou o surgimento de uma comunidade política de burgueses que enfrentasse autonomamente o poder real, porque o burguês era o *não* militar. No Ocidente, o processo deu-se inversamente" (ibidem, p.960).

30 "A personalidade *culta* no sentido cavalheiresco, ascético ou (como na China) literário... era o ideal educacional determinado pela estrutura de poder e pelas condições sociais derivadas do fato de pertencer à camada dominante" (ibidem, p.737). Agregando Weber, que, no plano intelectual para a burocracia, "a capacidade caligráfica por si só possuía atributos estilísticos, valorizados nas provas, onde estavam presentes as formas de pensar oriundas da leitura dos clássicos. A prova era uma espécie de exame de *cultura geral*, servia para determinar se a pessoa que a ela se submetia era um *gentleman...*" (ibidem, p.777).

ocorria no nível do controle dos canais, sua manutenção e reparação, como funções simbólicas de uma eficiente burocracia.[31]

O burocrata erudito era mantido pelo agricultor, o comércio era tido como atividade secundária, os comerciantes tinham prestígio social inferior ao camponês. O poder era monopolizado pela elite política, garantida grande autoridade à administração. No intuito de impedir a formação de uma poderosa aristocracia, a maioria das dinastias limitava pela lei a porção máxima de terra destinada a cada um. O desenvolvimento econômico situava-se em função dos interesses políticos do Estado. Este cria colônias estatais nas fronteiras e uma classe média rural *dependente* para limitar o poder da aristocracia.

O escritor Wang Fu mostrara que o enriquecimento de famílias *particulares* implicava para as *finanças públicas* o empobrecimento geral.

O sistema de títulos na burocracia chinesa[32] prevaleceu na dinastia Han, 206 a 221 d.C., até o fim da segunda Dinastia T'ang. Era um sistema permanente; porém, havia limitação à sua transmissão hereditária. O título significava que o indivíduo pertencia a uma classe, era *mandarim* na China ou *clarissimi* em Bizâncio.

No período T'ang, devido à oposição do Estado, empenhado em limitar sua influência, as famílias aristocráticas quase se extinguiram, reaparecendo como parte do *grupo conquistador* quando a China se achava submetida a potências estrangeiras.

No período Han, os imperadores estimularam a oligarquia rural e os literatos em detrimento da aristocracia combatente.

---

31 "Assinalamos que a racionalização da economia fluvial no Antigo Oriente, junto com a política chinesa de construções (canais), favorecia o surgimento de formações políticas semiburocráticas patrimoniais, cuja existência, por outro lado, possibilitava tais obras" (ibidem, p.814-5).

32 A valorização dos títulos adquiridos por exames constitui uma atitude pioneira da burocracia chinesa onde "pela *primeira vez* na História uniu-se a exigência de exames às provas de capacidade. O *status* do indivíduo era determinado pelo número de exames a que ele se submetia" (ibidem, p.776).

A burocracia perseguia as seitas religiosas, receosa de que pudessem adquirir muito poder, especialmente as sustentadas pela aristocracia rural, como muitas academias confucianas e escolas locais, reprimidas pela *Polícia das Moralidades* ligada à Censura Real.

A burocracia chinesa no período primeiro e médio, de quase todas as dinastias, manteve certo grau de autonomia interna: isso aparecia com o surgimento de uma *ideologia profissional e departamental*[33] poderosa, era controlada por intermédio de *visitadores independentes* obedientes à Casa Real.

Outro elemento de controle era a transferência contínua de funcionários, obediência a normas impessoais, instituição de níveis de carreira administrativa. A burocracia acha-se a *serviço pessoal* do rei, daí Wang An Shih (1021-1086) procurar estabelecer um rígido controle sobre a burocracia. O baixo nível de desenvolvimento tecnológico limitava as necessidades de recursos naturais e de apoio político como área da atividade política e administrativa dos governantes. O básico era a passividade política das massas, a dependência dos literatos com relação ao rei e à oligarquia rural. Esta dependência não se dera após os T'ang (desde 105 a.C.), *porque a oligarquia rural dependia da burocracia para manter as obras hidráulicas e para a nomeação dos cargos administrativos*.

A tendência à grande propriedade não fez surgir uma aristocracia, nem os grupos urbanos de comerciantes ou proprietários rurais conseguiram *independência* ante o Estado; eram integrados na burocracia dos *literatti*. Isso chegou ao auge sob os Ming e Yuan (1260-1368), quando se fez uma reforma administrativa para controlar a burocracia. As revoluções e conflitos dinásticos não mudaram em nada a estrutura fundamental de uma ordem polí-

---

33 "Só na China, uma Filosofia prática burocrática – o confucionismo – encontrou um aperfeiçoamento sistemático." ... agregando-se a "ética confucionista que edificou a teoria do Estado previdente" (ibidem, p.777).

tica, *onde as mudanças controladas estavam definidas por uma ideologia fundada numa ordem hierárquica.*

Diferentemente, o feudalismo ocidental não conhece *obras públicas*, a cessão de terras não era feita a cavalheiros organizados em corporações que as recebiam contratualmente e sim a *pessoas* a quem era permitido gozá-las como *prebendas; eram terras oficiais, não eram feudos*.

A burocracia patrimonial chinesa desde o primeiro Imperador, Chi I in Sih Huang-Ti, já construíra grandes obras hidráulicas, redes de estradas que permitiram *comunicar-se* com todo Império. Sob o Imperador Yang (604-607) havia mais de um milhão de pessoas trabalhando nas construções. A família pobre estava obrigada à prestação de serviços de corveia. Quando o trabalho era alugado, como sob o governo Chi'in na Dinastia Ming, este fixava arbitrariamente o salário.

Além do trabalho organizado sob disciplina militar, já na Dinastia Yin a 2000 a.C. fora estabelecido um censo populacional para determinar o número de camponeses para o trabalho e soldados para a guerra, além de uma estimativa de despesa e receita pública. Um sistema postal que interligava entre si todas as partes do Império foi estabelecido e durou mais de dois mil anos.

A propriedade do Estado era severamente defendida, para evitar que o burocrata se apropriasse do que cabia ao rei. O governo utilizava espiões para recuperar o que fora subtraído ao Estado.

A ostentação de riqueza era condenada; assim, sob a Dinastia Han, mercadores eram perseguidos por essa razão.

Obras públicas, burocracia letrada, estrutura comunal de aldeia e despotismo oriental definem a existência do modo de produção asiático na civilização chinesa.

Sua contribuição ao Ocidente, no nível do *ethos* burocrático, se dá na medida em que constitui um exemplo histórico da racionalidade burocrática de uma estrutura patrimonial de dominação que somente foi abalada com a Revolução Chinesa de 1911.

A existência do modo de produção asiático é fato comprovado pela historiografia *hindu*.

Os campos cultivados na Índia estruturavam-se na forma comunal:[34] o pagamento em troca de serviços prestados incluía o fornecimento de terras livres de tributação[35] numa estrutura de agricultura de subsistência.[36] A classe comerciante e, portanto, a cidade eram subordinadas à burocracia patrimonialista.[37]

Havia contabilidade racional, definindo níveis de receita e despesa, e controle social da burocracia sobre a sociedade, com a existência de uma espionagem planificada. Havia grande oferta de mão de obra para obras públicas e um censo racionalmente organizado.

O coletor de impostos (zamindar), a mando da burocracia, somente por ocasião da dominação britânica, constituir-se-á numa aristocracia territorial latifundiária.

---

34 "Pode-se dizer que a propriedade privada das casas e hortas era um fato reconhecido nas zonas urbanas e nos arredores das mesmas desde o século VI a.C. O mesmo não se dava com os campos cultivados, onde não havia propriedade privada" (Kosambi, 1956, p.145).

35 "O método original de remunerar os servidores (artesãos) da aldeia consistia em fornecer-lhes uma dotação de terra livre de tributação e, às vezes, inclusive de impostos ou em atribuir-lhes determinadas partes da reserva coletiva de cereais (Malavya in Desai, 1959, p.164-70).

36 "Na Índia pré-britânica, a agricultura aldeã produzia essencialmente para satisfazer as necessidades da povoação da aldeia. Essa economia agrícola de subsistência na aldeia foi transformada numa economia de mercado, durante o período inglês. Só havia produção de valores de uso, é a produção dos valores de troca que permite preparar o predomínio do capital. Quando isso não sucede, o campo predomina sobre a cidade. A subordinação das cidades à agricultura e ao Estado impediu o pleno desenvolvimento do capitalismo" (Marx in Godelier, Marx & Engels, 1966, p.191).

37 "É certo que os comerciantes e artesãos, a burguesia considerada como classe organizada em seus grêmios, jamais alcançou a supremacia que a burguesia europeia conquistou quando tomou o poder nas cidades. Na Índia, a cidade quase sempre era um posto avançado do Estado territorial, governada por prefeitos e por organismos designados pelo centro" (Shelvankar in Desai, 1959, p.250).

As comunidades urbanas acham-se em situação de escravidão generalizada, são diretamente subordinadas ao poder do Estado, aristocracia e burocracia, que monopolizam o excedente econômico.

Os membros da aristocracia têm *poder de função* (Velskopf). São detentores somente de uma parte da autoridade pública, participam da direção da economia a título pessoal e precário. A contradição entre as comunidades urbanas e o poder do Estado tem sua contrapartida na unidade superior – Estado –, que reúne todas as comunidades urbanas. O Estado, explorador delas, é ao mesmo tempo o organizador de sua atividade econômica. Daí, a importância da *economia de prestígio*, templos e monumentos que não são meras fantasias tirânicas, mas a encarnação dessa *unidade superior* e sua *glorificação*.

O *Artasastra* já mostra a existência de uma contabilidade racional de receita e despesa, o emprego de espiões e a existência de uma diplomacia secreta. Isso aparece na época Gupta.

No ápice desta estrutura, aparece o rei fundando seu poder numa legitimidade tradicional na qual sua pessoa aparece com caráter divino.[38] O Artasastra reafirma o caráter sacral da realeza no topo do edifício social.

Na *Rússia Antiga*, a comunidade de aldeia (*obchtchina*), posse coletiva do solo,[39] é criação do governo, imposta aos campo-

---

[38] Conforme as *Leis de Manu* o caráter divino da pessoa do rei é definido desta forma: "Mesmo se o rei é uma criança não deve ser subestimado, dizendo-se que ele não é homem: *pois é uma grande* divindade que revestiu forma humana" (Manu § 7 e 8) (Brown, 1965, p.43).

[39] Carta de Marx à redação de *Otiechestvienne Zapiski* em 1877; carta de Marx a Vera Zassulitch, de 8/3/1881; rascunho da carta de Marx a Vera Zassulitch; prefácio de Marx e Engels à edição russa de 1881 do Manifesto Comunista; carta de Engels a N. F. Danielson de 17/10/1893; *Postscriptum* de Engels de 1894 "às condições sociais da Rússia" (Godelier, Marx & Engels, 1966, p.113-55).

neses por razões administrativo-fiscais, onde, conforme o Ruskaya Pravda (o Direito Russo), o "proprietário eminente de toda a terra é o grão-príncipe. Os boiardos constituem um Exército móvel mantido pelo príncipe que *convida sua gente* para recolher tributos em gêneros: mel, cera, cereais, etc.; o mesmo se faz nas cidades organizadas comunalmente. Os *homens do príncipe* aparecem como proprietários rurais com terras para sua subsistência e sobretudo domínios florestais. Em 1326, o metropolita de Vladimir instala-se em Moscou, colocando, assim, toda a influência de um clero a serviço do grão-príncipe, fornecendo quadros à burocracia estatal. O grão-príncipe distribuiu domínios aos camponeses (*pomestye*) a título precário, em recompensa pelos seus serviços, constituindo nova aristocracia ligada ao Poder, os boiardos. Estes submetiam-se ao grão-príncipe e participavam do seu Conselho, a *"Duma"*.

Este Estado onipotente, fundado nas prestações forçadas de serviço, exercendo um controle máximo sobre a propriedade territorial, constitui-se num elemento básico para explicação da sua persistência através do tempo, conforme explica Summer.[40]

Modernamente na URSS, no seu aspecto mais significativo: o realce ao domínio da burocracia enquanto poder político, no regime de capitalismo de Estado (Meyer, 1964, p.11). Esse regi-

---

[40] "A influência mongólica na transmissão à Rússia dos métodos despóticos do estatismo da China aparece com clareza na Rússia de Moscou, eis que os mongóis conheciam esses métodos quando submeteram a Rússia (1273-1280), pois anteriormente haviam conquistado a China (1211-1222) e o Turquestão (1219-1220). Desde 1215, Gengis Khan tinha um conselheiro chinês de alto nível, Ych-Iú-Ch'u-Ts'ai. Em 1253, o grande Khan Mongke, no intuito de um controle racional da área sob seu domínio, ordenou a Pieh-erh-ke que fizesse um censo na Rússia" (*History of Chinese Society*, 1949, v.36).

me é uma combinação inédita[41] de iniciativa individual no plano econômico com a economia de Estado.[42]

O capitalismo de Estado, ou melhor, o processo de modernização levado a efeito por uma elite industrializante sob a direção de um partido único, implica seus inícios, já na burocracia.[43] Essa burocratização já ameaça, três anos após a tomada do poder por Lenin,[44] o regime na sua totalidade. O monopólio do poder, pelo partido único, é o elemento que assegura a seleção da elite dirigente,[45] em que a ascensão na escala partidária assegura igual subida na burocracia do Estado.[46] Esta burocracia possui o Estado como propriedade privada, dirigindo coletivamente os meios de produção,[47] é a tecnoburocracia dirigente, que persiste de Lenin até hoje.[48] Mas, vigiada pelo partido, não pos-

---

41 "Não há nenhum livro que nos fale do capitalismo de Estado na época do comunismo. Marx mesmo não escreveu nada a respeito, morreu sem deixar nenhuma citação exata, nenhum argumento irrefutável. O capitalismo de Estado, tal como é visto por nós, não é analisado em nenhuma teoria ou literatura" (Lenin, 1963, p.279).

42 "Um tipo misto, em que a iniciativa privada é limitada pela estatização – o Estado somos *nós*" (ibidem, p.279).

43 "Falamos do renascimento parcial da *burocracia* no interior do regime soviético" (Lenin, s.d., p.46).

44 "Vemos apresentar-se esse mal diante de nós, ainda mais claramente, mais ameaçador e mais nítido", concluindo que na Rússia "a burocracia não está no Exército, mas nos serviços" (ibidem, p.47).

45 "Pois ainda que haja poucas exceções, os quadros de direção não podem chegar geralmente ao nível de diretor de fábrica *sem a condição prévia de serem membros do* PC" (Granick, 1966, p.40).

46 "Assim, em 1958, a delegação norte-americana mencionava que o diretor da maior usina siderúrgica de Chelyabinsk fora antes secretário do partido naquela zona" (ibidem, p.44).

47 "Caracteriza-se essencialmente pela apropriação dos *instrumentos* de produção pelo Estado" (Portal, 1968, p.408).

48 "A tecnoburocracia industrial, administrativa, militar e planejadora, embora muito poderosa sob a ditadura de Stalin, manteve-se após sua morte e liquidação de seu mito, obediente ao Estado e ao seu órgão supremo: o PC" (Gurvitch, 1966, p.222).

sui nem os meios de produção como apropriação privada, nem a hereditariedade de fortuna.

Nesse contexto, o administrador de empresa cumpre a função de realizar no nível de microempresa os objetivos do plano. Se ele atinge as cifras do plano recebe bonificação;[49] isso implica uma correlação entre o lucro planejado e o efetivamente conseguido.

Se o lucro planejado é conseguido, uma parte dele fica retida no fundo da empresa, as bonificações constituem parte importante na remuneração dos dirigentes;[50] no entanto, o método no pagamento das bonificações é o maior responsável pela malversação dos recursos.

A irracionalidade do sistema de bonificações leva os diretores de empresas a dissimular sua capacidade produtiva, a acumular inutilmente equipamentos, matérias-primas, evitar inovações e produzir bens sem utilização. Um dos vícios do sistema é encorajar a direção da empresa a dissimular sua capacidade produtiva, na medida em que a superação dos objetivos quantitativos é a condição básica para atribuição de bonificações.[51]

---

49 "Essa proporção pode atingir 30% ou 40% do salário propriamente dito. É necessário esclarecer que essa estrutura observa-se na indústria na URSS" (Lewit, p.127), onde o exemplo por excelência de remuneração é o salário por tarefa (p.158), que corre o risco de ser dividido por atraso ou falta ao trabalho; neste caso "recomenda-se destinar-se aos bons trabalhadores a parte devida aos maus como recompensa por sua fidelidade" (p.167).

50 "A luta pela tabela diferencial de remuneração leva implícita a noção de que o igualitarismo é estranho à sociedade socialista. Os organismos sindicais devem lutar sem cessar contra as tendências igualitárias (Hungria)" (p.175); daí na Checoslováquia – segundo o diário *Obdoran*, nº 21, 1968 – os salários dos manobristas representarem 10% dos do diretor adjunto (p.154).

51 Tal forma de remuneração arcaica fora definida por Taylor no início do século XX na qual "a tarefa e a gratificação constituem um dos mais importantes elementos do funcionamento da administração científica" (Taylor, 1966, p.110). No século XIX, por ocasião da Revolução Industrial, analisando as condições inglesas, K. Marx acentua: "o trabalho por tarefa é um sistema

Isso leva à competição entre os diretores no sentido de estocarem matérias-primas, e os que tiverem mais prestígio terão maior sucesso. A bonificação constitui-se em freio à inovação na medida em que esta provoca uma perturbação na produção, significando menor bonificação para o gerente e o operário. Se houver maior produção devido à inovação, os planejadores retificam as metas, tornando-as mais difíceis de atingir. A empresa é sempre incitada nesse sistema a produzir bens inúteis ou com pouca demanda, conduzindo à malversação no âmbito dos bens de consumo, pois a direção limitará a variedade dos artigos para atingir maior produção quantitativa.[52]

A empresa trabalha sob controle hipercentralizado,[53] com planos confirmados trimestralmente pelo Estado russo. A grande maioria das empresas é controlada por comissários e ministérios setoriais.

Em 1957, a indústria é dirigida centralizada e setorialmente, gerando a proliferação de órgãos administrativos e os males da departamentalização, estudados por Selznick, em que se dá a bifurcação de interesses entre as subunidades com objetivos próprios. A especificação de zonas geoeconômicas levava ao encarecimento do transporte e à falta de coordenação entre as empresas da indústria local. Na medida em que os setores industriais dependiam de um ministério específico, cada um procurava assegurar seu aprovisionamento, enquanto cada ministério ficava preocupado com seu setor, mais do que com os outros; isso coe-

---

arcaico que tem na Inglaterra um nome muito eloquente, *sweating-system* (sistema suador)" (Marx, 1931, p.410).
52 "Há necessidade de elaborar em caráter experimental para futuro próximo formas de salário que correspondam às condições de trabalho modernas, da mesma forma que *o salário por unidade* correspondeu a uma realidade da geração anterior" (Dejean, n.2/61).
53 Especialmente, por ocasião da Segunda Grande Guerra, "o traço característico da organização é a centralização feroz de toda direção econômica" (Dudorine, 1961, p.19).

xistia com centralização direcional rígida no âmbito da empresa.[54] Nesta estrutura os comitês de empresa limitam-se a *reforçar a decisão* que lhes foi transmitida pelos órgãos centrais.[55]

O fenômeno da centralização burocrática da direção da empresa, gerida no nível mais alto pelo partido que detém o monopólio do poder, não se dá somente na URSS, Hungria ou Checoslováquia, é também persistente na Iugoslávia.

É o *coletivismo burocrático* aliado ao alto nível de tecnificação com o monopólio do poder pelo partido único.

Assim, a nova classe emerge como elite industrializante, como consequência do desenvolvimento gradual da elite clandestina que constituía a estrutura do partido nos anos de luta pelo poder. *Troque por* "nova classe" *o termo* "aparelho" *e tudo ficará mais nítido* (Djilas, 1958, p.48).[56]

---

54 "No ápice de toda empresa, oficina e secção, acha-se um chefe investido de todo o poder para direção, impondo uma disciplina de ferro durante o trabalho sujeito à vontade de um só: do dirigente soviético" (Meyer, 1964, p.90). "O diretor de empresa é o fundamento do poder socialista" (Kaminster, 1961), sendo "nomeado e liberado de suas funções pelos órgãos superiores (cf. § 89 do *Regulamento sobre a Empresa Produtiva Socialista do Estado*)" (Meyer, 1964, p.900). O § 94 da lei investe o contramestre de plenos poderes no âmbito da organização direta da produção e do trabalho, responsável pela execução do plano. Sua transferência, nomeação ou licenciamento são efetuados pelo diretor da Empresa; essa *burocratização* da direção, fruto do centralismo, engendra a burocracia (Dudorine, 1961, p.18).

55 "A participação é formalmente assegurada mas os trabalhadores não têm nenhum poder efetivo. Houve centralismo exacerbado e participação simbólica" (Meyer, 1964, p.22); Lewit constatou idêntico fenômeno estudando uma empresa metalúrgica no oeste da Hungria; e mais do que isso, que os assalariados rejeitam os fins propostos pela direção (ibidem, p.27).

56 Ponto de vista confirmado por pesquisas na Iugoslávia por Albert Meister, que constata ser o país dirigido por quadros com formação tecnocrática (cf. Meister, 1964, p.261).

A análise a respeito da concentração das responsabilidades confirma a tese de Djilas de que o poder é monopolizado pelos *apparatchks* (os profissionais da cúpula do partido), ativistas e gestionários da propriedade coletiva (ibidem, p.274-5).

Na Iugoslávia, a concentração do poder na figura carismática de Tito leva-o ao papel de *grande animador* do sistema, único possuidor de crítica; ele abre a campanha de crítica com observações e recomendações que caracterizam periodicamente a vida do país. Aí também os órgãos de autogestão representam a burocracia dominante.[57]

Isso nos permite definir as formações econômicas e de empresa na URSS e no âmbito da Europa Oriental como formas de capitalismo de Estado, em que a burocracia não só é o elemento oriundo das necessidades funcionais da técnica, mas é acima de tudo poder político total.

Isso tem implicação no plano das ideias (Mannheim, 1959, p.115): este sistema cria automaticamente *a valorização no primeiro plano do conhecimento político doutrinário* e do conhecimento filosófico restrito ao marxismo interpretado pelos detentores do poder. Sua dogmatização é acompanhada do monopólio do poder pelo partido único do qual emerge o líder carismático (Weber,1956, p.298). Em segundo plano, aparece o conhecimento científico e, em último, o conhecimento técnico, como elementos de reforço do sistema.[58]

---

57 "Os órgãos de autogestão não conquistam nada, eles recebem, são beneficiários, são-lhes *atribuídas* competências, liberdades e feudos. Sua criação não é o produto de reivindicação popular, *mas foi doada ao povo pelos seus dirigentes*" (ibidem, p.316).

58 "É de lembrar-se que nas sociedades onde há escassez, ou seja, em que a maioria dos cidadãos está a braços com os problemas do subconsumo, os fatos materiais tendem a assumir *excessiva relevância* na conduta. Resolvido porém, socialmente, o problema do consumo, graças à alta produtividade do sistema tecnoeconômico, os motivos fundamentais da conduta humana se estilizam, perdendo relevância o fator econômico, ao mesmo tempo em que outros motivos, antes subsidiários, aumentam sua influência. O atraso moral é, em certo sentido, uma sequela crônica do complexo de escassez. Inversamente, o elemento ético é inseparável da síndrome de abundância. *Tais correlações são tanto mais pertinentes, quando nos cingimos à esfera da organização*" (Ramos, 1960, p.115).

Vimos que a emergência da burocracia patrimonial como poder político nas sociedades orientais e pré-colombiana *antecede* de muito o aparecimento da burocracia funcional da indústria moderna, confirmando o aforismo hegeliano de que a substância do Estado é a realização do interesse universal enquanto tal (da burocracia). Isso se dá na URSS, Europa Oriental e nos países de autocracia modernizante. O Estado aparece como triunfo da *razão* hegeliana, onde a maturidade política é conquistada por mediação da burocracia, que introduz a unidade, na diversidade da sociedade civil. O Estado como *burocracia acabada* gera a sociedade civil, o regresso de Marx a Hegel.[59]

Direta ou indiretamente, a concepção hegeliana do conceito de burocracia no nível do Estado e da corporação privada tem nas suas origens as concepções pioneiras de Aristóteles, Maquiavel, Hobbes e Montesquieu. É verdade que o tratamento que Hegel dá ao tema, tal como se viu anteriormente, obedece ao seu panlogismo – a História como resultado do automo-

---

59 Foi na Alemanha que se deu a reação à Escola das Relações Humanas, vista como desenvolvendo uma atitude manipulativa para com o operário em função dos interesses da administração. Neste aspecto, Elton Mayo continua Taylor e Fayol; a crítica alemã mostrara que a Escola de Relações Humanas subestimava o conflito, negara o peso dos fatores econômicos determinantes da paz industrial; tinha a tendência a encarar as relações industriais como relações interindividuais. A Alemanha foi o berço da *reação intelectual* à Escola das Relações Humanas, pelo fato de que, industrializando-se tardiamente em relação à Inglaterra e França, a ela restará *pensar no plano crítico* o que a primeira realizou na economia (Revolução Industrial) e a segunda no político (Revolução Francesa). Nos EUA, apesar do desenvolvimento econômico, não se tomara tal postura crítica, porque "onde as classes já constituídas, mas não fixas, ainda se modificam e substituem frequentemente, ao contrário dos seus elementos constitutivos, onde os métodos de produção moderna, em lugar de corresponder a uma superpopulação constante, compensam muitas vezes a falta relativa de braços e cabeças, e onde por fim, *o novo e febril movimento de produção material que tem um mundo novo a conquistar, não possui nem tempo nem ocasião para destruir o velho mundo espiritual*" (Marx, 1928, p.33).

vimento da ideia; tal não é evidentemente o ponto de vista de Aristóteles.

Aristóteles desenvolve o embrião daquilo que seria conhecido como o despotismo oriental.

Para ele havia cinco espécies de reinados: generalato vitalício, *despotismo asiático*, tiranias voluntárias, reinado dos tempos heroicos e Monarquia absoluta.

Define o despotismo como *a segunda espécie de reinado que encontramos em alguns povos bárbaros e que, em geral, têm mais ou menos iguais poderes que a tirania*.[60]

Esse despotismo asiático, para Aristóteles, podia tanto fundar-se na lei, como na tradição. Quando a obediência é legal, segundo Aristóteles, o rei confia sua segurança a cidadãos armados; quando não o for, tal função cabe a estrangeiros.

Aristóteles diferencia a tirania ocidental, que se estabelece *contra a vontade* dos cidadãos, do despotismo asiático fundado numa *natural* tendência à servidão.

Define Aristóteles o despotismo oriental como:

a. uma estrutura de poder existente entre bárbaros e asiáticos;
b. baseada na lei e sucessão hereditária, pois se mantém graças à aceitação voluntária desses povos devido a sua natureza servil;

---

60 "*Existem povos que, levados por uma tendência à servidão, inclinação muito mais pronunciada entre os bárbaros que entre os gregos, mais entre os asiáticos que entre os europeus, suportam o jugo do despotismo sem protestar: é a razão pela qual os reinados que dominam esses povos são tirânicos, embora fundamentem-se sob sólidas bases da lei ou da sucessão hereditária. É a razão pela qual a guarda que protege estes reis é verdadeiramente real e não como a guarda que protege os tiranos. São cidadãos armados que zelam pela segurança de um rei, enquanto o tirano confia somente a sua segurança a estrangeiros; isso se deve a que, no primeiro caso, a obediência é legal e voluntária; e no segundo, forçada. Uns têm uma guarda de cidadãos; outros, uma guarda contra os cidadãos*" (Aristóteles, 1967, liv. III, p.1470).

c. não obstante sua base legal e voluntária, o poder é exercido de forma tirânica e arbitrária.

Maquiavel concebe a noção de despotismo oriental na observação da diferença entre os principados ocidentais e orientais.[61] No entanto, sua explicação do fenômeno não é feita em termos de *tendências naturais à servidão*, mas, sim, na análise da existência de uma classe social dominante que *aceita* ou *rejeita* certas formas tirânicas. Finalizando sua apreciação acerca do despotismo oriental, Maquiavel analisa a relação entre a estrutura do poder (despótica ou não) e o conceito de disciplina no Exército.[62]

Hobbes, no *Leviatã*, distingue duas formas de Estado: por *instituição* (monarquia, aristocracia e democracia) e por *aquisição* (paternal ou por herança, despótico ou por conquista). O con-

---

61 Maquiavel, observando a diferença entre principados ocidentais e orientais, escreve: "parecerá excepcional que o Império da Ásia submetido em poucos anos ao poder de Alexandre, morto após curto período de domínio, não se revolte, como pareceria natural que sucedesse ao desaparecer o conquistador, mas continuará em poder de seus sucessores sem outros inconvenientes para eles que os surgidos de suas ambições peculiares. A isso direi que todos os principados de que se tem memória foram governados de uma ou outra forma: ou por um príncipe, sendo os demais habitantes servos, escolhendo entre eles livremente o soberano e os ministros que o ajudam a governar o reino; ou por um príncipe e uma aristocracia que, não por concessão real, mas por sua antiga estirpe, ocupa elevada posição social... Exemplos destes tipos de poder encontramos hoje na Turquia e França. A primeira governada por um só senhor... A segunda, rodeada por uma multidão de nobres que têm súditos submissos e obedientes" (Machiavelli, 1972, p.87-8).

62 Maquiavel explica o despotismo não por tendências naturais do povo, segundo Aristóteles, mas sim pela existência ou não de uma classe social (a aristocracia) que na realidade *aceita* ou *rejeita* certas formas tirânicas. Isso tem repercussões na área militar: "Notai que os romanos como os gregos fizeram a guerra com poucas tropas procurando a vantagem com a arte e disciplina; diferentemente, os povos do Oriente e do Ocidente guerreavam com sua natural impetuosidade, e os orientais movidos pela completa obediência que professavam ao monarca" (Machiavelli, 1943, p.694).

ceito de *aquisição* define a ausência de uma classe dominante, que institui o poder do Estado, fato já assinalado por Maquiavel, contrastando com o povo bárbaro que *adquire* o seu déspota.

Montesquieu no seu *De l'Esprit des Lois* estuda o despotismo oriental como estrutura monocrática,[63] ausência de codificação suprida pelo hábito,[64] igualdade na miséria,[65] ausência da propriedade privada da terra, correlação entre o despotismo[66] e o tamanho do Império.[67] O Estado[68] pratica o isolacionismo;[69] aborda sua política tributária,[70] atribuindo grande peso ao fator geográfico na determinação social da estrutura do despotismo oriental.[71]

Em Montesquieu, dá-se a passagem da *tendência natural à servidão* aristotélica para a *razão climática*[72] como fator explicativo da estrutura do despotismo oriental.[73]

Stuart Mill observara o Estado como elemento receptor do excedente econômico, a existência de uma economia de prestígio e a dependência da classe comerciante da burocracia.

---

63 "O poder está em mãos de uma só pessoa, que delega poderes ao vizir" (Montesquieu, 1972, liv. II e III), definindo o despotismo oriental.
64 Este tema foi amplamente desenvolvido na *Sociologia do Direito*, por Weber, entendendo "por costume o caso de uma conduta tipicamente regular que devido unicamente a seu *caráter usual* e a *imitação irreflexiva* mantém-se nos quadros tradicionais: portanto, uma *ação de massa* cuja realização nada exige do indivíduo em nenhum sentido" (Weber, 1964a, v.2, p.311).
65 "Ausência de leis supridas pelo poder na religião ou peso dos costumes" (Montesquieu, 1972, liv. II, p.90).
66 "O princípio do despotismo é o medo" (idem, liv. III, p.103).
67 "Igualdade no seio de uma escravidão generalizada" (ibidem, p.102).
68 "O Príncipe é o proprietário único da terra" (idem, liv. V, p.132).
69 "O despotismo é característica dos grandes Impérios" (idem, liv. VIII, p.166).
70 "O isolamento é a fonte de sua segurança" (ibidem, p.155).
71 "No Estado despótico trabalha-se mais para conservar que adquirir" (idem, liv. XX, p.223).
72 "O clima tórrido é o fator determinante do despotismo e de sua permanência" (idem, liv. V, p.136).
73 Montesquieu troca a "tendência *natural* à servidão aristotélica" pela "razão climática" (idem, liv. XIV, p.186).

Coexistindo uma estrutura de comunidade aldeã e a existência de trabalhos hidráulicos com a pobreza das técnicas de produção agrícola,[74] estuda detalhadamente a posição de arrecadador de tributos – zamindar – na Índia[75] e a superposição do colonialismo inglês à estrutura comunitária aldeã.

Hegel vê no Estado oriental um fim em si,[76] na forma de Estado tutelar,[77] na Índia,[78] China, Altiplano Andino,[79] entre os *ashanti* na África.[80]

No topo, o déspota apoia-se numa burocracia que controla a sociedade e é por sua vez controlada.[81] Mostra as medidas eco-

---

74 O tributo e o problema do estancamento econômico foram observados por Adam Smith (Cf. Smith, 1958, p.93, 609, 738 e 739).
75 Mill (1951, p.38) analisou agudamente o Estado arrecadando o excedente econômico agrícola. Verificou também a existência de uma economia de prestígio e a dependência da classe comerciante da burocracia (ibidem, p.38-40). Estudou a existência da comunidade aldeã e a organização dos trabalhos hidráulicos coexistindo com a pobreza de técnicas rurais (ibidem, p.127-8). Mostra o papel do *zamindar* na Índia, sua função de cobrador de impostos (ibidem, p.293-6). Na situação colonial, Mill estuda o fenômeno da superposição do governo colonial inglês à estrutura aldeã na Índia (ibidem, p.227-8).
76 "O Estado é pensado substancialmente por si, na forma de um fim universalmente e substancialmente válido para todos" (Hegel, 1940, v.I, p.280).
77 "A individualidade parece declarada juridicamente incapaz. No âmbito do governo do Estado, as relações patriarcais preponderam. Não se pode falar de uma Constituição. *Não são indivíduos, seitas, classes independentes* que é preciso proteger; cada coisa é ordenada e administrada do vértice. Assim, todos estão nas condições de crianças tuteladas" (ibidem, p.41).
78 "O imperador está no topo desta religião natural (onde o Ser Supremo é o Tien, o céu). Não são os indivíduos que se achegam ao céu, *é o imperador, que à frente do povo e em seu nome a ele se dedica*" (ibidem, p.68).
79 Tais altiplanos são irrigados somente pela inundação de um rio, com tipo de vida patriarcal e divisão em famílias" (ibidem, p.214).
80 "Entre os Ashanti o rei herda tudo que é deixado pelos súditos" (ibidem, p.257).
81 "Tudo é minuciosamente controlado: há uma censura rigorosa. Cada órgão da administração possui um especial e silencioso censor, que não habita

nômicas adotadas pelo despotismo para impedir o surgimento de uma aristocracia territorial, apoiando-se numa tributação racionalmente organizada e na legitimidade tradicional do poder. A comunidade aldeã constitui sua infraestrutura.[82]

Estuda Hegel as relações da burocracia com o imperador,[83] procura definir o despotismo oriental na China,[84] a burocracia letrada e o mecanismo da autocrítica.[85]

Hegel acentua a importância da divisão do trabalho na origem da civilização.[86]

---

nenhuma casa específica, mas que tem acesso a todos os documentos. Chama-se Ko-lao: é temido e tem o privilégio da inamovibilidade. Exerce estreito controle em tudo que se refira ao governo, administração e a *vida particular* do mandarim, informando diretamente o *imperador*" (ibidem, p.39).

82 "Cada vila constitui uma comunidade que *divide o campo entre seus membros*. Inicialmente, cada uma se fortificava contra outros; só recentemente, tornada mais segura a propriedade, os habitantes destruíram essas fortificações. Isso relatara Lorde Hastings ao Parlamento. *Em cada distrito há um exator* investido de plenos poderes, o Zimendar, que deve encaminhar o imposto ao Rajá. Os *ingleses* tornaram-no responsável pelos impostos lançando-o contra os camponeses" (ibidem, p.140).

83 "O mandarim deve casar-se com esposa de outra província na qual é funcionário. Não pode vender seu filho. Nenhum mandarim pode ter cargos na província em que tem sua família; nenhum pode adquirir terras no distrito em que exerce sua atividade" (ibidem, p.48).

84 "A polícia é muito boa. Em cada cidade, estrada, há uma porta e em cada porta, seu guardião. Tudo é fixado nas suas mínimas particularidades. São funcionários para controlar o movimento das grandes estradas, rios, das costas do mar, sobretudo se os rios têm muita extensão: *no Shu-King há muitas ordenanças imperiais para garantir o país de inundações*" (ibidem, p.40).

85 "Cada mandarim deve cada cinco anos fazer uma confissão escrita dos erros cometidos, após o que, é punido. Os fatos podem ter sido objeto de punição anterior ou serem desconhecidos: em cada caso ele deve relatar à autoridade superior tudo sobre o que teve consciência de ter cometido erro. *Não fazê-lo é perigoso, porque o mandarim não sabe se o Censor e sua testemunha fizeram referência ao mesmo*" (ibidem, p.38).

86 "É sempre a divisão do trabalho o início da cultura" (ibidem, p.128).

Hegel estuda os fundamentos hidráulicos[87] do Estado patrimonial na China, o caráter monocrático do poder[88] cujo cume é ocupado pelo déspota oriental[89] em que os interesses privados são *congelados*[90] pelo estamento burocrático. Influenciou Marx no conceito das sociedades hidráulicas como estacionárias, sem história porque não mudam, e sua

---

[87] "Os historiadores concentram suas narrativas na luta do homem contra os elementos, contra os grandes rios que ameaçam tornar o campo centro de paludismo. Regular seu curso é uma das tarefas mais importantes do governo. A vida física dos chineses está condicionada pela agricultura, sobretudo cultura de arroz: a conservação dos diques é a coisa mais importante, porque sua ruptura provoca a morte de milhões por afogamento e outros pela fome. Milhões de chineses vivem sobre o Huang-ho e Yang-tse-kiang. As inundações produzem danos, não passíveis de comparação como as que ocorreram na Europa. Uma inundação pode custar a vida a 30 milhões de indivíduos e provocar perdas econômicas. Por isso é dada muita atenção à construção de canais e pontes. O canal imperial que reúne os dois grandes rios é uma obra maravilhosa. Serve ao transporte de víveres às grandes capitais" (ibidem, p.26).

[88] "O Estado chinês não é uma teocracia como a turca, onde o Corão é o código humano e divino. Deste ponto de vista pode-se dizer que o imperador governa de modo absolutista, diferentemente dos hebreus, onde ele representa a palavra e vontade de Deus. Não há na China uma aristocracia de nascimento, um Estado feudal, nem dependência de riqueza como na Inglaterra: o poder supremo é exercido total e exclusivamente pelo monarca. As leis com que governa promanam de sua vontade; não suscitando contra ele, como expressão da vontade dos cidadãos, nenhuma reação, mas aparecem como sua obra. Seu governo tem uma característica de afeto paterno, provinda das declarações de caráter ético que definem sua ação, publicadas no jornal da Corte de Pequim" (ibidem, p.31).

[89] "Assim na China, todo o edifício estatal é fundado sob a pessoa do imperador e de seus funcionários e sob seu controle do vértice. Essa hierarquia de funcionários exige que os impostos sejam arrecadados e destinados à Fazenda. O vértice é constituído por uma individualidade com poder ilimitado e assim tudo depende do caráter ético do imperador" (ibidem, p.35-6).

[90] "Os interesses particulares não têm reconhecido seu próprio direito: o governo procede do imperador e é exercido pelo mandarim, que é um empregado, dependente do imperador" (ibidem, p.36).

fragmentação do poder, como na Índia, torna-as presa fácil de conquistadores.

Os textos de Marx a respeito não constituem uma construção elaborada, como a que fizera a respeito do capitalismo.[91] O modo de produção asiático para Marx[92] significa, antes de mais nada, a análise da China e Índia, na situação em que foram encontradas pelo capitalismo industrial europeu do século XVIII (Godelier, Marx & Engels, 1966, p.71-3).[93]

Inicialmente, Marx caracteriza as formas primárias e secundárias das formações econômicas pré-capitalistas,[94] estabelecendo as razões de sua diferenciação, dividindo-as em sociedade asiática, antiga, eslava, clássica arcaica e germânica. Nessas formações econômico-sociais o indivíduo é parte da tribo ou da comuna, o trabalhador é o proprietário e o proprietário, o trabalhador.

A formação asiática para Marx não é simples, e aparece em três níveis: família individual, comunidade[95] e autoridade despótica.

---

91 "O exame dos textos de Marx, mesmo não constituindo uma construção elaborada igual a que legaram os fundadores do marxismo em relação ao capitalismo, em menor grau, do feudalismo ao escravismo, convenceu-nos que somente a noção do modo de produção asiático define de forma cientificamente satisfatória a evolução social da Ásia, África e América primitiva, até algumas etapas da História europeia" (Chesneaux, 1969, p.22).

92 "Parece exato que Marx se aferrou à ideia de um *modo de produção asiático* até o fim de seus dias" (Mandel, 1971).

93 "Sociedade estática, separada entre tribos e castas, facilmente conquistável e que se chama História da Índia, é a História das invasões sucessivas, fundadas sob a base passiva dessa sociedade que não resiste e não muda" (*New York Tribune*, 22/6/1853). A única revolução social que existiu na Ásia: "Deu-se sob o domínio inglês que com o vapor e a ciência separou a agricultura da indústria doméstica" (ibidem).

94 Marx distingue: formas primárias – comunidades tribais, economia baseada na agricultura, os indivíduos são proprietários da terra; e formas secundárias – escravidão e servidão (Marx, 1968b, v.2, p.330-1, 337, 340-1).

95 "Marx divide as formas pré-capitalistas em: 1. sociedade asiática; 2. antiga – eslava; 3. clássica arcaica; 4. germânica. O indivíduo é parte da tribo ou

No topo da formação, ele nota a existência de uma autoridade superior[96] que dá unidade ao sistema em que predomina a escravidão generalizada.[97]

Nos *Grundrisse* e na *Contribuição à crítica da economia política*, ele apresenta quatro modos de produção.[98] É um esquema sumário que não implica sucessão obrigatória, diferentes modos de produção que revelam estágios no domínio do homem sobre a natureza.

Marx procura na Índia[99] o ponto de partida da sociedade europeia. No *Grundrisse* e na *Crítica da economia política* o modo de produção asiático aparece como a *primeira etapa da história social*.

---

comuna, o trabalhador é proprietário e o proprietário, o trabalhador. Para Marx a forma asiática não é simples, ela aparece em três níveis: família individual, comunidade e autoridade despótica. A comunidade é a proprietária, mesmo se há posse individual" (idem, v.I, p.319).

96 Há uma entidade superior centralizada, como proprietário supremo, o indivíduo não é seu proprietário, se a possui é por concessão da autoridade superior a ele. O excedente econômico pertence ao déspota que reina (idem, v.2, p.314). Neste sentido é que Marx fala que o despotismo oriental pode conduzir a uma ausência legal da propriedade do solo; de fato, funda-se na propriedade tribal coletiva. O indivíduo não é o proprietário, tem a posse; o indivíduo é no fundo proprietário, escravo do que personifica a unidade da autoridade (Economie II, in Marx, 1968b, p.334).

97 Marx chama escravidão geral no Oriente onde: 1. há um sistema em que o indivíduo pertence à comunidade oriental; 2. é escravo do déspota asiático. Essa escravidão diferencia-se da *escravidão secundária* da Grécia e Roma. Há comunidades em que a família trabalha sob a terra alugada: 1. pela comunidade, contribuindo com parte pela reserva, por ocasião de guerra – (idem, v.2, p.815); 2. há outras em que a pequena comunidade organiza o trabalho de seus membros; 3. há outras em que o trabalho é regulado pelo Estado. Sobre este último aspecto Marx cita o México, Peru e Índia. (ibidem, p.315, 330). Para Marx "a maior contribuição do governo despótico é a irrigação" (ibidem, p.315).

98 Na *Contribution à la Critique de l'Économie Politique* e na *Critique*, Marx apresenta quatro modos de produção. "Reduzindo às suas linhas gerais, os modos de produção asiático, antigo, feudal e burguês moderno aparecem como épocas progressivas da formação econômica da sociedade" (idem, v.I, p.273-4).

99 É um esquema sumário; não quer dizer que haja sucessão obrigatória, diferentes modos de produção apresentam estágios no domínio do homem so-

Entre 1853 e 1857, a Índia constituía uma preocupação intelectual sua; o estudo da formação indiana serviria como elemento de compreensão do nascimento do capitalismo de sua época, ou como elemento contrastante.

Na *Ideologia alemã* (1845-1846), estabelece no plano lógico o conceito de *modo de produção*, discutindo a existência da comunidade tribal, propriedade comunal da Grécia Antiga e início da História de Roma em contraste com a propriedade privada.[100]

No *Manifesto do Partido Comunista* (1847-1848) ele estabelece séries históricas de *modos de produção* que abrangem da Roma Antiga, da Índia à sociedade burguesa atual, privilegiando o antagonismo de classe e *não* mencionando as sociedades tribais, patriarcais e asiáticas.[101]

---

bre a natureza. Marx na publicação do 1º volume de *O capital* em 1867 reafirma "que é necessário procurar na Índia o ponto de partida da sociedade europeia. Os tipos originários da propriedade privada dos romanos e dos germanos podem derivar de formas de propriedade coletiva indiana" (ibidem, p.612).

100 "A primeira forma da propriedade no mundo antigo, como na Idade Média, é a propriedade familiar, condicionada entre os romanos principalmente pela guerra, entre os germanos pela agricultura. Entre os povos antigos a propriedade familiar aparece quando inúmeras famílias habitam a mesma cidade à forma de propriedade do Estado e do direito que no nível individual aparece como simples *possession* que, no entanto, como a propriedade familiar em geral se limita à propriedade territorial. A verdadeira propriedade privada começa entre os povos da Antiguidade como entre os povos modernos com a *propriedade mobiliária*. (Escravos e coisa pública) (*dominium ex jure Quiritum*). (Marx, 1953, t.VI, p.245). A tipologia dos modos de produção é retomada por Marx sob o estudo "da primeira forma de propriedade que é a propriedade da tribo" (ibidem, p.253) – "a segunda forma é a antiga propriedade comunal e nacional que resulta notadamente da reunião de inúmeras tribos numa cidade, por acordo, conquista ou escravidão" (p.253). A "terceira forma é a propriedade feudal ou dos estamentos" (p.254).

101 "Nas primitivas épocas históricas comprovamos a existência de uma divisão hierárquica da sociedade, uma escala gradual de condições sociais. Na Roma Antiga encontramos patrícios, cavaleiros, plebeus e escravos; na Idad

Friedrich Engels nos *Princípios do comunismo* (1847) explica a exclusão da China e Índia pelo fato de estarem fora do processo revolucionário por que passou a Europa, condenadas a suportar a tutela das civilizações ocidentais.

Em 1853, em artigos publicados no *Daily Tribune*, Marx estuda o sistema urbano hindu e o baixo nível de divisão de trabalho dependendo da burocracia para a irrigação.[102] Essa burocracia funda seus recursos na pilhagem interna e externa.[103] Ela dirige uma sociedade vulnerável ao estrangeiro na qual a mudança social é introduzida pelo colonialismo moderno.[104] A chave explicativa deste modo de produção ele encontra na ausência da propriedade privada do solo,[105] sendo o reino o único proprietário.[106]

Média, senhores, vassalos, mestres, companheiros e servos em cada uma destas classes com graduações particulares" (Marx, 1964b, p.28).

102 "O Estado pelo controle direto da hidráulica possui um *alto comando econômico*" (Velskopf, 1957).

103 "O Estado oriental para Marx definia-se por três setores: finanças ou pilhagem interna; guerra ou pilhagem externa e os trabalhos públicos (essenciais à irrigação)" (*New York Daily Tribune*, 10/6/1853 in Godelier, Marx & Engels, 1966, p.58).

104 "A Inglaterra tem que destruir a velha sociedade asiática e assentar as bases materiais da sociedade ocidental na Ásia" (*New York Daily Tribune*, 8/8/1853, ibidem, p.63).

105 "Na grande Rússia (isto é, na Rússia propriamente) conservou-se até o presente (a propriedade comunal), o que demonstra que a produção agrícola e as relações sociais na agricultura russa se encontram, realmente, muito pouco desenvolvidas. O camponês russo vive e atua exclusivamente em sua comunidade, o resto do mundo existe para ele somente na medida em que se mescla nos assuntos da comunidade. Isso é a tal ponto certo que, no russo, a mesma palavra *mir* serve para designar, de um lado, o *universo*, de outro lado, a *comunidade camponesa*. Vies mir (todo o mundo) – significa na linguagem dos camponeses a *reunião dos membros da comunidade*" (ibidem, p.122).

106 "O rei é o único proprietário de toda a terra do reino..." (ibidem, p.52). "Bernier considera com razão que a forma básica de todos os fenômenos orientais – referindo-se à Turquia, Pérsia, ao Indostão – *deve ser encontrado no fato de não existir propriedade privada da terra. Essa é a verdadeira chave,*

Marx havia pesquisado acerca da existência do modo de produção asiático na Rússia[107] no século XIX, porém Trotsky[108] estudou sua incidência na formação russa.

O modo de produção asiático pode dissolver-se evoluindo para o escravismo. Como na Grécia e em Roma, onde se acha combinado com a propriedade privada e com a economia mercantil, pode levar a formas de feudalismo sem passar pela escravidão, ou a passagem da propriedade coletiva à exploração individual.

O freio burocrático oposto à exploração mercantil na China e Índia[109] foi um empecilho ao desenvolvimento do capitalismo

---

inclusive, do céu oriental ...", Marx em correspondência com Engels, 2/6/1853 (Godelier, Marx & Engels, 1966, p.52-3). Isso é reafirmado na resposta de Engels: "A ausência da propriedade territorial é certamente a chave para a compreensão de todo o Oriente. Aqui reside sua história política e religiosa", correspondência de Engels com Marx (ibidem, p.53).

107 "Na realidade, a propriedade comum da terra é uma instituição que podemos observar entre todos os povos indo-europeus nas fases inferiores de seu desenvolvimento, da Índia até a Irlanda e inclusive entre os malaios, que se desenvolveram sob influência da Índia, por exemplo, na Ilha de Java. Em 1608, a propriedade comunal da terra, que existia de direito no norte da Irlanda, região recém-conquistada, serviu aos ingleses de pretexto para declarar a terra sem proprietário e confiscá-la, por isso, em favor da Coroa. Na Índia, existem ainda hoje várias formas de propriedade comum da terra. Na Alemanha, esse era um fenômeno geral, as terras comunais que ainda hoje subsistem são restos delas" (Marx in Godelier, Marx & Engels, 1966, p.122).

108 Trotsky, explicando o atraso russo em relação à Europa, escrevia que: "O atraso econômico da Rússia aparece pelo fato de não ter havido divisão de trabalho entre o artesão e a agricultura, mantendo-se confundidos na forma de pequenos ofícios rurais. Nesse ponto, estamos mais próximos da Índia que da Europa, como também nossas cidades medievais estão mais próximas das asiáticas que das europeias e nossa autocracia, regime intermediário entre o absolutismo europeu e o despotismo asiático, tem com este muitos pontos em comum" (Trotsky, 1966, v.I, p.31).

109 "Unicamente em nosso Ocidente, onde se conheceu a exploração racional capitalista com capital fixo, trabalho livre e sua coordenação racional, as-

ocidental.[110] Ele emerge diretamente da linha dos gregos, a existência da apropriação privada apenas não o explica. Propriedade privada havia na China. Somente a combinação da propriedade privada com a produção mercantil cria condições favoráveis ao progresso técnico incompatíveis com a economia comunal. Isso fora universalizado por Roma com a teoria dos *jus utendi et abutendi*, modelo jurídico da sociedade mercantil fundada na propriedade privada. A sociedade clássica é singular na medida em que saiu da propriedade coletiva antiga para um modo de produção fundado na propriedade privada e economia mercantil. Daí a universalidade de o desenvolvimento ocidental residir basicamente em sua singularidade.

Para Marx, o modo de produção asiático representava uma sociedade estática, sem movimento, portanto sem história,[111] no que se apoia F. C. Weffort para criticar a respeito de Baran.[112] No entanto, este estancamento é que permitiu ao Ocidente desen-

---

sim como uma alocação de serviços puramente econômica na base da economia capitalista de lucro. É aqui que apareceu como forma típica a satisfação de necessidades de amplas massas, a organização do trabalho formalmente voluntária, com operários expropriados dos meios de produção e com apropriação das empresas pelos portadores de títulos e valores industriais" (Weber, 1964a, v.I, p.124).

110 "A máxima fundamental de Confúcio, de que um homem não deve ser nenhuma ferramenta, o ideal ético do autoaperfeiçoamento universal pessoal, oposto radicalmente à ideia ocidental objetiva de profissão, contradiz o treinamento e a especialização, impedindo constantemente seu desenvolvimento" (idem, v.2, p.792).

111 "O caráter estacionário desta parte da Ásia explica-se completamente por duas circunstâncias interdependentes: 1. as obras públicas eram atividades do governo central; 2. além dessas, todo Império, sem contar as poucas grandes cidades, dividia-se em *aldeias* que possuíam uma organização completamente separada e formavam um pequeno mundo fechado", carta de Marx a Engels, 14/6/1853 (Godelier, Marx & Engels, 1966, p.54-5).

112 Criticando Baran, F. C. Weffort (1971, p.22) escreve que "Marx era absolutamente cético em relação às possibilidades dinâmicas do modo de produção asiático".

volver-se e conquistar o Oriente retardatário, articulado no processo primitivo de acumulação.[113]

No referente à Rússia, Marx estudou suas formas asiáticas de produção e Plekhanov (1947),[114] introdutor do marxismo nesse país, defendia sua existência.

Na URSS, em 1931 houve uma discussão a respeito do modo de produção asiático.[115] Ele é condenado, é assimilado ao *trotskysmo*, após a derrota da Revolução Chinesa de 1927. Este modo de produção não figura na História do PC da URSS editada em 1938. Em 1950, o historiador chinês Kuo Mo-jo fala de uma sociedade escravista na Antiga China que evolui para uma socie-

---

113 É necessário esclarecer que não afirmamos que certo tipo de desequilíbrio interior provoque o que poderia chamar-se, provisoriamente, de um *estancamento eterno* do MPA, que só poderia ser superado pela intervenção das potências coloniais europeias, seja pela colonização, seja pelo poderoso movimento de libertação que desperta devido à exploração imperialista, movimento que já conduziu vários países orientais ao socialismo. O fato de que isso se dera em muitas regiões da Ásia só nos indica que o atraso asiático durou o suficiente para que o Ocidente tivesse tempo de desenvolver-se por via capitalista e conquistar a Ásia atrasada. Os casos do Japão e Rússia são magníficos exemplos da capacidade de nações com estruturas do tipo asiático para desenvolver-se.

114 Ele conservou a ideia do modo de produção asiático, observando que este modo de produção não podia ser considerado como anterior ao modo de produção antigo (escravista). Foi a publicação do *Grundrisse* com o título "Formas que precedem a produção capitalista na Europa", após 1953, com os inícios da desestalinização, que desencadeou a discussão a respeito do MPA. Na discussão de 1931, em Leningrado, o MPA é condenado. Em 1950, Kuo Mo-jo fala de uma *sociedade escravista* da antiga China que evolui para uma *sociedade feudal* (1952, p.25-71).

115 "Mas, na Rússia, ao lado do desenvolvimento febril da fraude capitalista e da propriedade territorial burguesa, em vias de formação, mais da metade da terra é propriedade comum dos camponeses. Cabe então a pergunta: poderia a comunidade rural russa – forma deformada da primitiva comunidade da terra – passar diretamente à forma superior da propriedade coletiva, à forma comunista, ou pelo contrário, deverá passar primeiro pelo mesmo processo de dissolução que constitui o desenvolvimento histórico do Ocidente?

dade feudal. O início da desestalinização e a publicação em 1953 dos *Grundrisse* de Marx desencadearam a discussão sobre o modo de produção asiático. Aí a sua atualidade. Na China, embora a tendência predominante seja refletir o modelo stalinista, o historiador Hou Wai-lu coloca os problemas das relações da China Antiga e o modo de produção asiático como preocupação central para compreensão do processo histórico chinês, o que significa a retomada de uma temática antiga da historiografia berbere do século XII, definida na obra de Ilan Khadun,[116] objeto de um estudo recente de Yves Lacoste, ressaltando sua modernidade.

Quadro sinótico das dinastias chinesas

Sia	2100 - 1600 a.C.
Shang	1600 - 1100 a.C.
Chou ocidental	1100 - 771 a.C.
Chou oriental	770 - 475 a.C.
Período da primavera e do outono	770 - 221 a.C.

---

116 "Uma dessas famílias deve ser bastante forte *para manter unidas as outras*, dar-lhes coesão, absorvê-las, combiná-las em um só corpo e *concentrar em si mesma* todos os sentimentos patrióticos que animam cada uma. O espírito social, levado deste modo ao ponto de maior intensidade, não se acha senão nas famílias que possuem o hábito de comando. Numa casa semelhante, é preciso que um dos membros tenha o poder de impor suas vontades aos outros; este indivíduo deve à superioridade de seu nascimento a vantagem de comandar como chefe todas as famílias da federação... o chefe, por exemplo, deve ser único, porque se fossem muitos, criar-se-iam condições muito prejudiciais à sociedade" (Khaldum, 1958, v.I, p.297).

"Os monumentos deixados por uma dinastia devem sua origem ao poderio que esta dinastia possui na época de seu estabelecimento. Quanto maior for este poderio, tanto maiores e mais vastos serão os edifícios e os templos" (ibidem, p.316).

"Não é, pois, a todos os partidos que pode caber; ela pertence, de fato, ao chefe que soube impor ao povo a obediência, arrecadar os impostos, proteger as fronteiras de seus Estados, ter representação diplomática, *exercer sem nenhum controle a autoridade soberana*" (ibidem, p.336-7).

Os Estados combatentes	206 a.C. - 24 d.C.
Chin	25 - 220 d.C.
Jan do este	220 - 280
Os três reinos	220 - 265
Wei	221 - 263
Shou	222 - 280
Wu	265 - 316
Tsin do oeste	317 - 420
Tsin do este	420 - 289
Dinastias do sul e do norte	420 - 479
Dinastias do sul:	
Shung	479 - 502
Chi	502 - 557
Liang	557 - 589
Chen	386 - 534
Dinastias do norte:	
Wei do norte	534 - 550
Wei do este	535 - 557
Chi no norte	550 - 577
Chou no norte	557 - 581
Sui	581 - 618
Tang	618 - 907
As cinco dinastias	907 - 960
Sung do norte	960 - 1127
Sung do sul	1127 - 1279
Yuan	1279 - 1368
Ming	1368 - 1644
Ching	1644 - 1911

(Ku-Cheng, 1972.)

2
As harmonias administrativas de Saint-Simon a Elton Mayo

> Em cada época histórica, a propriedade desenvolveu-se diferentemente numa série de relações sociais inteiramente diversas. Assim, definir a propriedade burguesa é expor todas as relações sociais da produção burguesa. Definir a propriedade como uma relação independente, uma categoria à parte, de uma ideia abstrata e eterna, constitui uma ilusão metafísica ou jurídica.
>
> KARL MARX
> *Misère de la Philosophie*

Trataremos das determinações históricas que condicionaram a emergência da Revolução Industrial na Europa, traduzidas no plano teórico pelos socialistas utópicos e pela obra de Karl Marx.

A emergência da Revolução Industrial implica uma alteração das condições de produção, substituição da manufatura pela fábrica, absorção do êxodo rural na nova mão de obra industrial, transferência de capitais do campo à cidade e aproveitamento dos resultados das Ciências Naturais do universo industrial.

O desenvolvimento da máquina a vapor dependia basicamente dos estudos dos gases de Boyle, das investigações sobre a Física do calor de Blach e Carnet e dos trabalhos sobre a conservação da energia de Helmholtz. Sem as experiências de Faraday, a respeito das bases físicas da eletricidade e do magnetismo, não teríamos o dínamo ou o motor elétrico; as pesquisas sobre os gases e a eletricidade permitiram o surgimento do motor de combustão interna. A Química é a precursora dos progressos da indústria do ferro, aço e petróleo. As investigações de Ampère permitiram o surgimento do telégrafo, e o trabalho de Hertz deu a possibilidade a Marconi de inventar o telégrafo sem fio. A máquina a vapor e o motor de combustão interna superaram o boi e o cavalo, como força motriz.

A Revolução Industrial iniciou-se na Inglaterra porque fora o país mais afetado pela Revolução Comercial;[1] eis que o sistema medieval fundado nas guildas desapareceu em primeiro lugar na Inglaterra; no século XI, no ramo têxtil, já fora suplantado pelo trabalho doméstico, permitindo o incremento do processo de industrialização.

No século XVIII, a classe comercial inglesa já suplantara a holandesa, e com a acumulação de capital inglês possibilitou a criação de uma marinha mercante, que por sua vez reforçou a acumulação.

O incremento da demanda de artigos têxteis em 1700 demonstrara a escassez de artesãos, daí a necessidade dos meios mecânicos.

O *cerco* das terras, para implantação de pastagens destinadas a manter o rebanho fornecedor de lã à manufatura têxtil urbana, liberou mão de obra para a indústria.

---

[1] Num sentido contrário, defendendo a tese de incremento da Revolução Industrial por transferência de renda do setor agrário ao industrial (Bairoch, 1967, p.79).

No plano continental, a França foi o primeiro país que sofreu as consequências das transformações na ordem industrial.[2] A Revolução Industrial na França iniciou-se em 1825 com a derrota napoleônica, que fez com que desaparecessem da França as máquinas têxteis de algodão e metalúrgicas modernas, tornando a agricultura predominante, ligada à escassez de alguns produtos *in natura*, à falta de mão de obra especializada e escassez de capital.

Sob influência de Turgot (1774-1776)[3] tende-se a destruir os privilégios das guildas para liberalizar a indústria. Com a Lei Chapelier de 14-6-1791, declarando ilegais as reuniões dos operários, "pois pretendiam restabelecer os privilégios das antigas corporações eliminadas pela Revolução Francesa", criam-se as condições para desenvolvimento do capitalismo liberal.

A Revolução Industrial na Alemanha deu-se de forma incompleta e gradualmente devido à predominância do trabalho manual e à persistência das pequenas oficinas. Até a segunda metade do século XIX, a Alemanha estava industrialmente retardatária; a agricultura constituía a principal ocupação da população. Até 1850, as máquinas eram escassas, pois predominava o sistema de trabalho domiciliar; o país era pobre devido à persistência de um sistema de guildas e à falta de um Estado centralizado. A Alemanha estava dividida em 39 Estados diferentes, o que impedia seu desenvolvimento industrial. Ela carecia de mercado interno e não possuía colônias. A invasão francesa ofereceu à Alemanha

---

2 A enciclopédia atribui grande importância à descrição das técnicas e profissões "... Escreveu-se muito sobre as Ciências; não se escreveu o suficiente sobre as artes liberais; não se escreveu quase nada sobre as artes mecânicas..." (Diderot, 1750).

3 Art. 14º *"Proibimos (1750) todos os mestres e companheiros, operários e aprendizes o direito de formar associações, nem mesmo assembleias entre eles, sob qualquer pretexto.* Em consequência, suprimimos todas as confrarias que possam ter sido estabelecidas tanto pelos mestres dos corpos e comunidades, como pelos companheiros e operários, das artes e ofícios" (Isambert, s.d, v.23, p.380).

a possibilidade de passar do estágio do monopólio das guildas ao sistema industrial liberal; entre 1868 e 1869 surge uma legislação que legaliza a liberdade industrial. Os trabalhadores tiveram então liberdade para oferecer sua mão de obra no mercado, sendo removidos todos os obstáculos ao desenvolvimento industrial. A União Aduaneira Alemã permitiu a ampliação do mercado. Com o surgimento do sistema ferroviário estendiam-se mais os limites do mercado alemão. A Alemanha, além de importar máquinas da Inglaterra, importara mão de obra, com a imigração de trabalhadores especializados ingleses integrados nas áreas industriais da Alemanha.

Na Inglaterra, a primeira indústria totalmente mecanizada foi a têxtil, no seu ramo algodoeiro, com a introdução da máquina de fiar automática de Hargreaves, a máquina hidráulica de Arkwright, a *mule* de Samuel Crompton, que permitia a produção de um fio duro e fino. E Cartwright inventara o tear mecânico. Isso levou ao declínio do artesanato e ao aumento do contingente operário. Acresce-se o invento de Whitney, que, em 1794, conseguiu por meios mecânicos a separação da semente de algodão da fibra, que, por via manual, era lenta e complicada. Whitney obteve por meios mecânicos essa separação, determinando uma revolução na indústria algodoeira e do setor agrícola, conduzido à especialização do sul dos EUA nesse ramo, estimulando assim a expansão da escravidão.

A máquina têxtil e a máquina a vapor produziam a força motriz. Toda essa maquinaria necessitava de grande quantidade de ferro a preço baixo, fato que levou à substituição do carvão de madeira, que desflorestava grandes áreas, pelo carvão coque aliado ao alto-forno de Smeaton com o método Bessemer. Paralelamente, a extração de carvão tornou-se mais segura quando Davy inventa a lâmpada de segurança nas minas, diminuindo a frequência das mortíferas explosões de gás no interior delas, tendo o método Siemens-Martin superado o método Bessemer no fabrico de aços finos.

Essa infraestrutura tecnológica acompanha a emergência do sistema fabril, que consiste na reunião de um grande número de trabalhadores numa só fábrica, disciplinando o operário. A inspeção realizada pelo capitalista atua na fábrica, disciplinando o operário. De início temporária e esporádica, por ocasião da distribuição de matéria-prima e recolhimento do produto acabado, transforma-se na presença constante do processo fabril. Assim, o tecelão que chegasse cinco minutos após o último sinal ou que deixasse algum resíduo nos fusos, assobiasse ou deixasse aberta a janela, era multado em 1 *shilling* por cada contravenção (Hammon & Barbara, 1925, p.19-20).

As condições de habitação igualavam-se nos seus aspectos negativos às condições de trabalho, em que o parcelamento das operações produzia a fadiga, tédio e *surmenage*. Os novos centros industriais abrigavam trabalhadores em choças preparadas precipitadamente. Três quartas partes dos trabalhadores de fábrica eram mulheres e crianças que trabalhavam nas máquinas; os aprendizes mendigos que abundavam na Inglaterra eram empregados como arrendados pelas autoridades às manufaturas, com jornadas de trabalho de 14 a 16 horas diárias.

Os fiadores de algodão de Manchester, em 1806, ganhavam por semana em média 24 *shillings*; só em 1897, alcançaram 37 *shillings*. Isto representa um desnível em relação ao incremento da renda da empresa capitalista inglesa. No século XIX, "embora subissem ligeiramente os salários, os trabalhadores não especializados na Inglaterra mantinham-se na base do salário-mínimo vital e, às vezes, abaixo do mesmo, abrangendo 31% da população londrina, vivendo abaixo da linha da pobreza" (Boot, 1891, p.193).

A situação nas minas não era melhor; mulheres e crianças eram empregadas, de 12 a 16 horas por dia, em poços subterrâneos. Isto obrigou o Estado a intervir nas relações industriais, regulamentando as horas de trabalho: no ano de 1874, a idade mínima de trabalho era de 10 anos e a jornada máxima, de 10 horas. Na Alemanha, a partir de 1891, tornou-se ilegal a contratação de uma criança que não tinha terminado sua escolaridade mínima aos 13 anos. A partir de 1901, a idade mínima de uma criança apta ao trabalho era de 14 anos e a jornada máxima, de meia jornada de trabalho de um total de 12 horas.[4]

A resposta à Revolução Industrial na Inglaterra, França[5] e Alemanha será fornecida pelos teóricos Saint-Simon, Proudhon, Fourier e Marx, que contestarão a nova ordem de coisas num nível global, ou seja, na procura de um modelo de sociedade global que seja a negação daquela que emergiu com a Revolução Industrial.

Saint-Simon, na sua obra *L'Organizateur* (1819-1820), prenuncia a noção de uma direção científica confiada a um governo cons-

---

[4] Hegel notara os aspectos negativos introduzidos pela divisão do trabalho na indústria moderna: "Pela universalização da solidariedade entre os homens, por suas necessidades e técnicas que permitem satisfazê-las, a acumulação de riquezas aumenta de um lado, pois essa dupla universidade produz os maiores lucros; mas de outro lado a divisão e limitação restrita do trabalho, e, por conseguinte, a dependência e angústia da classe dependente desse trabalho aumenta por sua vez, e ao mesmo tempo a incapacidade de sentir e desenvolver certas aptidões e faculdades, particularmente as vantagens espirituais da sociedade civil" (Hegel, 1940, p.183).

[5] Fourier (1772-1837) – O capitalismo cresce unicamente em razão da miséria dos operários. "O salário decrescente e o hábito de reduzir tanto quanto possível o salário do trabalhador e de fundamentar sobre sua extrema miséria são o sucesso das manufaturas, que prosperam na razão direta do empobrecimento do operário. Que há de mais pobre que os artesãos das famosas manufaturas, tanto na Europa quanto na Índia e China! Singular efeito do mecanismo civilizado: para que a indústria prospere, é necessário que o operário que nela trabalha chegue a uma extrema miséria, que ganhando três *sous* por dia, tenha apenas com que comprar um pouco de arroz cozido com água sem sal. Nas fábricas célebres, mais ou menos este quadro monstruoso é o que vence suas rivais, é sempre o que faz cair a muito baixo preço a mão de obra e extenua o operário por um trabalho forçado, sem que lhe garanta nenhum salário para os dias frequentes em que o trabalho venha a faltar por efeito das mudanças ou guerras..." (Armand, s.d).

tituído de três câmaras: Invenção, Exame e Executiva, constituídas de líderes industriais, capitalistas e banqueiros. "A maioria da sociedade existe para ser governada da maneira mais barata possível, quando possível; governada pelos homens mais capazes e de maneira que se assegure a mais completa tranquilidade pública. Ora, os mesmos meios de satisfazer, nestes vários aspectos, ao desejo da maioria, consistem em conferir poder aos mais importantes industriais, que são os mais interessados na economia das despesas públicas, os que são os maiores interessados em restringir o poder arbitrário; finalmente, de todos os membros da sociedade são os que mais têm dado prova de capacidade na administração positiva, tendo sido evidenciado o sucesso que obtiveram em seus vários empreendimentos" (Gray, 1947).

Saint-Simon elabora a primeira crítica de conteúdo a respeito da emergência do modelo liberal, ao propor que a *"Declaração dos Direitos do Homem e do Cidadão*, vista como a solução do problema social, na realidade era o seu primeiro enunciado" (v.19, p.84). Ele não perde de vista que o desenvolvimento industrial leva a superar um tipo de saber jurídico-formal que desconhece o econômico; "a inferioridade dos legistas é sua ignorância do econômico, isto é, da produção, partindo dos interesses que são os da maioria de um regime moderno que é industrial" (ibidem, p.124).

Após definir que os produtores constituem a sociedade legítima, postula a afinidade dos interesses da indústria com a sociedade, na medida em que a sociedade global tem por base a indústria. A indústria é uma garantia de sua existência. O contexto mais favorável à indústria será o mais favorável à sociedade (v.18, nota X-A). A sociedade moderna "só dá direito de pertencer a ela, aos trabalhadores"; a classe trabalhadora "deve ser a única". Saint-Simon, o cérebro mais universal de seu tempo, segundo Hegel, enunciava que é "pelo estudo direto e positivo da sociedade que se descobrirão essas regras (da vida social);

nelas é que é necessário descobrir as bases da política" (v.2, p.59).[6]

Saint-Simon[7] ocupa uma posição-chave entre os teóricos das *ideologias totais* na época imediatamente posterior à Revolução

---

[6] Segundo Proudhon, "a negação de Saint-Simon, como é definida, não aparece como dedução da ideia de contrato de Rousseau e seus discípulos que a corromperam e a desonraram; ela advém de outra intuição do tipo experimental, e *a posteriori*, como é peculiar a um observador dos fatos. É que a teoria do contrato inspirada pela lógica providencial provém de Jurieu, prevê no desenvolvimento social uma tendência ao fim dos governos. Saint-Simon, fora dos embates parlamentares, constata-a segundo as leis da evolução da humanidade. O século XVIII, se ele não foi desencaminhado pelo republicanismo clássico, retrospectivo e declamatório de Rousseau, chega pelo desenvolvimento da ideia do Contrato, isto é, por via jurídica, à negação do governo. Essa negação, Saint-Simon deduzira-a da observação histórica e da educação da humanidade" (Proudhon, 1968, v.I, p.89).

[7] "Suponhamos que a França perca subitamente seus cinquenta primeiros físicos, seus cinquenta primeiros químicos, seus cinquenta primeiros fisiologistas, seus cinquenta primeiros mecânicos, seus cinquenta primeiros curtidores de couro, seus cinquenta primeiros mineiros, etc.! Como estes homens são os franceses mais essencialmente produtores, os que fornecem os produtos mais importantes, os que dirigem os trabalhos mais úteis à Nação e que a tornam produtiva nas Ciências, nas belas-artes e ofícios, eles são realmente os elementos mais preciosos da sociedade francesa; eles são, de todos os franceses, os mais úteis ao seu país, os que lhe trazem mais glória, que apressam tanto a civilização como sua prosperidade: sem eles, a Nação tornar-se-ia um corpo sem alma no instante em que ela os perdesse...

Passemos a uma outra suposição: admitamos que a França conserve todos os homens do gênio que ela possui nas Ciências, nas belas-artes e nos ofícios, *mas que tenha a infelicidade de perder* no mesmo dia o irmão do rei, Sua Majestade, o Duque D'Angouleme, a Duquesa de Bourbon, etc. Que ela perca ao mesmo tempo todos os grandes chanceleres da Coroa, todos os ministros de Estado, com ou sem departamentos, todos os conselheiros de Estado, todos os burocratas, todos os seus marechais, etc., e, ainda mais, os dez mil proprietários entre os mais ricos e os que vivem mais senhorialmente.

Este acidente afligiria certamente os franceses, porque eles são bons, porque eles não ficariam indiferentes ao desaparecimento de um tão grande número de compatriotas. *Mas esta perda de trinta mil indivíduos, reputados os mais importantes do Estado, não lhes causaria tristeza, senão pelo seu aspecto puramente*

Industrial, pois ele "ajudou a transformação da sociedade nessa arte que se chamará o socialismo, nessa ciência popular em que Adam Smith e David Ricardo definiram sua fórmula básica: o valor tem por medida o trabalho" (Leroy, 1962, v.1, p.238).

Fourier, teórico socialista, é considerado atualmente um predecessor das técnicas de dinâmica de grupo, enfocando a empresa como *grupo*.[8] Tendia Fourier a ver, na marcha da sociedade, o caminho para o estabelecimento de uma harmonia universal, a partir do controle das paixões humanas. Estabelece Fourier uma solidariedade básica entre a sociedade global e os padrões educacionais, ao admitir que um coletivismo social leva a uma pedagogia não individualista. Inicialmente, Fourier ataca a *Declaração dos Direitos do Homem e do Cidadão* oriunda da Revolução Francesa, ao denunciá-la como "uma carta incompleta e desprezível, porque omitiu o direito ao trabalho, *sem* o qual todos os outros são inúteis" (1846a, v.6, p.193). Teve ela o condão de "produzir um tal caos político que é de se admirar não ter o gênero humano regredido milhares de anos na sua evolução social" (ibidem, p.37). Conclui Fourier que "não há nada a esperar de todas as luzes adquiridas; é necessário procurar o bem social em alguma *nova* Ciência" (ibidem, p.39). Só ela trará a felicidade à humanidade, pois é evidente que "nem os filósofos, nem seus rivais sabem remediar as misérias sociais e sob os dogmas de uns e outros, vê-se a perpetuação das chagas mais tristes, entre outras, a indigência" (ibidem, p.37). Combatendo a pobreza como "a mais escandalosa desordem social" (ibidem, p.185), visualizando a civilização como "a guerra do rico contra o pobre" (ibidem,

---

sentimental, pois dessa perda não resultaria nenhum mal político para o Estado" (Saint-Simon, 1819, t.20, p.17-26, cf. idem, s.d., p.108-14).

8 "Notamos muito bem essa propriedade inerente ao mecanismo societário, *contentar todas as classes, todos os partidos*; é por essa razão que o sucesso será tão fácil, e que um pequeno ensaio tentado por 700 pessoas decidirá subitamente a metamorfose geral" (Fourier, 1846b, v.6, p.21).

p.199), para sair desse estado de coisas, Fourier apresenta uma fórmula e prognostica que "é a mim somente que as gerações presentes e futuras deverão a iniciativa de sua imensa felicidade; venho dissipar as nuvens políticas e morais e sobre os dogmas das Ciências Naturais, eu fundamento a teoria da harmonia universal" (ibidem, p.13).

Para Saint-Simon, a classe industrial deve ocupar o primeiro lugar por ser a mais importante de todas, podendo prescindir das outras sem que essas possam fazer o mesmo. Para ele a sociedade considera mais os trabalhos secundários ou a improdutividade que os trabalhos mais importantes: os de utilidade direta, realizados pela classe industrial.

A permanência da tranquilidade pública está ligada à administração da riqueza pública pela classe industrial. Os êxitos administrativos dos industriais na empresa particular capacitam-nos a reger os interesses públicos que exigem governo barato, controle de arbítrio e racionalidade, qualidades possuídas pela classe industrial, segundo Saint-Simon.

A classe industrial historicamente se aliara à nobreza francesa, foi ela que *combinou a aliança, segundo Saint-Simon*, entre a capacidade científica positiva e a capacidade manufatureira.

A grande contradição da França, para Saint-Simon, é ser uma Nação essencialmente industrial sob um governo feudal, isto é, dirigido por não industriais. Sendo o trabalho criador de todas as virtudes, ante a lei divina e humana, considera mais os trabalhos diretamente produtivos; isso implica chamar a classe industrial a dirigir a sociedade subordinando a si as outras classes.

A sociedade inicialmente submetida à ação militar, que Saint-Simon iguala à feudal, em função de seu progresso privilegia a ação administrativa; daí dever o poder administrativo dominar o militar; os industriais que demonstraram maior capacidade administrativa devem dirigir os interesses sociais. Paralelamente, a educação, o sistema religioso e as belas-artes devem sintonizar-se com a classe industrial. A organização dos industriais na Europa em partido político deverá anular o sistema feudal.

O sistema industrial, para Saint-Simon, funda-se no princípio da igualdade perfeita, repudiando qualquer direito de nascimento e qualquer espécie de privilégios. Este sistema para Saint-Simon não contestará a realeza, o direito divino de sua legitimidade; ao contrário, garantir-lhe-á mais tranquilidade.

Saint-Simon, comparando França com Inglaterra, conclui que nesta os lordes têm interesses na indústria, daí o sistema industrial, mas o governo inglês não o é, na medida em que é um governo feudal adaptado ao regime industrial, *é um regime transitório entre o sistema feudal e o industrial, o sistema governamental e o administrativo*. Na Inglaterra, nota Saint-Simon, a coexistência do *habeas corpus* e a *requisição forçada na Marinha* levam-na a dominar os mares de um lado, inspecionando navios de outras bandeiras, ao mesmo tempo trabalhar em prol da igualdade entre negros e brancos pela abolição do tráfico.

Para ele todos os povos devem passar do *regime governamental, feudal e militar ao regime administrativo, industrial e pacífico*, desembaraçando-se de instituições de *utilidade indireta*, que devem dar lugar a outras, de *utilidade direta*.

Por excessiva prudência, os industriais não criaram um partido político industrial, tornando-se por isso presa fácil dos jacobinos e de Bonaparte. Durante a Restauração, é uma presa disputada entre liberais, os ultra e os ministeriais. Saint-Simon escreve o *Catecismo dos Industriais* com a finalidade de dar a eles o sentimento de seu valor próprio e induzi-los a constituir o partido industrial, reivindicando-o diretamente ao rei sem intermediários, o que os levaria a tirar vantagens políticas de sua posição no sistema industrial, capacitando-os a reivindicar a elaboração do orçamento anual da Nação.

Saint-Simon remonta à tradição de Bacon, a quem atribui a previsão do regime industrial, pois enquanto para ele qualquer raciocínio deve fundar-se em *fatos*, a *praxis* industrial é a única que considera *positivamente* (fatualmente) os interesses públicos. Saint-Simon considera-se herdeiro também de Montesquieu, valorizando o comércio que humaniza os costumes; herdeiro de Condorcet, para quem o progresso levaria ao sistema industrial; de Comte, para quem os povos devem organizar-se para a *produção* que corresponde melhor às suas capacidades positivas; de Benjamin Constant, que criticara o regime feudal-militar, demonstrando que as Assembleias francesas e inglesas não tinham capacidade técnica para elaboração do orçamento da Nação. Colbert e Sully aparecem como seus predecessores na visão da idade industrial.

Para Saint-Simon, os chefes industriais dirigirão os operários, mantendo-os subordinados, não como na Inglaterra feudal--militar pela força, mas, sim, mediante os princípios de uma moral positiva. *O espírito crítico revolucionário, que para Saint-Simon está encarnado em Lutero, deve ceder lugar ao espírito pacífico e organizacional, meta do partido dos industrialistas.* Luta para levar ao topo da administração os industriais, que, para Saint-Simon, são os verdadeiros professores em administração, porque a aprenderam à sua própria custa.

A sociedade futura, que irá suceder a *incoerência* civilizada, não admite "moderação, igualdade, nem pontos de vista filosóficos. Ela quer as paixões ardentes e fecundas; desde que a associação está formada, elas se articulam mais facilmente, quanto mais vivas forem, mais numerosas" (1846b, v.6, p.9). Fourier antevê uma sociedade onde "as jornadas de trabalho serão curtas, o trabalho será variado, parcelado" (ibidem, p.54). Surgirá uma sociedade natural onde "os falanstérios (comunidades) se agruparão por influência de suas paixões, gostos e caracteres. A ordem nascerá *naturalmente, espontaneamente* do jogo das atrações" (Fourier, 1922, v.5, p.249).

Na sua teoria social total, Fourier vê o elemento afetivo como fator de solidariedade social, estruturando "a concepção social das paixões humanas" (ibidem, p.135). Elas desenvolverão o espírito dos agrupamentos sociais, levando "à economia de tempo, matérias-primas, maior rendimento, menor fadiga, desaparecimento do desprezo do rico pelo pobre. Não haverá mais vagabundos, nem pobres, as antipatias sociais desaparecerão com as causas que as engendram" (ibidem, v.1, p.135). O estabelecimento de tal sociedade perfeita demandará, para Fourier, um prazo curto, "dois anos para sua organização como cantão societário – sua expansão pelo mundo levará mais tempo – seis anos para organizá-lo pelo globo" (1846a, v.1, p.17).

Fourier, com Saint-Simon, é um dos últimos representantes dos propugnadores por soluções sociais globais a curto prazo. Sua descrição paradisíaca do futuro liga-se à crítica acre da sociedade de sua época, levando-o à concepção de que "uma sociedade só pode decair em função do progresso social" (ibidem, p.91).

O *marxismo* aparece como filosofia da ação,[9] em que a vontade humana tem um papel criativo, superando as determinações ambientais,[10] para conseguir a constituição do proletariado como classe, derrubada da supremacia da burguesia e conquista do poder (Marx, s.d, p.327).

Para Karl Marx, a condição essencial de existência da burguesia é a formação e crescimento do capital, condição básica para a luta de classes, que caracteriza o processo da História (ibidem, p.22), no qual a burguesia desempenhou um papel revolucionário. Ela liquidou as relações feudais e patriarcais, definiu, pela exploração do mercado mundial, um caráter universal às relações de produção e troca, submeteu a área rural à urbana e efetuou a centralização política.[11]

---

9 "Os filósofos têm apenas *interpretado* o mundo, de diversas maneiras; o que interessa é *mudar* o mundo" (Engels, 1964, p.77).
10 "De todos os instrumentos de produção, a maior força produtiva é a própria classe revolucionária" (Marx, 1947, p.157).
11 "Constituindo em uma só nação, com uma só lei, um só interesse nacional de classe, uma só barreira alfandegária" (Marx, s.d., p.27).

Denuncia, porém, Karl Marx a estreiteza das estruturas criadas pela burguesia para conter a riqueza em seu seio (s.d., p.29); a própria burguesia criou seus opositores: os operários, concluindo que a queda e a vitória destes são igualmente inevitáveis (ibidem, p.27).

Karl Marx elaborou em suas grandes linhas uma filosofia do conflito social, estruturando uma visão da sociedade global cujas premissas são os homens, no seu processo de vida em sociedade.[12] Nela, o trabalho aparece como grande fator de mediação que enriquece o mundo de objetos, tornado poderoso, ao lado do empobrecimento *"em sua vida interior* do trabalhador, onde este não é dono de si próprio".[13] O fruto do trabalho aparece como um "ser *estranho* com um *poder independente* do produtor",[14] em que as relações mútuas dos produtores tomam a forma de uma "relação social entre coisas" (idem, 1968a, v.1, p.77-8).

A industrialização promove nova estratificação social: as classes médias aparecem como elemento conservador do sistema (Marx, s.d., p.34). O *lumpen*-proletariado, embora sujeito a acompanhar o proletariado, por suas condições de vida "predispõe-se mais a vender-se à reação" (ibidem, p.34); constituem uma formação social onde a emancipação do operário como classe implica a libertação da totalidade da sociedade".[15]

Karl Marx fornece uma visão sociológica finalista, que perpassa seu pensamento no nível de modelos macrossociais, sur-

---

12 "A consciência jamais poderá ser alguma coisa além da existência consciente, e a existência dos homens é o seu processo de vida atuante" (Bottomore & Rubel,1964, p.84).
13 "O homem perdeu a si mesmo..." (Bottomore & Rubel, 1964, p.222).
14 1/3, M. G. W., p.83.
15 "O homem perdeu a si mesmo, mas ao mesmo tempo não adquiriu apenas consciência teórica de sua perda; viu-se forçado por uma desgraça irremediável e imperiosa – a *necessidade prática* – a revoltar-se contra semelhante desumanidade. É por essas razões que o proletariado pode e deve emancipar-se. Mas só se pode emancipar destruindo suas próprias condições de existência.

gindo como reação ao desafio da Revolução Industrial inglesa, na qual a divisão manufatureira do trabalho como combinação de ofícios independentes implica a concentração do processo produtivo, criando estruturas *reificadoras* do homem. Ao lado da importância atribuída à fábrica como instituição decisiva da sociedade industrial, Karl Marx incidentalmente aborda o processo de burocratização da empresa (1931, p.244 e p.261), a patologia industrial (ibidem, p.266-7), sem, porém, desenvolver sistematicamente uma teoria da organização formal.

A terceira fase da industrialização se inicia com a decadência dos ofícios tradicionais. Os ofícios qualificados subdividem-se, especializam-se, embora outros ofícios que continuam qualificados percam parte de seus valores. Os novos ofícios estão na dependência de uma máquina que sofre aperfeiçoamento contínuo.[16] A maquinaria específica dessa nova divisão de trabalho é o trabalho coletivo, como continuidade dos trabalhos parciais.

A especialização impede que o aprendiz passe a ajudante e este a companheiro; o trabalho como elemento de ascensão social implicará a *educação permanente*.

A equipe de trabalhadores em torno de uma pessoa, um oficial com experiência, desaparece, na medida em que o cálculo substitui a experiência, mediante análise no Departamento de Métodos; efetua-se, assim, a separação entre concepção e execução do trabalho na empresa. A indústria têxtil adota inicialmente esses métodos; paralelamente, a indústria de construção naval conserva o sistema profissional de trabalho.

O aumento da dimensão da empresa no período da Segunda Revolução Industrial, além de ocasionar uma mutação, na qual

---

E só pode destruir suas próprias condições de existência pela destruição de *todas* as desumanas condições de existência da sociedade de hoje, condições resumidas na situação dele" (Marx in Bottomore & Rubel, 1964, p.222).

16 "A manufatura desenvolve a produção em série, cada trabalhador tem uma função parcial, ela se decompõe em inúmeros antigos ofícios" (Marx, 1931, p.255).

as teorias sociais de caráter totalizador e global (Saint-Simon, Fourier e Marx) cedem lugar às teorias microindustriais de alcance médio (Taylor-Fayol), implica, no plano da estrutura da empresa, a criação "em grau maior ou menor de uma *direção* determinada", que harmonize as atividades individuais e que realize as funções gerais que derivam da atividade do corpo produtivo no seu conjunto.[17] O crescimento da dimensão da empresa irá separar funções de direção, de funções de execução.[18] Dá-se, assim, a substituição de capitalismo liberal pelos monopólios. Entre 1880-1890, nos EUA, instala-se a produção em massa, o número de assalariados aumenta em 1,5 milhão, é necessário evitar-se o desperdício e economizar mão de obra.

No período entre o fim da Guerra Civil e a Primeira Guerra Mundial, a indústria tornou os EUA a primeira grande potência industrial no mundo, com um terço da capacidade manufatureira mundial.

Já, em 1872, se dera a fundação da *Carnegie Steel Corporation*, fábrica de vagões; a indústria siderúrgica produzia decuplicadamente entre 1867 e 1900; tal incremento se dera após a aquisição da Carnegie por Morgan, que formara a *United Steel Corporation*. A organização e o desenvolvimento da indústria do petróleo surgiram associados ao nome de Rockefeller, que adotara métodos eficientes de refino e transporte, construindo oleodutos e terminais. Ao mesmo tempo se dera a ampliação da aplicação da eletricidade às utilidades domésticas.

A indústria automobilística com Ford realizara as ideias de Whitney e a produção em massa estabeleceu a linha de montagem, levando ao *arranco* da indústria automobilística.

---

17 "Um violinista não precisa diretor, precisa-o o conjunto" (ibidem, p.242).
18 "A função inspetora direta e contínua do trabalho ou grupos de trabalhadores passa a ser agora a função de uma classe *especial* de assalariados. O trabalho de vigilância se transforma em função executiva dessas pessoas" (ibidem, p.243).

Um amplo mercado interno, grande crescimento demográfico, renda relativamente alta levaram à economia de escala em todos os setores industriais. Alta qualidade de mão de obra e sua oferta ilimitada permitiram sua concentração na indústria automobilística, que, no caso da Pensilvânia, empregava já no século XIX um quarto da população.

O desenvolvimento industrial fora acompanhado de igual processo de concentração.[19]

Essa concentração operava monopolisticamente em alguns setores. Ela era produto de um sistema econômico onde:

a. a grande empresa por suas dimensões e influência monopolística no mercado permite planejamento a longo prazo da produção. A minimização da concorrência permite a redução da instabilidade, o que cria as condições para o planejamento;
b. a grande divisão de trabalho entre os que pensam e os que executam se realiza na grande empresa. Aqueles fixam o progresso da produção, descrevem os cargos, fixam funções, estudam métodos de administração e normas de trabalho; criam as condições econômicas ao surgimento do *taylorismo*.

As práticas monopolistas da grande empresa levam ao surgimento da Lei Anti-Trust Shermann em 1890 como reação à formação dos *trusts* em 1880.

Paralelamente se dá o surgimento da aviação, do telégrafo sem fio, da aceleração da concentração industrial, da mobilidade demográfica rural-urbana e da produção de economia de escala, com a substituição do ferro pelo aço e a eletricidade substi-

---

[19] "Após 1880, deu-se na indústria norte-americana um crescimento da concentração industrial no sentido vertical e horizontal" (Ross, 1955, p.345; confirmado por Clough, 1956, p.181).

tuindo o vapor (Sombart, 1946, v.2, p.453), ao lado de larga utilização de mão de obra infantil e feminina e uma política de seleção tecnológica tendente à maximização de lucros.

O método Taylor[20] é oriundo da aplicação de um esquema *empírico como método* onde o conhecimento surge da evidência sensível e *não* da abstração. O objeto do conhecimento é concreto. O método baseia-se em dados singulares observáveis, isso limitando a possibilidade de generalização. Na essência, presidindo tudo, está uma atitude descritiva na qual o importante é o *como* e não o *porquê* da ação.

Para Taylor os que executam devem ajustar-se aos cargos descritos e às normas de desempenho. Aí, a capacidade do operário tem um valor secundário, o essencial é a tarefa de planejamento. A especialização extrema do operário, no esquema de Taylor, torna supérflua sua qualificação.

Taylor enfatiza a tarefa e o princípio de hierarquia na estrutura formal, como base da autoridade administrativa.

A qualificação do operário é supérflua, na medida em que a grande empresa pressupõe alta divisão de trabalho, que contribui para facilitar a tarefa e constante troca de indivíduos, incorporando forças de trabalho ainda não desenvolvidas e ampliando o mercado de trabalho.

Por outro lado, Taylor funda-se no estudo de tempos e movimentos, na procura de uma capatazia funcional, no uso de incentivos econômicos, tarifa diferencial de salário. O taylorismo implantado permite altos lucros com baixo nível salarial, a curto prazo, a custo de tensões sociais. Sua implantação pressupõe os seguintes pré-requisitos:

---

20 "Na época de Taylor, surgiu, nos EUA, o engenheiro Kimball que enfatizara a *distribuição científica* no lugar da produção científica, *preocupado em que a medida da direção científica afetaria a distribuição equitativa dos produtos do trabalho*" (Lepawski, 1961, p.163).

a. a existência de empresas com grande poder econômico e político;
b. debilidade sindical dos operários;
c. ausência de legislação social;
d. predomínio da oferta sobre a procura no mercado de mão de obra.

Taylor, oriundo de uma família de *quakers*,[21] foi educado na observação estrita do trabalho, disciplina e poupança. Educado para evitar a frivolidade mundana,[22] converteu o trabalho numa autêntica vocação.[23]

---

21 "Ainda mais notável, pois apenas deve ser lembrada a relação entre uma *filosofia religiosa de vida com o mais intenso desenvolvimento da mentalidade comercial*, justamente no rol daquelas seitas cujo alheamento da vida se tornou tão proverbial, quanto sua riqueza, principalmente entre os *quakers* e menonitas. *O papel que os primeiros tiveram na Inglaterra e América do Norte*, coube aos segundos, nos Países Baixos e Alemanha" (Weber, 1967, p.26). Max Weber constata que a tendência das minorias religiosas, privadas de poder político, é "envolverem-se em atividades econômicas". Isso se deu "com os não conformistas e *quakers* na Inglaterra" (ibidem, p.22). No fundamento do ascetismo protestante, parte importante ao lado de outras seitas como "os batistas, menonitas, coube principalmente aos *quakers*" (ibidem, p.102). A ideia de que Deus fala somente quando as criaturas silenciam significou uma formação tendendo "para a tranquila ponderação dos negócios, para orientação destes em termos de cuidados e justificação da consciência individual" (ibidem, p.106).
22 Evitar a "vaidade humana, seja toda ostentação, frivolidade, e uso das coisas sem propósitos práticos, ou que forem valiosas apenas por sua raridade, qualquer uso não consciencioso da riqueza, tal como gastos excessivos para necessidades não muito urgentes, e acima da provisão necessária das reais necessidades da vida e do futuro" (ibidem, p.106).
23 "A gravidade de sua vida, seu entusiasmo reformista pela substituição do empirismo pela Ciência" (Taylor, 1966, p.94). Têm profundas raízes na sua formação familiar, onde encontrou "ambiente de pureza, de vida sã, de ideal de emancipação humana, não só no aspecto moral, como também no intelectual, político e social" (Mallat y Cutó,1942, p.11-2).

Iniciou sua vida profissional como operário da *Midval Steel Co.*, passando a capataz, contramestre e chefe de oficina, daí a engenheiro.

O estudo do tempo e a cronometragem definem-se como pedra angular de seu sistema de *racionalização* do trabalho.[24]

Cada operação é decomposta em *tempos elementares*; auxiliado pelo cronômetro, Taylor determina o tempo médio para cada elemento de base do trabalho, agregando os tempos elementares e mortos, para conseguir o tempo total do trabalho, com a finalidade messiânica de evitar o maior dos pecados – a perda de tempo. A finalidade maior do sistema é educativa e se manifesta pela intensificação do ritmo de trabalho.[25] Para introduzir seu sistema, Taylor promove uma cruzada contra as *ideias falsas*, o empirismo,[26] preconizando a prioridade do sistema sobre o indivíduo, criticando, em nível *quaker*, o pecado da idolatria do *grande iluminado*.[27] A prioridade do seu método abrirá um ciclo de prosperidade.[28]

---

24 "Indicar por meio de uma série de exemplos a enorme perda que o país vem sofrendo com a ineficiência de quase todos os nossos atos diários" (Taylor, 1966, p.11).

25 "Aperfeiçoar o pessoal da empresa para que possa executar em ritmo mais rápido e mais eficiente os tipos mais elevados de trabalho, conforme suas aptidões naturais" (ibidem, p.15).

26 "Os conhecimentos e métodos científicos a serviço da administração. Substituição em toda parte, mais cedo ou mais tarde, das regras empíricas, porquanto é impossível o trabalho científico com os antigos sistemas de administração" (ibidem, p.94).

27 "O remédio para essa ineficiência está antes na administração *que na procura do homem excepcional ou extraordinário*" (ibidem, p.11). *Essa atitude anti-ideolátrica transportada para o sistema político*, e que explica como o protestantismo na medida em que condena a idolatria das pessoas constituiu-se em antídoto à obediência passiva a líderes carismáticos totalitários, cria um *ethos* democrático com base nessa desconfiança do grande líder.

28 Sob a "administração científica, as fases intermediárias serão mais prósperas e mais felizes, livres de discórdia e dissensões. Também os períodos de infortúnio serão em menor número, mais curtos e menos atrozes" (ibidem, p.29).

O messianismo administrativo de Taylor parte da função providencial do empresário,[29] que existe para satisfazer os interesses gerais da sociedade e o particular do consumidor. Isso motiva a coletividade ao aproveitamento intensivo de suas riquezas, que a Providência colocou sob seu poder, racionalizando sua conduta, sua vida diária.[30]

Há em Taylor, uma *paideia*, um ideal de formação humana de um tipo de personalidade, consequência lógica da aplicação e vivência do sistema da Administração Científica do Trabalho. Tem seu sistema o mérito de acentuar a virtude do ascetismo,[31] a mentalidade entesouradora no que se refere a dinheiro,[32] a abs-

---

29 Em Taylor se dá a valorização positiva da indústria, da formação do trabalho e do empresário no sistema social global. Isso se deve a sua formação *quaker*. Pertencendo a uma das inúmeras seitas da Igreja reformada que autoexcluiu-se da cidadania política ao "recusar-se a prestar serviço militar, inabilitando-se, portanto, à nomeação para os cargos públicos" (Weber, 1967, p.107), ela acompanha assim "o destino das seitas marginalizadas, ao fortalecer a tendência *a envolver-se com particular empenho nas atividades econômicas*" (ibidem, p.22). Daí a emergência de um *quaker* preocupado com a administração científica da empresa, onde o empresário tem uma função providencial: "*sua prosperidade é consequência de uma vida santa*" (p.21), onde se concilia "auferir lucros e conservar-se piedoso" (ibidem, p.209, nota 39); como se dá a conciliação da administração científica com o misticismo "a administração científica não pode existir se não existe no mesmo tempo um certo estado de espírito, o qual o engenheiro (Taylor) define em *termos quase místicos*" (Taylor, 1932, p.11).

30 O escrúpulo de sua conduta é para o batista função da "maior glória de Deus" (Weber, 1967, p.79-80); "*pertence especialmente ao quaker* a conduta do homem tranquilo, moderado e eminentemente consciencioso" (ibidem, p.106).

31 "O ascetismo *quaker* desenvolverá o sentimento religioso da vida com o mais intenso desenvolvimento da mentalidade comercial" (ibidem, p.26); isso levou-o a dar um "significado religioso ao trabalho cotidiano secular" (ibidem, p.53) em que ele aparece como a mais alta expressão de *amor ao próximo* (ibidem, p.54).

32 "O carregador de lingotes de ferro tinha fama de ser seguro" (Taylor, 1932, p.66), isto é, "dá muito valor ao dinheiro, um centavo parece-lhe tão grande como uma roda de uma carroça" (ibidem, p.42). Os operários que foram

tinência de álcool,[33] trabalho constante[34] com "a figura do chefe enérgico, paciente e trabalhador" (Taylor), que incita a ambição do subordinado, condena a negligência e dissipação.[35] No plano salarial, mercê de sua atitude pessimista ante a natureza humana,[36] Taylor manifesta-se favorável a baixos salários, ou melhor, seu aumento deve ser dosado gradativamente.

No plano de sua Teoria da Administração, Taylor define a burocracia como emergente das condições técnicas de trabalho, pela separação entre as funções de execução e planejamento, predominando a organização sobre o homem, acentuando como fator motivador único o monetário.[37]

---

aumentados começaram a economizar dinheiro" (ibidem, p.66) cumprindo os preceitos puritanos de Benjamin Franklin, que enunciara: "Lembra-te que o dinheiro é por natureza prolífico, procriativo. O dinheiro pode gerar dinheiro e seu produto pode gerar mais e assim por diante" (Weber, 1967, p.30).

33 "A condenação do álcool é um dos elementos do puritanismo; por essa razão, *os escoceses* estritamente puritanos e os independentes ingleses foram capazes de manter o princípio de que o filho de réprobo (de bêbado) não devia ser batizado" (ibidem, p.167, nota 21).

34 "De acordo com a ética *quaker* a vida profissional é uma prova de seu estado de graça que se expressa no zelo e método, fazendo com que cumpra sua vocação. Não é um trabalho em si, mas é um trabalho racional, uma vocação que é pedida por Deus" (Weber, 1967, p.115).

35 "Para o *quaker* a vida profissional do homem define seu estado de graça, para sua consciência que se expressa no zelo" (ibidem, p.115). Nesse contexto, "a vadiação é o maior mal" (Taylor, 1932, p.74).

36 "Quando recebiam mais de 60% do seu salário muitos deles trabalhavam irregularmente e tendiam a ficar negligentes, extravagantes e dissipadores. Em outras palavras, nossas experiências demonstraram que *para a maioria dos homens não convém* enriquecer depressa" (ibidem, p.68). Reitera as afirmações contidas no calvinismo secularizado pelo protestantismo holandês ao afirmar que "as massas só trabalham quando alguma necessidade a isso as force" (Weber, 1967, p.128).

37 "É preciso dar ao trabalhador o que ele mais deseja: altos salários" (Taylor, 1932, p.14).

Taylor parte do ponto de vista segundo o qual o interesse dos trabalhadores é o da administração, desconhecendo as tensões entre a personalidade e a estrutura da organização formal.

A análise de tempos e movimentos, base do taylorismo, se por um lado foi recebida com agressividade pelos operários da indústria em geral e pelos da *American Federation of Labor*, por outro, foi entusiasticamente defendida por Le Chateller, que compara Taylor a "Descartes, Bacon, Newton e Claude Bernard" (Ramos, 1952, p.127).

Taylor procura fazer com que os operários possam executar em "ritmo mais rápido, os mais pesados tipos de trabalho" (1932, p.16). Para isto seleciona para seus testes dois dos melhores trabalhadores, isto é, atípicos, que "por sua robustez física se tinham revelado dedicados e eficientes" (ibidem, p.51), sendo, porém, os de menor "nível mental".[38] Está claro que Taylor não toma como base o operário médio, valorizando um tipo de fadiga, a muscular, desconhecendo a fadiga mais sutil, a nervosa.

Quanto aos tempos, verificou-se posteriormente ser impossível decompor minuciosamente uma operação em seus elementos, de forma que os tempos correspondentes sejam sempre úteis. O chamado tempo *morto* tem um papel positivo, qual seja, de restabelecer a energia perdida para a continuidade do processo produtivo. Por outro lado, o aumento de produtividade, apresentado por Taylor como um dos resultados do sistema novo, na medida em que ele tem como elemento motivador o aumento

---

38 "Um dos requisitos para que o indivíduo possa carregar lingotes como ocupação regular é ser tão estúpido quanto fleumático" (Taylor, 1932, p.58). Há precedente histórico a respeito da utilização na indústria de pessoas de baixo nível mental: "nos meados do século XVIII, algumas manufaturas empregavam para certas operações simples, que constituíam segredos de produção, de preferência pessoas semi-idiotas" (Tucker, 1846, v.I, p.149). Esse período oferece material para elaboração de uma patologia industrial que será desenvolvida sistematicamente por Meignez (1965).

salarial, é difícil saber se ele se deve à nova técnica de trabalho ou ao prêmio.

O estudo dos movimentos depende das dificuldades individuais e a velocidade não é melhor critério para medir a facilidade com que o operário realiza a operação. Seu método representa uma *intensificação* e não racionalização do processo de trabalho (Taylor, 1932, p.106). Hoje, solicitam-se rendimentos ótimos, *não* máximos.

Taylor estudou o trabalho pesado, não qualificado, com a pá (ibidem, p.61), trabalho de fundição (p.44), e de pedreiro (p.77), daí a sua preocupação com a fadiga muscular, o seu desconhecimento da fadiga nervosa. Alie-se a uma visão negativa do homem, pela qual os indivíduos nascem preguiçosos e ineficientes (p.29), infantilizados (p.89) e com baixo nível de compreensão (p.89). Com essa visão do homem, ele define o papel monocrático do administrador.[39]

A separação entre direção e execução, autoridade monocrática, acentuação do formalismo na organização, a visão da administração como possuidora de idênticos interesses aos do operário definem o *ethos* burocrático taylorista, complementado por Fayol.

Fayol, seguindo a linha de Taylor, defende a tese segundo a qual o homem deve ficar restrito a seu papel, na estrutura ocupacional parcelada.[40]

No plano da remuneração, manifesta-se contra a ultrapassagem de certos limites,[41] comparando a disposição estática das ferramentas na fábrica com os papéis das pessoas na organiza-

---

39 "A atribuição de impor padrões e forçar a cooperação compete exclusivamente à direção" (Taylor, 1932, p.75).
40 "Cada mudança de ocupação, de tarefas, implica um esforço de adaptação que diminui a produção" (Fayol, 1965, p.31).
41 Deve-se "evitar o excesso de remuneração, ultrapassando o limite razoável" (ibidem, p.39).

ção social,[42] reafirmando a monocracia diretiva (Fayol, 1965, p.51) combinada com um tratamento paternalista do operário (ibidem, p.54), concluindo que administrar é prever, organizar, comandar e controlar.

Elemento básico na teoria clássica da administração, em Taylor e Fayol, é o papel conferido à disciplina copiada dos modelos das estruturas militares.[43]

Os modelos administrativos Taylor-Fayol correspondem à divisão mecânica do trabalho (Durkheim), em que o parcelamento de tarefas é a mola do sistema. Daí ser importante nesse sistema que o operário saiba *muito* a respeito de *pouca* coisa. No referente à remuneração, Fayol continua a tradição *quaker* de Taylor – não pecar por excesso.

Ao enfatizar a função exemplar do administrador, ele define as linhas essenciais do burocratismo da organização formal.[44]

No fortalecimento dos chefes de oficina e contramestre por um Estado-Maior (Fayol, 1965, p.134), enfatiza ele o papel da disciplina estrita na organização fabril. Define ele a linha de pensamento que o Coronel Urwick irá acentuar no paralelismo entre a organização militar e a industrial.

Esse paralelismo já fora objetivo de estudo de Max Weber.[45] Com efeito, a guerra criou, à sua maneira, um tipo de diretor industrial, integrando o engenheiro civil, mecânico e marítimo. Por outro lado, o exame topográfico, o uso dos mapas, planos de

---

42 "Um lugar para cada coisa, cada coisa e cada pessoa no seu lugar" (p.51).
43 "Não necessita de demonstração especial o fato de que a *disciplina militar* foi o padrão ideal das antigas plantações, como das empresas industriais capitalistas *modernas*" (Weber, 1944, v.4, p.80). Essa visão é integrada ao corpo da Teoria Clássica da Administração quando Fayol define que "isso tem sido expresso com grande vigor" na área da empresa (Fayol,1965, p.51).
44 De Taylor, Fayol a Weber observa-se uma evolução para a valorização do formal; a burocracia é a realização do formalismo, da razão.
45 "Não obstante, a disciplina do Exército é o fundamento da disciplina em geral. O segundo grande instrumento disciplinador é a grande empresa econômica" (Weber, 1964a, v.2, p.872).

campanhas, prefiguram o conceito atual de *campanha* publicitária. As condições de transporte, intendência, divisão de trabalho entre cavalaria, infantaria e artilharia, a divisão dos processos produtivos entre essas três armas, definem que a *mecanização se dera antes na área militar e posteriormente na manufatura industrial.* A mecanização industrial como sistema permanente sempre tendeu a copiar os modelos militares. Por influxo de um militar, Napoleão III, foi oferecida uma recompensa a quem inventasse um processo barato para o aço, capaz de suportar a força explosiva de novas bombas. Daí surgiu o processo Bessemer.

Não é necessário acentuar que a demanda de uniformes para o Exército – realçada por Sombart – foi a primeira demanda em grande escala de mercadorias padronizadas.

Porém, isso implica um alto nível de burocratização e formalismo organizacional.

O esquema Taylor-Fayol aparece como um processo de impessoalização, definida esta pelo enunciado de tarefas (Taylor, 1932, p.75) e especialização destas; as pessoas *se alienam* nos papéis, estes no *sistema burocrático*.

A decisão burocrática é absolutamente monocrática, havendo apenas um fluxo de comunicação. O empregado *adota* os mitos da corporação, que constitui uma atribuição de *status,* e ao mesmo tempo cria-se um *jargão* administrativo esotérico (Fayol, 1965, p.39).

Fayol está preocupado com a direção da empresa, onde só vê funções e operações. A empresa é vista como um conjunto de funções; técnicas, comerciais, financeiras, de segurança, contábeis e administrativas.

No seu esquema, privilegia a concorrência como fundamento da maior eficiência e o interesse individual como mola da ação humana. Para Fayol a autoridade na empresa possui direito divino, emite comunicações de cima para baixo e recebe de baixo para cima. A essa concepção mecanicista do processo de comunicação, Fayol junta a ênfase na centralização da decisão, hierarquia, ordem, disciplina e da unidade de comando. Para Fayol o problema da empresa resume-se na chefia e nas dificuldades para substituí-la. Como Taylor, é engenheiro e funda seus conceitos na observação e no senso comum, isto é, no empirismo.

O pragmatismo de seu sistema leva-o a apelar à experiência direta e não representativa para obter soluções aplicáveis de modo imediato.

Conclusivamente, os esquemas Taylor-Fayol fundam-se na justaposição e articulação de determinismos lineares, baseados numa lógica axiomática que cria um sistema de obrigação devido à lógica interna.

Daí operar uma racionalidade em nível de modelo, em que as operações de decomposição e análise, fundadas em aspectos microeconômicos, criam um sistema de coordenação de funções, donde emerge uma estrutura altamente formal. Seu comando é centralizado, fundado numa racionalidade burocrática, baseada na racionalização das tarefas, sua simplificação e intensificação do trabalho.

A mudança das condições de trabalho leva à mudança dos modelos administrativos.

A evolução do trabalho especializado, como situação transitória entre o sistema profissional e o sistema técnico de trabalho, a desvalorização progressiva do trabalho qualificado e a valorização da percepção, atenção, mais do que da habilidade profissional, inauguram a atual era pós-industrial.

O conjunto volta, na empresa, a ter prioridade sobre as partes: então ela alcança alto nível de automação. Efetua-se a mudança do operário *produtivo* para o de *controle*. A nova classe operária vai caracterizar-se pelo predomínio de funções de comunicação,[46] sobre as de execução.

---

46 Já E. Mayo acentua a importância da comunicação na administração, mas coube a Chester Barnard elevar a categoria a uma noção de sistema. Na indústria cibernetizada, constitui a realidade acabada do modelo *sistêmico*.

Numa fábrica automatizada, torna-se impossível manter a ficção de uma hierarquia linear simples (modelos Taylor-Fayol); são necessários especialistas funcionais que devem *comunicar-se* entre si. O princípio organizacional não se estrutura na hierarquia de comando; ele se define na tecnologia que requer a *cooperação* de homens de vários níveis hierárquicos e qualificações técnicas.

O operário de controle, nesse sistema, só poderá ser considerado elemento qualificado, na medida em que lograr decodificar os sinais observados. O sistema técnico de trabalho liga-se às formas de organização. Daí a possibilidade de uma divisão de funções mais dinâmica.

A elevação do nível de cultura e o abandono do nível taylorista que separa radicalmente, no trabalho, concepção de execução são os fatores que permitirão maior utilização da mão de obra.

No plano da dimensão da empresa, desenvolvem-se as grandes *corporations* como na Grã-Bretanha e EUA, após a Primeira Guerra Mundial; ampliam-se as sociedades por ações que produzem a quase totalidade dos bens públicos, como eletricidade, água e gás.

Da sociedade norte-americana da fase inicial, acumulação para a fase da abundância e alta produtividade, resolvidos os problemas econômicos mais imediatos, têm lugar na empresa os problemas humanos que começam a ser atendidos. É quando se dá o surgimento da Escola das Relações Humanas com Elton Mayo; é quando no quadro da microempresa a direção não é função unificada da organização e coordenação, mas, sim, *ponto de união* em que se combinam as exigências políticas e funcionais da empresa.

O esquema de Mayo deveu-se a fatores empíricos. Convidado a estudar alto *turnover*, no departamento de fiação de uma fábrica de tecidos em Filadélfia, calculado em 250%, solucionou Mayo os problemas, criando um sistema alternativo de descanso a cada grupo, determinando o método e alternativa dos períodos, de modo que cada um deles tivesse quatro períodos de repouso por dia. O sucesso deveu-se ao fato de as *pausas terem permitido transformar num grupo social um grupo solitário de trabalho.*

A atitude do empregado, em face de seu trabalho, e a natureza do grupo do qual ele participa são fatores decisivos da produtividade para Mayo.[47]

Elton Mayo aparece como um profeta secular, que critica a validade dos métodos democráticos para solucionar os problemas da sociedade industrial,[48] na medida em que a sociedade industrial burocratizada procura criar a cooperação forçada pela intervenção estatal.[49]

Na linha da Escola Clássica da Administração (Taylor-Fayol), Mayo não vê possibilidades de utilização construtiva de conflito social, que aparece para ele como a destruição da própria sociedade.[50]

Mayo vê na competição um sistema de desintegração social, na medida em que não leva à cooperação, acentuando esse processo pelo conflito dos partidos políticos.[51] Ele nos coloca

---

47 "Sem dúvida muitos dos resultados não eram novos. C. Cooley nos EUA e W. Hellpach na Alemanha assinalaram com muita antecedência a importância da formação de grupos" (Dahrendorf, 1965, p.50).

48 "Os métodos da democracia, longe de proporcionarem os meios de solução do problema da sociedade industrial, provaram ser inteiramente inadequados para a tarefa" (Mayo, 1919).

49 "O Estado não pode produzir a cooperação por meio de regulamentação; a cooperação apenas pode ser o resultado do crescimento espontâneo" (ibidem, p.48).

50 "O conflito é uma chaga social, a cooperação é o bem-estar social" (ibidem, p.48).

51 "Em toda a literatura dos séculos XIX e XX, apenas os defensores do Estado corporativo sugeriram que a satisfação no trabalho pode ser reconquistada apenas pela integração do operariado na comunidade da fábrica, sob a liderança da administração" (Etzioni, 1962, p.126).

diante de um ideal medieval de corporativismo: o cumprimento desse ideário corporativo cabe à elite dos administradores da indústria.[52]

Mayo partiu da análise de pequenos grupos segmentados do conjunto fabril, este isolado da sociedade industrial, valorizando o papel do *consenso* do pequeno grupo para produzir mais, minimizando o papel da autoridade na indústria, o que leva o administrador da Escola de Relações a um *humanismo verbal* e à necessidade, às vezes, de recorrer à autoridade formal para satisfazer as quotas de produção exigidas.[53]

Para Elton Mayo a cooperação dos operários reside na aceitação das diretrizes da administração, representando uma escamoteação das situações de conflito industrial. Nesse sentido, ele continua a linha clássica taylorista;[54] este acentuava o papel da contenção direta, aquele a substitui pela manipulação.

Há uma incompatibilidade lógica no esquema de Mayo, qual seja, a luta pela cooperação espontânea e a luta por sua organização, incompatíveis com a existência de associações voluntárias.

Na sua crítica à Escola de Relações Humanas, a Escola Estruturalista já mostrara que o conflito industrial não é um mal em si, cabe manejá-lo construtivamente.

No plano institucional, Mayo atribui ao administrador um papel que ele dificilmente poderá cumprir, pois ele confunde conhecimento especializado (administrativo) com poder; daí propor a noção de uma elite administradora dominante.[55]

---

52 "Se tivéssemos uma elite capaz de realizar tal análise dos elementos lógicos e irracionais na sociedade, muitas das nossas dificuldades seriam praticamente reduzidas a nada" (Mayo, 1919, p.18).

53 O esquema de Mayo não anula a burocracia como forma de dominação, a espontaneidade dos pequenos grupos encontra aí seus limites.

54 "Ela (a abordagem das relações humanas) representa um adorno da cooperação antagônica entre operários e administradores" (Bendix in Etzioni, 1962, p.129).

55 A ideia de que a revolução do século XX será "não dos operários, mas sim dos *funcionários*" explicitada por Weber (1946, p.67), enunciada por Elton

Apesar dos esforços de Mayo para tornar agradável o trabalho, as máquinas evitam que este se torne satisfatório em nível absoluto. Embora Mayo veja o conflito como algo indesejável, o mesmo tem função, às vezes, de conduzir à verificação de poder e do ajustamento da organização à situação real e, portanto, à paz. Acentuando o peso do informal no trabalho, desmentido pelo fato de a maioria de operários não pertencer a grupos informais, Mayo cria condições para o aparecimento de uma crítica ao seu sistema: a abordagem estruturalista das organizações inicia-se sistematicamente com algumas perspectivas lançadas por Marx, analisando a empresa oriunda da Primeira Revolução Industrial e continuadas sistematicamente por Max Weber na análise da empresa, produto da Segunda Revolução Industrial.

A crítica estruturalista emergiu na Alemanha, embora não fosse o país-modelo da empresa burocrática, sob pressão ao alto nível político em que os assuntos sociais eram definidos, permitindo tornar a sociologia alemã uma resposta intelectual à Revolução Industrial, ao nível do Ocidente.

A Escola das Relações Humanas surge numa época em que se funda o sindicalismo vertical, por indústria, em substituição ao de ofícios. Cabe ao conselheiro de relações humanas a supressão das resistências informais às exigências administrativas. Enquanto a Escola Clássica pregava a *harmonia* pelo autoritarismo, Mayo procura-a pelo uso da Psicologia, convertendo a resistência em problema de inadaptação pela manipulação dos conflitos, por pessoal especializado em Psicologia social e Sociologia industrial, ou melhor, relações industriais.

Combatendo o formalismo na administração, Mayo mostrara que a fábrica era uma instituição social e que a influência da hierarquia supervisora se modifica ou é limitada até o nível em

---

Mayo neste contexto, foi explorada sistematicamente por James Burnham (1941) em sua obra clássica.

que os membros que compõem a sociedade *fábrica* queiram ou não aceitar suas ordens.

A ideologia da *harmonia administrativa* iniciada por Taylor, reafirmada por Fayol, é continuada por Mayo, na sua preocupação em evitar os conflitos e promover o equilíbrio ou um estado de *colaboração* definido como *saúde social*.[56]

Durkheim é o grande predecessor de Mayo na sua crítica à supressão dos grupos de referência, desencadeada pela Revolução Industrial, que promove a substituição de mão de obra estável por outra em contínua rotação, gerando a sensação de *desenraizamento* (anomia).

Para Mayo a oposição à anomia se dá pela revalorização dos grupos de referência, do informal na empresa. *A lógica eficiência da racionalidade taylorista é redefinida pelo império da cooperação*, sistema de conselhos e promoção da integração, pela conversão em racional dos comportamentos *irracionais* ou *ilógicos* de indivíduo, possível pelo reforço dos grupos primários na empresa.

Para Taylor e Mayo os operários têm idênticos interesses aos da administração patronal na empresa, *daí achá-los não cooperativos em função dos alvos da administração patronal*.

É sabido que a *cooperação* operária na empresa capitalista aparece na forma do estabelecimento de determinados *standards* sociais. O medo do desemprego leva operários a limitar a produção a determinado nível; é o caso da situação operária nos anos de 1931-1932. E isso não se constituía um fator específico do grupo, *mas sim um fator estrutural do contexto*.

Mayo vê o conflito na empresa em nível de *meros desajustes*, quando na realidade *se dá a oposição de duas lógicas: a lógica do empresário que procura maximizar lucros, minimizar custos (incluindo a mão de obra) e a lógica do operário, que procura maximizar seu salá-*

---

56 É interessante ressaltar que já em 1755 "Morelly no seu *Le Code de la Nature*, antecipando-se a Taylor, preconizava que cada um deveria ter um trabalho conforme sua habilidade" (Hertzler, 1926, p.188).

rio. Nesse nível, a Escola Clássica (Taylor-Fayol) era menos alienada em relação às determinações econômicas na conduta empresarial: para ela o administrador não devia falar em *relações humanas, moral na empresa*, mas, sim, usar a linguagem dos *custos*.

A Escola de Relações Humanas não se preocupa com uma instituição básica, o sindicato, principal grupo de integração do operário no sistema industrial e também *organizador coletivo* dos conflitos do trabalho. Se, *do lado operário* a Confederação das Organizações Industriais (CIO) surge em 1935, *do lado patronal*, a Escola das Relações Humanas se constitui na resposta intelectual, posteriormente institucionalizada pela criação dos departamentos de relações humanas ou industriais nas empresas.

A Escola das Relações Humanas só examina as relações *homem* x *grupo* na área da empresa, não as ultrapassa.

A ideologia participacionista inerente à escola se detém ante os conflitos. A Escola das Relações Humanas aparece ante o operário com um caráter meramente *instrumental* e, nesse sentido, *falso*, não atingindo o *vital*. Esse *participacionismo* tende a manter a velha forma de relação entre *capitães de indústria* e *operários*.

Vendo na *comunicação* a fórmula salvadora em nível administrativo, a Escola de Relações Humanas *privilegia a informação e a transmissão* em detrimento do processo completo de comunicação. A ênfase da Escola das Relações Humanas é na *máxima* comunicação e não na *ótima* comunicação.

Os obstáculos à comunicação podem aparecer na forma de evasão, apatia ou no combate; são formas de oposição à organização que premia o operário com o salário, *que se constitui* numa compensação por sua insatisfação e pelo sacrifício realizado, não se constituindo numa recompensa pelo seu esforço.

No plano metodológico, a Escola das Relações Humanas é behaviorista, procura por intermédio de estímulos adaptar o indivíduo ao meio sem transformar o meio. Há ênfase, nos *testes* psicológicos aplicados pelos *conselheiros*, na *adaptabilidade* como categoria básica para medir o comportamento operário. Mayo fundou sua pesquisa de *Hawthorne* na recompilação de evidências diretas, não fazendo, para tal, utilização de hipóteses básicas. As teorias, no âmbito da Escola de Relações Humanas, são construídas a partir de evidências diretas e não de um conjunto de hipóteses que são testadas ante a realidade. Assim, *Mayo aparece-nos na linha do empirismo radical.*

O esquema global de Elton Mayo fundamenta-se numa aproximação existencial (Hawthorne), à procura de uma compreensão dinâmica e global, valorização do informal, portanto, da comunicação afetiva e simbólica, levando à noção das *dinâmicas de grupo*, acentuando o papel da negociação e compromisso, elaborando uma visão otimista do homem, uma pedagogia em nível grupal e uma ação que visa mais à *formação* do que à *seleção*. Negativamente, a Escola das Relações Humanas aparece como uma ideologia manipulatória que acentua a preferência do operário pelos grupos informais fora do trabalho, quando na realidade o operário sonha com a maior satisfação: largar o trabalho e ir para casa (Chinoy, 1955). Valorizam neste sistema símbolos baratos de prestígio, quando o trabalhador prefere, a estes, melhor salário. Essa escola procura acentuar a participação do operário no processo decisório, quando a decisão já é tomada de cima, a qual ele apenas reforça.

A técnica das *relações humanas* proclama os benefícios da *livre empresa*, enfatizando o interesse dos trabalhadores pela empresa onde trabalham e sua gratificação pela posse de maior número de ações.

Enfim, num retrospecto vimos o conceito de burocracia, desenvolvido no plano lógico por Hegel,[57] e no histórico pelas for-

---

57 "*A Filosofia do Direito*, a obra mais grandiosa do pensamento hegeliano, contém um sabor tão profundo das realidades do mundo social e moral que nela se acha uma Sociologia concreta. A reflexão sobre o sistema da Sociologia é reconduzida à sua fonte, quando se liga à Filosofia do Direito de Hegel" (Freyer, 1944, p.244).

mações estatais definidas como *o modo de produção asiático*. Nessas formações a burocracia detém o poder do Estado e constitui a própria classe dominante. No século XX é o coletivismo burocrático que caracteriza a formação econômico-social da URSS, do Bloco Oriental, China atual e Cuba.[58]

Enunciamos as determinações histórico-sociais que presidiam a Revolução Industrial na França, Inglaterra e Alemanha, fonte geradora das teorias explicativas de caráter *total* e global: Saint-Simon, Fourier e Marx.[59]

O equivalente na URSS à *Escola de Relações Humanas* dos EUA chama-se *trabalho ideológico, propaganda e agitação*. Os dois países tendem aos mesmos objetivos: manipulação da mão de obra disponível.

O *trabalho ideológico* na URSS tem como função aumentar a produtividade do trabalho, enquanto a técnica das relações humanas nos EUA tende a uma *integração da mão de obra na empresa*.

Na URSS, a burocracia publica grande número de obras, que têm como título *Manual do Agitador; O Trabalho, a Propaganda e a*

---

[58] "A burocracia estatal reinaria absolutamente se o capitalismo privado fosse eliminado. As burocracias pública e privada, que agora funcionam lado a lado, e potencialmente uma contra outra, restringindo-se assim, mutuamente até certo ponto, fundir-se-iam numa única hierarquia. Este Estado seria então semelhante à situação no Antigo Egito, mas ocorreria de uma forma muito mais racional e por isso indestrutível" (Weber, 1958b, p.320).

[59] Fourier visto por Mazzini: "O socialismo ao contrário e principalmente o *fourierismo* parece destinado a ter uma influência considerável sobre as classes médias, sobre as classes instruídas, do que sobre as classes populares. Na França, esta doutrina está muito desenvolvida e serve de base à política quotidiana. O fourierismo não é adotado inteiramente pelos partidários de doutrinas socialistas. Mas entre os crentes das diversas seitas há um ponto em comum: se há dissenções sobre certas questões específicas, nos princípios essenciais e nas finalidades gerais, todos se acham no mesmo terreno e em comum acordo. Para os socialistas em geral, trata-se antes de mais nada de melhorar as leis sobre a propriedade, destruir a tirania dos capitalistas, limitar a concorrência indisciplinada da indústria e recompensar com mais justiça os trabalhadores" (Mazzini, 1947, v.I. p.530).

Vida; A Relação entre a Propaganda e as Tarefas de Produção; A Concretização e a Visualização, Condições Importantes para uma Propaganda Eficaz, utilizados por mais de 400 mil agitadores e mais de 5 milhões de indivíduos que seguem cursilhos de agitação e propaganda: operários, supervisores, técnicos, engenheiros, etc. Para 20 mil empregados, a usina *Kirov* em Leningrado conta com mais de mil agitadores.

A estratégia do *agitador* na empresa consiste em recursar qualquer formalismo, abstração; aproxima-se do indivíduo considerando seus traços *pessoais*, suas preocupações domésticas, com saúde, concilia casais, pois tais conflitos podem influir na produção.

Tayloristicamente, o agitador tem como princípio interessar material e individualmente o trabalhador pelo que faz, amparando-se em citações de Lenin.

As reuniões de empresa, células do partido, Komsomol, clubes culturais e educacionais, jornais de empresa e cartazes fazem o papel do *organizador coletivo* na empresa.

Tais reuniões intensificam-se por ocasião da aplicação de *novas diretrizes*. Os resultados deste trabalho pedagógico são amplamente divulgados e constituem base para uma próxima atividade.

O *lazer é organizado*, os agitadores ocupam as horas vagas do operário organizando excursões culturais e piqueniques, visitas a museus técnicos, científicos e de antiguidades e concitam a maior leitura de livros. Tal organização tem como finalidade reagir à ação dos *bêbedos* e *vadios*. A atividade esportiva é considerada como ótimo meio para atingir os objetivos dos propagandistas.

A técnica do *agitador* da URSS aparece paralela à do *conselheiro* de relações humanas nos EUA, *na medida em que eles realizam a mesma prática*: para atingir certo objetivo na indústria não é suficiente a introdução de inovações técnicas na produção ou organizacionais na administração; *deve-se agir sobre o homem, os grupos, para obter uma "cooperação" voluntária para a produção, contando com sua boa vontade e esforço suplementar, enfatizando o interesse individual e o coletivo.*

A passagem da máquina a vapor à eletricidade ocasiona a Segunda Revolução Industrial e o surgimento das teorias de Taylor[60] e Fayol. Enquanto as teorias sociais totais abordavam os processos macroindustriais, Taylor e Fayol têm, como ponto de partida, os aspectos microindustriais, um método de trabalho adequado a uma civilização em fase acumulativa de escassez e procura de rendimento máximo.

O taylorismo não se constitui somente num estudo técnico de tempos de movimentos, mas é influenciado pelo *ethos* puritano da origem *quaker*. Taylor desenvolve toda uma *paideia*, ou seja, um ideal formativo de personalidade humana, em suma, uma visão do mundo.

Abordamos também a transposição das formas de disciplina surgidas inicialmente na área militar para a área fabril, integradas na Escola Clássica da Administração.[61]

Por outro lado, a formação de *holdings*, a passagem da escassez à abundância, levarão à enfatização do *fator humano* no trabalho, com os estudos de Elton Mayo e a Escola das Relações Humanas.

---

60 "Vale a pena notar que os anos 1920-1930, principalmente o período que decorre entre 1926 e 1939, constituem uma época de muito fermento intelectual, de formulação de conceitos e procura de sistematização. Parece uma *ironia que, durante o período em que a teoria da organização formal recebeu sua sistematização com Mooney, Urwich White, Gulick, autores como Elton Mayo, Rothlisberger e Barnard lançaram as sementes de sua decadência.* Foi como se tivesse preparando um patriarca para enterrá-lo na hora do nascedouro – notando que depois o *patriarca se metamorfosia*" (Pfiffer & Sherwood, 1965, p.64).

61 Tal transposição já fora notada no século passado por K. Marx, quando enunciava que "a guerra se desenvolve *antes* que a paz: é necessário demonstrar como, pela guerra e nos exércitos, certas relações econômicas como o *trabalho assalariado e o maquinismo* surgiram nessa área, disseminando-se posteriormente pelo interior da sociedade burguesa" (Marx, 1957, p.172-3).

A partir dos enunciados assistemáticos de Marx no século XIX, posteriormente à sistematização de Max Weber, aparece uma atitude crítica ante a Escola das Relações Humanas, vista como ideologia de manipulação da administração.

A ênfase de Elton Mayo na espontaneidade, no grupalismo,[62] levará posteriormente à formação das teorias administrativas fundadas nas técnicas de dinâmica de grupo. Essas teorias acentuando a importância da comunicação na empresa,[63] em que ela aparece como um *sistema* interligado e o operário um decodificador de sinais, criam as condições para a atual *teoria dos sistemas*. Ela apresenta um máximo de formalização, em detrimento dos elementos *históricos* contingentes do processo industrial.

Em suma, as categorias básicas da Teoria Geral da Administração são *históricas*, isto é, respondem a necessidades específicas do sistema social.

A Teoria Geral da Administração é *ideológica*, na medida em que traz em si a *ambiguidade* básica do processo ideológico, que consiste no seguinte: vincula-se ela às determinações sociais reais, enquanto *técnica* (de trabalho industrial, administrativo, comercial) por mediação do *trabalho*; e afasta-se dessas determinações sociais reais, compondo-se num universo sistemático organizado, refletindo deformadamente o real, enquanto *ideologia*.

Assim como as teorias macroindustriais do século passado de Saint-Simon, Fourier e Marx representaram a resposta intelectual ante os problemas oriundos da Revolução Industrial, as teorias microindustriais de Taylor-Fayol responderão aos proble-

---

62 As causas econômicas continuam a manifestar-se na forma de conflito de interesses. Assim, "de 1927 a 1952, houve nos EUA 75.000 greves que imobilizaram 40.000.000 de pessoas com perda de 600.000.000 de dias-homem de trabalho" (Kornauser, 1969, p.20).
63 "Na Inglaterra, de 1911 a 1939, 58,1% das greves tiveram por causa salários" (Friedmann & Naville, 1963, v.2, p.200). *"Os verdadeiros problemas econômicos podem gerar inquietação no operário embora o sistema de comunicações funcione perfeitamente"* (Knowles, 1960).

mas da era da eletricidade, e a Escola das Relações Humanas, Estruturalista e Sistêmica refletirão os dilemas atuais.

As teorias administrativas são dinâmicas, elas mudam com a transição das formações socioeconômicas, representando os interesses de determinados setores da sociedade que possuem o poder econômico-político, sob o capitalismo ocidental, e o poder político-econômico nas sociedades fundadas no coletivismo-burocrático.

No sentido *operativo*, elas cumprem a função de elemento mediador entre a macrossociedade e a microrganização pelo agente, o administrador. No sentido *genético*, constituem-se em repositório organizado de experiências cuja herança cumulativa é uma condicionante das novas teorias, por exemplo, a persistência de aspectos tayloristas em Elton Mayo e na Escola Estruturalista.

Pode acontecer uma *reinterpretação cultural* – área de estudo da Antropologia aplicada à administração – de modelos administrativos. Assim, temos a assimilação que a URSS efetuou do taylorismo de 1918 até hoje, definindo-o como *função* diversa da que possui na sociedade norte-americana de onde é originária, atuando na URSS como uma técnica *stakhanovista* de intensificação do trabalho a serviço da burocracia dominante.

Parte II
A crise do capitalismo e a passagem da teoria da administração à sociologia das organizações complexas

3
A crise da consciência liberal alemã

O fetichismo do Estado e da mercadoria aparecem no funcionamento do Estado e do mercado. A sociedade é a um só tempo estranha e inseparável do Estado; este a protege, mas a oprime.

Não é por acaso que os maiores estudiosos da burocracia no período da formação econômico-social capitalista são de origem alemã: Hegel e Weber. Eles generalizam a experiência da burocracia prussiana à burocratização do mundo capitalista.

Diferentemente das burocracias patrimoniais do Egito, da China, de Roma e de Bizâncio, a burocracia capitalista na Europa Ocidental fundara-se na economia capitalista, transpondo à área administrativa a crescente divisão de trabalho e a racionalização. O que não quer dizer que a causalidade econômica explique, em última análise, a emergência deste fenômeno; somente unida à análise política, poderá fazê-lo.

Enquanto a Inglaterra, o país mais desenvolvido no sentido capitalista, fora no século XIX o menos burocrático, a França, ocupando um papel intermediário entre a Inglaterra e Alemanha, possuía uma burocracia com poder mediador sobre a vida política;[1] a Alemanha, país subdesenvolvido até o último quartel do século XIX, fora o mais burocrático. *Isso, pelo fato de o poder político sob o capitalismo ter sido inversamente proporcional à maturidade e vigor de cada burguesia nacional.* Tal ocorre especialmente após a unificação do Reich sob Bismarck, quando a burguesia dominando a vida econômica abandona a direção do país a grupos estamentais que ela tem dificuldade de controlar. Isso se deve ao fato da mudança social rápida incrementada pelo desenvolvimento econômico. *É provavelmente o caráter retardatário e rápido da Revolução Industrial alemã que explica essa falha de uma burguesia que não soube assumir as responsabilidades que lhe impunha sua preponderância no aspecto econômico.*

Quando a luta entre as classes sociais entra em situação de *impasse*, a direção política da sociedade passa às mãos da burocracia, que não somente regula, enquanto aparelho, o funcionamento do Estado, como impõe à sociedade as suas opções políticas.

Enquanto na França acha-se uma burocracia burguesa, onde, após os homens da lei e jornalistas terem abolido a Monarquia absolutista, dá-se a fragmentação da classe burguesa e o cansaço dos artesãos e proletários, *surge essa burocracia na forma de uma ditadura militar como continuação histórica da Monarquia absolutista pré-revolucionária.*

---

[1] "A administração, apesar das revoluções, permanece na França legatária do *ancién regime* e contestária permanente de uma democracia que jamais se erigiu em Evangelho ou patrimônio comum da Nação. Dos *legistas* de Filipe, o Belo, dos *maîtres de comptes* aos reis *malditos*, dos grandes comissários, intendentes fisiocratas, da *noblesse de robe* aos marechais de Napoleão e aos prefeitos prospectivos de De Gaulle, *as mesmas castas burguesas mantiveram-se na direção*. O rito mandarinal do exame substituiu a *fantasia* da *escolha* real e a venalidade dos cargos, mas qual é o funcionário que não abriga a obscura tentação de apropriar-se de sua função, considerando seu emprego como uma carga e esta como um feixe de direitos adquiridos?" (Cheverny, 1970, p.56).

Napoleão I e depois Napoleão III surgem como chefes da burocracia, quando após 1848 o enfraquecimento de todas as classes sociais favorecerá a burocracia.[2]

A burocracia moderna pré-burguesa dos Tudors, Bourbons e Hohenzollern mantém o equilíbrio instável entre o feudalismo decadente e o capitalismo nascente como modo de produção.[3]

Enquanto a França fundiu o Exército na burguesia, *na Alemanha, pelo contrário, a sociedade fundiu-se no Exército*.

Aliam-se a este processo a devastação nacional operada na Alemanha no momento da Paz de Westphalia, sua divisão política em pequenos principados e seus reflexos de *demora cultural* na vida acadêmica alemã.

A devastação nacional de muitas partes da Alemanha no momento da Paz de Westphalia (1648) e o declínio da população alemã levaram a uma decadência do espírito. Nas oitenta universidades alemãs, os professores ficam sem receber seus honorários e a vida dos estudantes é miserável. Não há mais classe média, não há centro intelectual, nem aristocracia nacional para sustentar o trabalho dos sábios e artistas. A única ajuda deve vir dos 300 príncipes que reinam sobre o pequeno país em ruínas na forma de poder absoluto.

Esses príncipes possuíam as mesmas preocupações. Tinham que manter sua independência ante o imperador, cujo poder foi enfraquecido em decorrência da guerra. Na competição entre os príncipes pelo poder, alguns dentre eles veem no conhecimento uma forma de manutenção do poder.

O problema crítico para a Alemanha era a reconstrução do Estado. Os problemas jurídicos e administrativos tinham priori-

---

2 A História das Instituições resumiu-se à História do Estado (Bockenforde, 1961).
3 Sob Bismarck "Os *junkers* conservaram o monopólio das funções públicas, o exército era dominado pelo espírito de casta, a polícia ignorava as leis e a Justiça não tratava a todos igualmente" (Dresch, 1945, p.66).

dade. A rivalidade entre os principados tinha idêntico efeito: quer se tratasse de uma questão referente a limites de um território, da atribuição a um principado e não a outro de um cargo na administração imperial, de casamento ou sucessão entre as famílias reinantes, utilizavam-se para fundamentar uma pretensão os arquivos e o recurso a *precedentes*. Decorre disso o fato de o prestígio universitário ser conferido mais a espíritos capacitados de catalogação sistemática do que era conhecido, do que procurar descobrir realidades novas. Uma tal situação prolonga a tradição escolástica e aristotélica que dominara nas universidades medievais e que nessa época desaparecera na maioria dos países da Europa.

Na segunda metade do século XVII, enquanto os intelectuais ingleses e franceses se comunicam na sua língua nacional, os intelectuais alemães usam exclusivamente o latim, mesmo nas numerosas teses que os príncipes de quem são servidores pedem para publicar. A venalidade e o servilismo são traços dos universitários da época. Corning interessa-se por Aristóteles, a estatística alemã é profundamente influenciada pelo aristotelismo.

Para Corning o Estado como corpo ativo tem uma finalidade ou *causa finalis*. O segundo aspecto é a *causa materialis* sob a qual Corning fundamenta o conhecimento das condições da produção dos bens econômicos. A *causa formalis* é a constituição e as leis de um país. A *causa efficiens* é sua administração concreta e as atividades de sua elite. Entre essas categorias principais, Corning estabelece subdivisões: a *causa efficiens* descreve os meios concretos pelos quais o Estado é governado; eles são: *principalis* ou *instrumentalis*. Os primeiros são os próprios homens de Estado, os últimos são novamente subdivididos em: *animatae* (estado-maior) e *inanimatae*. Como exemplo de *causa efficiens instrumentalis inanimatae* ele cita a moeda.

A teoria moderna da administração preocupa-se com as finalidades essenciais (*causa finalis*), as finalidades secundárias das organizações, seus conflitos possíveis e com o dever de o *coordenador da cúpula* promover sua integração. A distinção entre *causa formalis* e *efficiens* corresponde textualmente à distinção entre relações formais e informais, distinção fundamental para toda análise moderna das organizações.

Pouco antes da morte de Thomasius, em 1727, Frederico Guilherme I instaura na Universidade de Halle a cátedra de Cameralística e Economia, para ampliar a formação dos que seriam futuros funcionários públicos prussianos – no início se tratava de uma formação eminentemente jurídica –, de maneira que um grupo de estudantes recebia praticamente nas escolas reais os fundamentos da administração das propriedades rurais, da tributação e das minas, tendo em vista sua administração e maior vinculação com a prática. Nesse sentido forma-se um *Collegium Statisticum* que M. S. Schmeizel (1679-1747) mantém em Jena em 1725. G. Achenwall (1719-1772), ouvinte nessa escola enquanto lecionava em Halle, propagou mais tarde como professor em Gottingen o conceito de estatística como informação estatal.

Justi em 1720-1771 escreve: "Um Estudo bem organizado parecer-se-á completamente a uma máquina em que todas as rodas e engrenagens se adaptam umas às outras com toda a exatidão e o que está na cúpula deve ser como o contramestre, isto é, a alma, se se pode falar assim, que imprime movimento a todo o conjunto" (citado por Mombertiy, 1927, p.182). O francês O. Lammettrie (1709-1751) publica em Leyde *L'Homme machine*, sendo nomeado depois por Frederico, o Grande, leitor e membro da Academia de Ciências de Berlim.

As derrotas liberais de 1812, 1848 e 1861 tornaram o liberalismo do último quartel do século XIX uma *atitude* mais do que uma doutrina política coerente e militante. Os liberais alemães fizeram as pazes com o Império, quando Von Puttkamer, ministro prussiano do Interior entre 1881-1888, reorganizou burocracia, tornando-a uma casta fechada e movida por um *ethos* conservador.

A revolução liberal foi necessária e sua supressão igualmente inevitável.

Em 1819 – ano dos decretos de Carlsbad –, com a discussão entre Humboldt e Bojen, ruíram os projetos liberais sob o triunfo do prussianismo.

O prussianismo venceu novamente em 1848; a guerra de 1866 se de um lado fortaleceu o nacionalismo, do outro permitiu o êxito parcial do liberalismo.

A primeira decisão dera-se no meio da classe dominante.

A terceira crise ocorreu num conflito entre a classe média superior e Bismarck.

A crise de 1848 significou a participação dos alemães de todas as classes sociais. Tratava-se de reformar a organização do BUND alemão e cumprir a promessa de uma Constituição (feita em 1815) com a união das Dietas Provinciais em 1847, *neutralizada* pelo predomínio da aristocracia aliada à burocracia e ao absolutismo. Essa aliança mantinha-se imperturbável apesar das tímidas concessões feitas ao liberalismo, classe média inferior e camponeses.

Os liberais de Frankfurt, com Dahlmann à frente, notaram com muita perspicácia que o alemão médio desejava mais *poder* do que *liberdade*. A preocupação nacional (unificação) com a democracia (liberdade) materializou-se na Assembleia Nacional de Frankfurt, eleita por sufrágio universal. Na sua composição social havia poucos membros da classe média inferior, muitos advogados, juízes e professores. Havia representantes das corporações comerciais e industriais.

O perigo do comunismo apareceu à Assembleia como uma ameaça nas lutas de rua entre os comunistas e a guarda civil em outubro de 1848; isso levou a classe média à *direita*. Os partidos de tendência liberal precisavam, de um lado, da revolução e, de outro, da contrarrevolução. *A indecisão política da classe média fez a Alemanha submergir na moldura burocrática modelada pela contrarrevolução.* Ante o povo revoltado que a ameaça, a Assembleia de Frankfurt apela para a Prússia.

Após a repressão do liberalismo em Berlim, a Assembleia Nacional de Frankfurt elege o rei da Prússia como imperador hereditário a 28-3-1849. Antes dessa eleição, a classe média já em setembro de 1848 aderira à Prússia.

Na Prússia predominava o militarismo *junker*, herdeiro de Frederico Guilherme I, e Frederico, o Grande; muito mais do que o príncipe da Reforma prussiana que apontava em direção ao liberalismo democrático, caracterizava-se pelo conservadorismo.

O período que vai de Bismarck a Guilherme II apresenta como característica dominante o extraordinário crescimento econômico. O país passa de 41 milhões de habitantes a 68,88 milhões. No entanto, a Alemanha chegou à era industrial com retardamento relativo, pois em 1882, enquanto a indústria absorvia a mão de obra de 35,6% da população ativa, a agricultura, economia florestal e pesca absorviam 42,2%.

É nos três últimos lustros do século XIX que a Alemanha realiza sua Revolução Industrial, isto é, após a Inglaterra e a França.

Um aspecto original da industrialização alemã é a ação do Estado, que tinha como suporte político a união do Partido Conservador, da Igreja Protestante e da burocracia prussiana, que permitiu a hegemonia no Estado do estamento burocrático recrutado na classe *junker*. A reorganização do estamento militar efetuada por Gneisenau e Scharnhorst, com forte cunho aristocrático, integrava-se nesse esquema de definição conservadora do Estado alemão.

Isso leva ao surgimento de um novo *tipo social*, o feudal--burguês, representando uma síntese entre o Exército, a burocracia, a aristocracia *junker* e os proprietários industriais, *todos com tendência à exploração conjunta do Estado*.[4]

---

4 "O aspecto sociológico da integração da classe intelectual burguesa e a consciência histórica que possui o funcionário prussiano de encontrar no espírito a ideia de seu Estado, representam o mesmo fenômeno" (Kosseleck, 1967). (Conze, 1962, p.90).

O Banco do Império fundado sob Bismarck, centralizando as emissões; a criação de um organismo federal centralizando o transporte ferroviário; adoção de uma política protecionista para defesa dos *junkers*, sob Bismarck; o acesso às minas de ferro da Lorena e potássio da Alsácia após a vitória na Guerra de 1870; a expansão alemã no sudoeste africano, Camerum e África Ocidental, criam as condições ao *arranco* industrial alemão.

A utilização das riquezas do subsolo, zinco, potássio, cobre e carvão, permitindo excedentes empregados na siderurgia e indústria química; a formação de pessoal técnico nas próprias empresas – contramestres – levam à concentração econômica.

No entanto, a indústria alemã, apesar do alto nível de concentração vertical, permanece patrimonial, os Krupp, Thyssen com seus *Konzern* aparecem como símbolos da época.

Ao lado da concentração vertical se dá a horizontal. A diminuição de empresas em cada setor leva a agrupamento conhecido como cartel. Regulamenta o mercado, a concorrência e a fixação de preços em 1890.

A formação de Bancos particulares em 1856, 1870 e 1872, ligados à formação das sociedades por ações, colocou a Alemanha em primeiro plano nos setores da indústria química, metalúrgica e de eletricidade.

Processa-se paralelamente o desenvolvimento comercial, após 1890, e o agrícola. Realizam-se estudos de mercados, os cônsules auxiliam nessa tarefa.

Enquanto o cartel permitia auxiliar a exportação mediante uma política de preços na forma de *dumping*, há um desnível entre a produção agrícola e a industrial, tornando a Alemanha país importador às vésperas da Primeira Guerra Mundial, dando causa à preocupação com *espaço vital*.

O processo de industrialização alemão permitiu o enobrecimento da burguesia e o aburguesamento da nobreza; a burocracia seria o elemento *mediador* entre essas classes.

A burocracia alemã, no período 1848-1850, sofre o impacto de uma articulação de seus membros, definidos como *conservadores-realistas* tendentes a adaptar a burocracia realisticamente à nova situação, a modernização.

A hegemonia do corpo burocrático na Alemanha leva a grande burguesia sob Guilherme I e II a defender um *estilo de vida* nobre e estamental; *a alta burocracia é o ambiente onde se realiza a função de unificação da classe nobre com a burguesia industrial; na Renânia, no início do século, metade dos altos funcionários casa-se com filhas de comerciantes e industriais: a fusão está feita.*

Os reformadores alemães precisavam do apoio de uma burguesia com consciência de destino, *classe para si*; isso inexistia na Alemanha. Tal é provado pelo fato de, apesar de perder *status* com a crise da agricultura no século XIX, a nobreza continuará a predominar no governo, alta administração, diplomacia e Exército. *Ela possui um papel que não corresponde à realidade da estrutura econômica do Reich. A hegemonia da nobreza deve-se à indiferença da burguesia alemã às realidades sociais e políticas.*

É de se acrescentar que a cúpula da administração pública, a partir de Bismarck, vai ser preenchida com quadros da diplomacia e do Exército, muito raramente do Parlamento.[5] Esses altos funcionários tinham origem nobre.

Na área militar, a maioria também tinha essa origem. Quinze mil famílias sozinhas podiam fornecer os quadros militares. A presença da nobreza é predominante nas *armas nobres* – cavalaria e guarda imperial; os oficiais, mesmo os da reserva, são coop-

---

5 "Os que dirigem (a máquina) não têm segurança, falta-lhes confiança em si mesmos. O parlamentar não está habituado ao parlamentarismo: ele está habituado a deliberar sem agir. Sentindo contra si o Conselho Econômico, o *referendum*, os partidos e a burocracia administrativa e o desprezo da Nação, somente têm consciência de sua fraqueza. O Reichstag, emanação do povo alemão, deve ser tudo. Não é nada ou pouco mais que nada. Uma educação política não é feita num dia" (Dresch, 1945, p.89).

tados pelos oficiais de seu Regimento. *O controle das nomeações está nas mãos da burocracia, escapando a qualquer controle parlamentar.*

O espírito burocrático[6] modelava mesmo àqueles que queriam reformá-lo. Assim, Von Stein, preocupado com a participação do cidadão na vida pública, foi muito mais modelado pelo espírito do regime que pelos países do Ocidente.[7]

A população operária ultrapassa os 5 milhões por volta de 1880, atingindo 8,64 milhões em 1907; juntando-se todos os assalariados do comércio, pequenos e médios funcionários, domésticos, em 1907 temos a cifra de 15 milhões. Sombart estima que 68% dos alemães pertencem a essa classe por seu nível de vida.

Verifica-se o declínio do artesanato; a migração rural-urbana despovoa as províncias prussianas do leste, uma grande parte da Alemanha do sul, central e ocidental e as planícies do norte.

Apesar de o nível de miséria não ser comparável ao da Inglaterra após a Revolução Industrial, havia na Alemanha jornadas

---

[6] "As universidades deixaram de ser centros políticos e transformaram-se uma vez mais em lugar de estudos. Quando visitei a Alemanha pela primeira vez, a mudança já ocorrera em grande parte. Os modos e o caráter dos estudantes sofreram, fora de dúvida, transformações notáveis. O estudante de hoje não é o de 1830 ou de 1840 ou de 1850. Convenceu-se de que é só uma engrenagem da máquina política e não fundamental. É mais moderado e sereno e está disposto a considerar sua condição de universitário como um meio de obter um proveito social e intelectual e não como uma arma ofensiva e defensiva. *Quando voltei à Alemanha em 1872-1873, fiquei impressionado com a mudança. Não tive ocasião de presenciar nenhuma demonstração política estudantil.* O único tema de interesse geral eram as relações da Alemanha com o resto da Europa e *neste aspecto o orgulho nacional e a abundância de êxitos faziam-nos sentir-se unidos estreitamente*" (Morgan, 1878, p.165-7).

[7] A independência do Estado não se apresenta hoje em dia se não naqueles países onde os estamentos não foram completamente transformados em classes, onde os estamentos eliminados nos países mais avançados continuam tendo importância, onde há mobilidade, onde nenhum setor da população pode chegar a predominar sobre o conjunto. É visivelmente o caso da Alemanha. O exemplo mais acabado de Estado moderno é o dos Estados Unidos da América do Norte" (Marx, 1953, v.6, p.246-7).

de trabalho longas, disciplina rígida na fábrica, trabalho infantil e feminino.

Sob o bismarckismo há a combinação bonapartista de uma política de repressão à social-democracia, com concessões palacianas que tomam o nome de *política social*, pela criação de Caixas de Socorro Mútuo, Seguro-Saúde a favor dos operários: indenização em caso de acidente de trabalho em 2/3, por incapacidade total; 60% do salário à viúva ou aos filhos órfãos em caso de morte.

Em 1890, o Estado[8] intervém nas relações industriais por intermédio da criação de Tribunais de arbitragem para os conflitos trabalhistas. Em 1891, o descanso quinzenal é obrigatório e em 1908 uma lei limita a jornada de trabalho das mulheres e crianças. No que se refere à legislação social, até 1914 o modelo inaugurado por Bismarck constitui-se em seu pilar.

---

8 "A burguesia da pequena Holanda com seu desenvolvimento e interesses de classe era mais poderosa que os burgueses da Alemanha, mais numerosos, porém, carentes de interesses e dominados por mesquinharias. Essa dispersão dos interesses corresponde à *dispersão* da organização política do país aos pequenos principados e às cidades livres do Império. *Donde iria receber a concentração política um país onde faltavam as condições econômicas para ela?* A impotência de cada um dos campos da vida (não se pode falar de estamentos, nem de classe senão sumariamente de *estamentos pretéritos e classes futuras*) não permitia a nenhum deles conquistar a hegemonia exclusiva. Isso levava necessariamente como consequência, durante a época da Monarquia absoluta, *que aqui aparecia de forma mais raquítica*, a emergência de uma forma semipatriarcal, aquela esfera especial que fora definida pela divisão do trabalho, *onde a administração dos interesses públicos ganhasse uma independência anormal mais desenvolvida com a moderna burocracia. O Estado constitui assim um poder aparentemente independente que conservou até hoje na Alemanha essa posição que noutros países é puramente transitória, uma fase de transição.* Partindo dessa posição se explica tanto a honrada consciência burocrática que noutros países nunca apareceu, como todas essas ilusões sobre o Estado que na Alemanha se desenvolveram e a aparente independência que nesse ponto adotam os teóricos com relação à burguesia, a aparente contradição entre a forma que esses teóricos defendem os interesses da burguesia e os seus próprios" (Marx, 1959, p.225).

O povo premido pela fusão feudal-burguesa e pela burocracia reage ao liberalismo em nível religioso e milenarista; seus autores prediletos são Lammenais, Rotteek e o Dicionário Brockaus, manifestando forte preocupação com a história. Ao mesmo tempo, *absorve, após Marx, a literatura nacionalista burguesa-feudal; aí poderia ser encontrada a chave ideológica do reformismo da social-democracia alemã.*

O *ethos* conservador-burocrático impõe-se decisivamente no corpo social alemão após Bismarck. Este *ethos*, mesmo ligado a uma filosofia liberal, implica apelo à intervenção do Estado. Nessa época aparece a figura do chefe patrimonial do *bom rei* que procura realizar uma política social destinada à proteção dos pobres ante o abuso das classes dominantes. *Isso explica a preocupação de Bismarck em apoiar-se no sufrágio universal contra a burguesia liberal;* tal fricção na classe dominante tem cunho limitado. Às vitórias eleitorais da social-democracia, à regulamentação do *direito de greve*, Bismarck oporá medidas policiais e a *Lei de Proteção aos Jovens*.

A política social bismarckiana insere-se na tradição patrimonialista da burocracia prussiana.

É a inexistência de uma burguesia industrial desvinculada de uma tradição patrimonialista,[9] e, por sua vez, um povo integrado na burocracia sindical desde 1854, adotando o lassalismo – o *ethos* burocrático convertido em ideologia política –, dividido entre catolicismo e protestantismo e um sindicalismo *amarelo* denomina-

---

9 "Dos Tratados de Westphalia ao Congresso de Viena só conta a ascensão da Prússia. Van den Moeller consagra a este problema sua obra *O Estilo Prussiano*. A Prússia dispõe-se a agir revolucionariamente. Ela fornecerá uma base sólida à religiosidade nacional em vias de desenvolvimento. Nessa época, a Alemanha é salva pelo fervor de sua vida anterior. Ela só é que dá ao mundo os grandes criadores e inventores enquanto a Inglaterra é dominada pelo empirismo prático e a França pelo ceticismo. Cultivando o dever, a energia prussiana reconstrói a *Mutterland* e abre caminho à ressurreição do germanismo total" (Vermeil, 1952, p.143).

do *sindicato patriótico* controlado pelo Estado; *estabelecem as condições da* hegemonia *feudal-burocrático-burguesa da Alemanha Imperial*. Serviam de pilares à política conservadora imperial na qual o estamento burocrático tinha a hegemonia no *aparelho político*, salvaguardando a fusão da burguesia industrial com a aristocracia territorial, no plano político, o Partido Liberal do Império com predominância do alto funcionalismo utilizado pelo imperador na votação de créditos militares; o Partido Nacional Liberal, predominantemente burguês reconciliado com Bismarck; o Partido do Centro, reunindo camponeses do oeste-sul, operários do Sarre e da Silésia, burguesia da Renânia e nobreza da Silésia; o Partido Progressista, constituído pela pequena burguesia intelectual, a ala reformista da social-democracia chefiada por Wolmar, que pregava o apoio da social-democracia à política imperial de expansão.

A República de Weimar não muda estruturalmente o quadro acima enunciado.

A radicalização das massas na época não deve ser exagerada. A grande greve que se iniciara em 28 de janeiro e terminara em 4 de fevereiro de 1918 não tinha nenhuma reivindicação política, pleiteava a paz sem anexação e a normalização do abastecimento. A Revolução de 1918 não fora *traída* pela social-democracia, estava na lógica do reformismo; tratava-se para ela da realização do sufrágio universal por intermédio da democracia parlamentar e da responsabilização do chanceler ante o Parlamento, não em apelar à revolução.

A Constituição de Weimar era considerada pela direita como obra não alemã, traição cometida por judeus, inspirada pelo judeu Hugo Preuss, importada dos países anglo-saxônicos e imposta pela *Entente*. Logo no início, a direita alemã, representada pelo Partido Popular Nacional alemão, já se coloca *fora* do sistema.

A República de Weimar assiste ao surgimento de uma nova classe média; com a diminuição dos produtores independentes e dos operários, aumenta o número de funcionários e empregados, futuros adeptos do nacional-socialismo, como os *corpos francos*, criados em 1918 e compostos de desmobilizados; prefiguram os S. A. (tropas de assalto), que são uma legião de *esquecidos* e desempregados à procura de pão e uma nova bandeira.

O peso dos investimentos estrangeiros nos quais mais da metade eram norte-americanos, notando-se a constante participação da General Motors na Opel, o desenvolvimento da Ford alemã, os interesses da General Electric no Grupo Siemens, o fato de a massa de créditos alemães para pagamento das reparações provirem dos EUA criam as condições para o desenvolvimento do pangermanismo e do antissemitismo como ideologias atuantes.

Assim, o grupo intelectual que girava em torno de Stefan George adota a cruz gamada dando lugar à *deutsch bewegung*. Tem suas origens longínquas na rebelião de Lutero contra Roma, no prussianismo de Frederico II e em Bismarck. Fundamenta-se no racismo e[10] conservadorismo de Duhring, Chamberlain, organizando-se em cumplicidade com a *Universidade,* fundando-se no irracional, opondo cultura à civilização e revalorizando a Idade Média.

Os historiadores Von Sybel e Jahn popularizam o germanismo,[11] opondo a pureza dos godos à decadência dos romanos. A

---

10 "É na época guilhermina que se dá o primeiro desenvolvimento do racismo. As principais obras de Gobineau, que aparecem entre 1850 e 1880, exercem sua influência sobre a Alemanha, a partir de 1890. De outro lado, a ciência se orienta rumo à Biologia, Antropologia e Sociologia. Desenvolve-se a ideia de que religiões e culturas têm antes de mais nada a virtude do sangue, a qualidade de ordem fisiológica e racial. Não é o cristianismo, dizia-se então, que purificou os germanos; são, ao contrário, os germanos que o renovaram quando se converteram. As teorias de Wilser, de Wolthman e de Driesmans ganham pouco a pouco a elite intelectual" (Vermeil, 1952, p.30).

11 "Diz-se com razão que 1848-1880 é o período histórico da literatura alemã. É o período em que apareceram obras que constituíram motivo de orgulho para a Alemanha, as obras de Mommsen, Sybel, Treitschke, Giesebrecht,

ideologia dessa *revolução conservadora* aparece na *Decadência do Ocidente* de Oswald Spengler; no anticapitalismo de Moeller van den Bruck, no *O Terceiro Reich*. Carl Schmitt critica violentamente o parlamentarismo, mostrando que este contribui para a desagregação do Reich, na forma de autonomia dos Estados e multiplicidade partidária e política dos grupos econômicos e profissionais (Kaiser,1956, p.313 ss.).[12] Para ele só o presidente podia salvar a Constituição, cumprir o papel de polo estável, dispondo dos poderes conferidos pelo Artigo 48 da Constituição Alemã (Lowenfeld, 1933, p.20).

A Alemanha de Weimar assistia ao surgimento de uma crítica de *esquerda* estruturada em torno da revista *Weltbuhne*. O expressionismo alemão com *O Gabinete do Doutor Caligari* de R. Wiene (1919) denuncia o desastre alemão com a queda dos valores tradicionais e a volta às tradições alemãs das lendas. A manipulação das massas no pós-guerra é denunciada por Fritz Lang em *Metropolos* (1926). O clima de angústia social e crise aparece em *O Maldito* de Fritz Lang (1931). Fritz von Unruh no teatro denuncia a guerra. Piscator, teórico do teatro político, inova produzindo jornais cinematográficos no teatro. Surge a Bauhaus, com os pioneiros do *funcionalismo* van den Velde e Gropius.

Ante este quadro polêmico, como reage a República de Weimar?

Ela já nascera tutelada pelo Exército; quando Noske deixa a seu cargo a repressão ao *spartakismo* em 1919 (Hannover, 1966), ele se torna um verdadeiro Poder Moderador no corpo social. Por ocasião da crise de 1923 Von Seecht escreve a Stresemann a 7 de

---

Droysen, Hauser, Max Dunker e Curtius. Todos os adversários da Revolução Francesa e partidários da pequena Alemanha sob hegemonia prussiana" (Dresch, 1945, p.55).

12 "O pluralismo weimariano toma três formas: o federalismo dos Estados, a multiplicidade dos partidos e a poliarquia dos grupos econômicos ou profissionais" (Vermeil, 1938, p.186).

setembro: "Senhor Chanceler! A Reischwer marchará convosco se seguirdes o caminho alemão (Deutscher Weg!). O que quer dizer que o chefe do Exército se reconhece no direito de decidir o que é *alemão* e para o que não é, neste último caso, recusar obediência ao governo".

Isto tem suas raízes no pacto Hindenburg-Ebert, quando se efetuou a aliança do Exército com a social-democracia, confirmando o historiador A. Rosenberg a existência de uma linha telefônica secreta entre a residência de Ebert e o Quartel-General de Hindenburg em Hannover.

Ao lado dessa tutela, sob Weimar deu-se a formação dos maiores trustes que a Alemanha conhecera: a Ig Farbenindustrie e a União Siderúrgica, as maiores concentrações de capital da época, onde a inflação da guerra permitiu a alguns empresários constituir, a expensas da classe média e do operariado, grandes impérios industriais. Tal processo de concentração foi auxiliado pelo trabalho organizado em torno do PC Alemão pelo Partido Social Democrático, na pessoa do teórico Hilferding.

Ante isso, Weimar assiste à decadência do Parlamento, quando no lugar de partidos começam a surgir gabinetes de técnicos como sob o chanceler Cuno em 1923. *Permitiam ocultar uma política antidemocrática sob a capa de governo de técnicos*. A impossibilidade de o Parlamento controlar o Gabinete foi o primeiro sintoma de sua decadência, e o desenvolvimento econômico deu o centro decisório à burocracia. Não bastasse isto, já em 1919, o Reichstag voluntariamente aprova uma lei que permite ao gabinete legislar em matéria financeira, econômica e social. Era a burocracia ministerial.

A maior arma do Parlamento, o controle orçamentário, passou às mãos do Executivo durante Weimar; a Constituição restringiu os poderes do Parlamento drasticamente, ao proibi-lo de aumentar os gastos propostos pelo Gabinete. Com o apoio da União Federal da Indústria Alemã, o Tribunal de Contas do Reich substituía o Parlamento no controle orçamentário.

Isto está ligado ao aumento de poderes do presidente e da burocracia ministerial.

A eleição do presidente do Reich, por votação direta definida pela Constituição de Weimar, tornou-se o *único* ponto de semelhança com a Constituição norte-americana. Enquanto o presidente norte-americano é o chefe independente do Executivo, o da Alemanha tinha que contar com o referendo do ministro correspondente ou do chanceler que assumisse com sua assinatura a responsabilidade política dos atos presidenciais.

A República de Weimar adotara a ideologia do *Zentrum* católico, a colaboração de classes:

a. o socialismo-reformista, à maneira de Bernstein, representado pela social-democracia;
b. liberalismo burguês do Partido Democrata;
c. catolicismo político do Partido do Centro.

Em seu seio possuía um sistema educacional em que 74% dos alunos protestantes e 81% dos alunos católicos frequentam as escolas confessionais, com professorado de formação tradicional que adotava manuais de História nos quais existia de forma atuante a avaliação do passado pastoral e agrário em detrimento do presente mecanizado, ligada a uma tradição de apoliticismo do corpo professoral. Ao lado disso, nota-se a presença de uma Justiça excessivamente tolerante com aqueles que atentavam contra o Estado, conforme se vê no processo contra os implicados no *putsch* de Von Kapp, quando 412 foram enquadrados pela *Lei de Anistia* de 4-8-1920, quando 108 já tinham falecido, 174 processos tinham sido arquivados e 11 estavam em andamento. Ninguém fora condenado.

A República de Weimar como regime, segundo o enunciado do teórico nazista Schmitt, pelo qual *as totalidades restritas arruínam a totalidade nacional* pela existência da autonomia dos Estados, multiplicidade partidária e de grupos de pressão econômica, inevitavelmente acabaria como vítima de suas contradições internas não resolvidas.[13]

A Alemanha industrial e a Alemanha *junker*, tendo como elo de unificação a burocracia prussiana, realizaram sua unidade com Bismarck *sem, porém*, suprimir suas contradições internas.[14]

Os interesses contraditórios das classes sociais aparecem definidos nas reivindicações da aristocracia rural lutando pelo livre-câmbio que possibilitaria maior incremento às suas exportações. A burguesia industrial[15] luta por tarifas protecionistas para fazer frente à concorrência estrangeira. O operariado luta por direitos sociais e políticos, colocando a burocracia (Reinhart,1967) estatal como fiel da balança do poder, em que um setor da classe dominante possui a hegemonia; sob Bismarck a aristocracia *junker*; sob Guilherme II a burguesia industrial tutelada pela burocracia estatal.[16]

A dualidade da realidade alemã é vivida por Weber no seu labor sociológico: a separação das esferas do político e o econô-

---

13 "A revolução será uma revolta das forças instintivas contra a absurda tirania da razão,..." (Vermeil, 1938, p.156).

14 "Mas, se a Alemanha seguiu a evolução dos povos modernos só com a *abstrata* atividade do pensamento, sem tomar uma parte material nos esforços dessa evolução, por outro lado, compartilha as *dores* dessa evolução, sem participar em seus prazeres, sem sua satisfação parcial. À atividade abstrata de um lado, corresponde o sofrimento abstrato, de outro. Por isso, a Alemanha se achará um dia no nível da decadência europeia, *antes* de se haver encontrado no nível da emancipação europeia" (Marx, 1971c, p.87).

15 "Weber mostrou a correlação entre industrialização, urbanização e burocracia. A divisão da autoridade funcional é ligada à distribuição do poder, *isto é, a designação de ritmo entre modernização técnica e conservadorismo social*" (Lautman, 1970, p.105).

16 Apoiando-se no Conselho de Economia Popular criado por Bismarck e sendo precursor da participação dos grupos de pressão na administração pública, Weber previu que tal política reforçaria a fatalidade da burocracia, daí sua frase: "Der Burokratisierung gehort die Zukunft" (É à burocracia que pertence o futuro).

mico; a dialética das formas de dominação oscilando entre o carisma e a burocracia; a dominação do *ethos* burocrático na vida política alemã e o recurso ao *carisma plebiscitário* que Weber qualifica como fenômeno inextirpável na democracia de massas; a posição política da Alemanha entre o convencionalismo anglo-saxão e o despotismo russo. A não superação das contradições levará a Alemanha a uma solução autoritária. No plano individual, tal impossibilidade levará Weber aos limites da razão.

4
Max Weber

Max Weber é parte integrante da sociologia alemã, que se constitui numa das mais altas formas de autoconsciência e autocrítica, produto de uma das maiores desagregações e reorganizações sociais, na transição do século XIX e XX.

Isso ocorre no século XIX, quando a Alemanha se revela impotente para competir externamente nos mercados mundiais com a Inglaterra, que desencadeara o processo do capitalismo industrial, refletido na Escola Clássica. Impossibilitada de elevar-se ao radicalismo político francês oriundo da revolução, que colocara *política* na ordem do dia, gerando a crítica de Proudhon e Saint-Simon, a Alemanha reflui, então, sobre si própria, produzindo Kant, Fichte e Hegel.

Marx representou uma síntese de caráter totalizador, integrando os esquemas clássicos da economia inglesa, do socialismo francês e a dialética hegeliana, constituindo-se resposta intelectual à emergência de uma sociedade de classes oriunda da Revolução Industrial e de sua propagação pela Europa.

Nos fins do século XIX e início do século XX, passa a Alemanha por um arranque industrial, dirigido pela burocracia bismarckiana, pela estruturação de um proletariado com consciência *para si* e por uma burguesia dependente de sua associação com a classe *junker* temerosa das reivindicações operárias. Daí o liberalismo ficar a meio caminho.

Nesse contexto, ocorre a produção intelectual de Max Weber, entre 1889 e 1920, desenvolvendo interesses múltiplos. Doutora-se em Direito com a *História das Sociedades Mercantis na Idade Média*; apresenta tese de agregação a respeito da *História Romana e sua Importância para o Direito Público e Privado* na qual examina o desenvolvimento econômico-social do Império Romano, analisando as causas *internas* de sua decadência. Publica ampla pesquisa a respeito dos *Trabalhadores do Elba*, quando estabelece contato com a *Verein für Sozialpolitik* (Associação de Política Social), fundada pelos *socialistas de cátedra* reformistas como Wagner, Schmoeller, L. Brentano e Knapp. A repercussão dessa pesquisa permite sua nomeação à Universidade de Friburgo; dedica-se a estudos metodológicos, embora eles, conforme R. Bendix, ocupem posição secundária no conjunto de sua obra.

Weber preocupa-se em estudar os mecanismos do capitalismo, a bolsa de valores e as relações entre a ética derivada das religiões e os sistemas econômicos, escrevendo artigos a respeito da Revolução Russa de 1905, que acompanhava diariamente através dos jornais.

Viaja aos Estados Unidos da América do Norte, onde contempla seu desenvolvimento industrial, sua organização política, os *boss da Tammany Hall*, a *máquina* política norte-americana. Volta à Alemanha, em plena guerra dirige um hospital para feridos e morre em 1920.

Weber aparecia no plano alemão como próspero político da Dieta Municipal de Berlim, onde era conselheiro, pertencendo ao grupo liberal.

Na pesquisa empírica, foi Weber um dos precursores. Desde 1872, existia na Alemanha a *Verein für Sozialpolitik*. Esta associação, sob orientação de Weber, fora responsável por uma pesquisa a respeito da situação dos trabalhadores rurais alemães no Elba. Ela encaminha cerca de 600 questionários a especialistas, obtendo 300 respostas. Essas respostas são classificadas de acordo com a disposição geográfica de cada membro da associação. Coube a Weber a síntese da pesquisa levada a efeito na Prússia Oriental, síntese esta feita em 890 páginas, das quais 120 páginas de material estatístico. Uma limitação dessa pesquisa fora o fato de ela contar com uma só fonte de informação: os proprietários rurais alemães na região do Elba e de procurar medir aspirações dos camponeses pelo depoimento dos proprietários *junkers*.

A segunda pesquisa realizada pela associação ainda tem como tema o trabalho rural, a pedido do Congresso Sócio-Evangélico, Weber dirige-a. O citado congresso tinha interesse em conhecer a real situação social dos trabalhadores para os quais ia desenvolver seu trabalho pastoral. O questionário, montado por Weber, pretendia:

a. conhecer as relações patriarcais dominantes;
b. a existência ou não de disciplina rígida no trabalho;
c. o tipo de sanção aplicada ao camponês.

Weber preocupara-se com os problemas da migração rural-urbana, a modalidade social e a origem dos grupos camponeses, assim como a reação dos operários à introdução das máquinas.

Daí, em 1907, a associação decide pesquisar a respeito da *seleção e adaptação dos operários nas grandes indústrias*, preocupada com:

a. o efeito da grande indústria sobre a personalidade, profissão e forma de vida dos operários;

b. origens étnicas, sociais e culturais da mão de obra operária.

Tais dados eram fornecidos pela administração de certas usinas, pelas observações de alguns colaboradores e pela pesquisa de campo no meio operário. Weber redigira o projeto da pesquisa, com introdução metodológica. Caberia aos pesquisadores estudar o ponto de vista tecnológico, a usina, a origem geográfica, a composição e o histórico da mão de obra, assim como as qualificações profissionais exigidas e as dificuldades para satisfazer a demanda de mão de obra, as oportunidades de promoção do operário na usina, seus diversos níveis de remuneração, mobilidade, facilidade de formação e o efeito da idade no desempenho profissional. Havia outro grupo de pesquisadores preocupado em conhecer as diferenciações sociais entre os diversos tipos de operários, tipos de solidariedade e aspiração para os filhos. O próprio Weber elabora uma pequena monografia a respeito da produtividade do trabalho na indústria têxtil, em que sua mulher era proprietária, procurando estabelecer as causas das diferenças de qualificação entre os operários, ligando-a à raça, ao sexo, à idade ou origem social.

Weber estuda as variações quotidianas e hebdomadárias do ritmo de trabalho. No estudo das motivações individuais, estuda o papel de contramestre na estrutura de trabalho, o papel e atitude dos operários sindicalizados ou não, bem como o pietismo das mulheres operárias. Analisa a influência estabilizadora do casamento.

Weber analisa também o comportamento do operário empregado simultaneamente em duas máquinas de tecer, com diferentes dificuldades operacionais e rendimento. Mostra que, após um período de incerteza, o operário chega a um equilíbrio ótimo entre o esforço e a produtividade.

Weber antecipa, em tudo, a pesquisa a respeito do voto, da audiência de rádio e do comportamento do consumidor (Marketing).

Orienta ainda pesquisa efetuada por Adolf Levenstein a respeito da vida e da atitude operária ante ela. Entre 1907 e 1911, Levenstein envia 800 questionários a mineiros, operários têxteis e siderúrgicos, pertencentes a oito estabelecimentos industriais, obtendo um índice de resposta de 63%. Em 1909, Weber publica a *Metodologia da Análise Psicossociológica*, na qual aconselha Levenstein a empreender a análise numérica dos dados recolhidos e o questionário para informar o local de nascimento, a profissão do pai e a carreira profissional.

A sexta e última pesquisa de Weber começa em 1910. Nesta pesquisa, pretende ele abordar a organização e a distribuição do poder entre os jornais, suas ideologias, como se formam, como mudam.

Por outro lado, Weber procurou estudar os problemas que se apresentavam utilizando o conceito de probabilidade. Compreendeu o caráter probabilístico dos indicadores que Durkheim tratava em termos de *tudo* ou *nada*, incluindo-os na análise sociológica. Procura compreender as relações sociais em termos probabilísticos. Quando não há probabilidade de observar os comportamentos ou tipos de ação, significativamente orientados, eles se dissolvem.

Preocupa-se com o problema da ação, por influência do jurista Gustavo Radbruch, ministro da Justiça na República de Weimar, empenhado em estudar as suas repercussões na ordem legal. Disso decorre ele realizar um inventário da utilização do conceito de ação no Código Penal, para posterior construção de um conceito de ação que satisfaça o sistema jurídico.

Weber transpõe a preocupação com a ação ao seu esquema sociológico, definindo a Sociologia como a ciência da ação social, estruturando tipologicamente os vários níveis de ação:

a. onde o indivíduo age em função de uma situação concreta;
b. onde a ação é prescrita conforme regras determinadas, cuja forma extrema se dá no Exército;

c. onde a ação ocorre por uma compreensão informal das regras, menos rígida que no segundo caso, mas mais estável e precisa que as orientações imprevistas do primeiro.

Daí analisa o mercado, as associações, as organizações e as relações sociais, que vão da competição às formas de dominação. Weber procura construir um esquema interpretativo fundado na *neutralidade axiológica*, o que significa: construir uma Ciência Social *sem* pressupostos. Assim dedicará sua obra *Metodology of the Social Sciences* para atingir tal finalidade.

A ação como meio e como fim, com ou sem referência a valores, endopática ou racional, com suas consequências previstas ou não, torna-se a base da crítica técnica dos valores, definindo as possibilidades de sua realização num confronto entre valores opostos.

O problema dos valores é básico nas Ciências Sociais, em que ele tem um valor *constitutivo*. Weber funda-se em Rickert, para distinguir juízo de valor e relação de valor. A distinção é que permite, para Weber, delimitar a área de pesquisa nas Ciências Sociais. Os valores aparecem como critério de escolha para estabelecer a área da pesquisa e a sua direção; a referência a valor constitui o *significado* do processo que é objeto da Ciência Social. Na sua base, há sempre a premissa de valores, variáveis e historicamente condicionados. Para Weber tal premissa é subjetiva, na medida em que representa o ponto de partida extracientífico e não um *resultado* da pesquisa. No campo *interno* dessas premissas de valor, é possível proceder à determinação da relação empiricamente válida, individualizar a relação causal que garante a objetividade da pesquisa.

O condicionamento cultural, os valores como premissas, não impede que a Ciência Social tenha seu próprio critério de explicação. A *relação* entre fatos pode ser determinada a partir da experiência, objetivamente, independente de assumir tal ou qual premissa de valor no âmbito interno da área da pesquisa. A explicação causal pode chegar a resultados de validade universal.

A *causalidade* para Weber constitui um meio de controle da subjetividade da premissa de valor. Nos seus *Estudos críticos a respeito da lógica do conhecimento sociocultural*, Weber mostra como a relação a valores incide na análise sociocultural. Essa relação define a área da pesquisa e condiciona a direção da relação a valores ao término da explicação. A Ciência Social para Weber logra somente fornecer explicação parcial, não total, podendo estabelecer uma série particular de condições que, coexistindo com outras, constitui objeto de pesquisa. A explicação causal de Weber sai do âmbito positivista na medida em que se transforma em explicação condicional. A Ciência Social pode estudar os fatores condicionantes dos fenômenos, mas não determinar as relações necessárias. A possibilidade objetiva que transita da causação adequada à acidental é a categoria que preside a explicação na Ciência Social, porque a direção da explicação depende das premissas valorativas que orientam a pesquisa, traduzidas em hipóteses explicativas e, como tal, orientam-na na individualização de relações determinadas de condicionamento.

O problema é que a neutralização da premissa de valor não se dá. O condicionamento da premissa de valor faz com que a explicação na Ciência Social se transforme em explicação causal e condicional. *O conceito de referência a valores de Weber é colocado em questão*. Ela só designa um momento preliminar do método na Ciência Social; a influência se esgota na delimitação do campo de pesquisa. Na realidade, é o contrário que se dá; a relação a valores aparece em todos os momentos sucessivos da pesquisa. Ela estabelece a direção geral pela escolha metodológica que daí deriva, na forma de hipótese explicativa; condiciona o processo de explicação. Se isso se dá, *a escolha com relação a valores incide direta ou indiretamente no resultado da pesquisa*. É o que Weber nega.

A neutralidade não é suficiente para preservar qualquer pesquisa de juízos de valor. A intenção de preservar o caráter científico da Ciência Social deve partir do estabelecimento das condições de objetividade que se refiram à utilização da *referência a valores*, sem a hipótese de uma neutralidade impossível.

Assim, a premissa de valor deve ser explícita e autorreconhecida. Ela deve confirmar ou infirmar a pesquisa em relação à experiência.

A escolha já é fruto de uma *referência a valores*, que penetra no âmago da própria Ciência. O problema não é que a Sociologia possa elaborar referência ou premissas valorativas, mas sim *qual é o tipo de valor legítimo em determinada disciplina*. A exclusão weberiana de valoração *já é um certo tipo de valor*; para Weber cientificamente ilegítimo, mas que não pode ser traduzido como sendo a *proibição* a qualquer referência a valor em geral.

Quanto ao *método*, Weber estuda a ação referida a valores na sua sociologia da religião, nas vinculações da ética calvinista com o espírito capitalista, mostrando as possibilidades de uma teoria generalizada na ciência da cultura. A universalidade da elaboração conceitual e o modelo empiricamente válido, para Weber, permitem o controle das normas efetivamente relevantes.

A fé idealista em valores absolutos desapareceu. Para Weber a Ciência não indica juízos de valor, nem indica deveres ou programa de ação; pode indicar o *custo* de certas operações, os meios necessários para conseguir certos fins, mas *não* pode pronunciar-se a respeito dos fins.

A Ciência oferece uma *crítica dos valores* quando se refere a um dado valor que se quer realizar, a respeito de suas possibilidades e as consequências que adviriam de sua realização, mas as decisões últimas de nossa ação, os valores que queremos realizar não encontram na Ciência nenhuma *garantia*, tudo depende de nossa *livre* escolha, inclusive a de fazer Ciência.

O mundo dos valores não tem para Rickert caráter absoluto e objetivo; encontra sua base na ação humana que o realiza como critério de sua *praxis*. Cada um constrói *sua* personalidade, define *seu* destino e decide *seu* destino, isto é: *o sentido de seu agir e ser* no ato em que escolhe um *valor*, uma *causa* a que servirá, assim como o valor é criado no ato da *escolha*, para Weber.

Kantianamente Weber vê o fundamento da atividade científica no nível *ético*, embora admita que as Ciências se originaram de considerações *práticas*. O fenômeno a ser analisado não é um dado objetivo, se não depender do *interesse do nosso conhecimento* e do valor que a ele atribuímos, em que as relações entre as coisas são substituídas pelas relações *entre* conceitos, em que a validade objetiva de qualquer saber empírico é definida por sua ordenação por categorias *subjetivas*, que têm por principal função evitar a confusão permanente entre juízos de realidade e juízos de valor.

No mesmo plano que Croce, Weber distingue a esfera da política na qual dominam a força e a luta das esferas de outros valores; todos os valores estão sujeitos à lei de contrastes. *Quando Weber nega o juízo de valor, ele o faz em nome de certos valores.* Seu ascetismo em relação a juízos de valor decorre de outro juízo de valor. A verdade implica a aceitação de outros valores, que correspondem *formalmente* ao método da Ciência, da lógica, da administração da prova.

A doutrina da neutralidade axiológica weberiana é fundada em Kant, em que ele procura a autonomia da vontade. Admite Weber uma fundamental posição diante dos valores, assentada na opção individual. A objetividade é exigência da ação, que é tanto mais racional quanto mais parcial for a pesquisa. Por isto, a compreensão da Sociologia de Weber implica a compreensão de sua sociologia política, precisamente.

Weber desenvolve o conceito de ação social significativa, tendo como ponto de partida o *indivíduo*; mesmo as formações como Estado, empresa ou sociedade anônima aparecem a ele como produto de *entidades individuais*, ou melhor, são palcos onde se define a ação social de uns quantos *indivíduos*.

A essa concepção do *indivíduo* como constituinte da ação está subjacente a correlação sujeito-objeto como polos de uma única realidade, pois aquilo que é possível de ser conhecido, assim como o que é conhecido, constitui uma relação de sujeito-objeto. A realidade aparece como aparência, como modo de relação do sujeito com o objeto. Dá-se assim o surgimento de um objeto que coincide com o ato da construção do objeto deste *sujeito*.

Assim, o conhecimento na área das ciências da cultura existe na medida em que está ligado a pressupostos subjetivos, em que participam elementos da realidade que se relacionam com os acontecimentos a que *nós* atribuímos um *significado cultural*. A realidade aparece como ordenação de *categorias subjetivas*, que se constituem na pressuposição de nosso conhecimento ligadas a pressuposições a respeito do *valor* da verdade, dependendo da confirmação empírica.

Para estudar a ação social, Weber constrói seus *tipos ideais* como construções o mais possível *vazias* de sentido histórico, porém univocamente concebidas no plano do conceito. Fundamentam-se elas no *desencanto* do mundo e na procura de um *sentido*. Esta produção do *sentido* e sua adequação à realidade criam teórica e praticamente o sentido.

A consciência apresenta-se como um elemento *constituinte* do processo do conhecimento; a contingência histórica substitui a razão universal; é a crise da razão. A história aparece com *sentido variável* em função do *sujeito*. O mundo de valores é infinito; o *homem escolhe* seus valores.

Da mesma maneira que o tipo ideal para ser unívoco é despido de conteúdo histórico, o Estado aparece como unidade sem *conteúdo* no qual se dá a competição entre valores que aparecem de igual maneira, a política constitui *adequação* de *meios* a *fins*.

O campo da Sociologia não é definido conforme conteúdos, mas sim segundo as *formas sociais*.

A visão *nominalista* de Weber leva-o a realçar indivíduos, comportamentos e ações individuais.

Weber não estrutura a necessidade de um conhecimento universal e de um sistema de valores.

Em nível lógico, estrutura as categorias de racionalidade formal e racionalidade material. A aceitação da racionalidade formal está implícita para Weber no cálculo econômico, no formalismo jurídico do Direito Romano adaptado ao capitalismo, na Ciência e na racionalização da vida. Acompanhada do *desencanto*, a Ciência é uma das manifestações da vida. Ela significa uma radical destruição das ilusões e a aceitação da quotidianidade, do trabalho diário; significa rejeitar a transcendência, mesmo do progresso, *é uma positiva falta de fé*.

A racionalização e o irracional são encarnações da razão *racionalista*. A razão cria o racional como forma de sua realização e existência. Daí a possibilidade de mudar o racional pela abstração da *razão*. Se os juízos de valor aparecem excluídos da Ciência, esta para não perder seu caráter científico só justifica a eficácia dos *meios, mas não funda a legitimidade dos fins*.

A Ciência ensina ao homem como utilizar, conforme a razão, os meios e a escolha destes para chegar a fins, mas exclui qualquer juízo de valor a seu respeito, sua legitimidade e racionalidade.

Nesse sentido a razão equivale à técnica. A técnica é a mais perfeita expressão da *razão* e a *razão* é a *técnica* do comportamento e da ação.

Na separação entre Ciência natural e cultural – compreensiva – há uma cisão da realidade. O predomínio da razão racionalista em Weber significa a cristalização da cisão. A realidade humana aparece assim dividida: *o mundo da racionalização técnica*, da eficiência e a *esfera dos valores* e das *significações humanas* passam à área do *irracionalismo*. Tal postura aparece *acabada* no empirismo radical, onde os empiristas lógicos estimulam a reação irracionalista ao excluir a possibilidade de conhecimento racional de várias áreas da realidade.

Weber concebe o racionalismo no sentido histórico, enquanto elemento *constituinte* das dominações hierocráticas que estereotipam racionalmente seu quadro administrativo e constroem uma teologia racional. Na racionalidade da burocracia patrimonialista que recruta seus membros pelo sistema de exames, na racionalidade da burocracia fundada na legitimidade racional-legal sob o capitalismo, em tudo isso há condicionamento cultural da racionalidade; ela não existe para Weber em nível de categoria absoluta. Ela coexiste na dominação hierocrática com a legitimidade fundada na tradição; na burocracia patrimonialista com o arbítrio do rei e na burocracia legal capitalista com o carisma plebiscitário.

A História para Weber não é o processo da razão triunfante; nisto ele se afasta da ilustração. É a História da oposição *razão-não razão* em tensão perpétua.

Quanto à *burocracia* e à *política*, pode dizer-se que foram seus estudos sobre a realidade social alemã que determinaram seu interesse pelo *político* na sociedade. Weber reage ao naturalismo, fundado numa interpretação positivista do conceito de *seleção natural* de Darwin, contra a transposição da *luta pela existência* da Biologia à economia política, encarada por ele como duvidosa e falida. Mostra Weber como esta pretensão naturalista está movida por uma ansiedade de caráter ideológico: refutar o socialismo; ao fazê-lo, transforma-se numa ideologia do *status quo*, numa justificação do existente.[1]

---

1 "A discussão científica sobre o princípio seletivo, sobretudo o emprego naturalista do conceito de *educação*, é irrelevante para Weber em relação ao enunciado anteriormente. O conceito de *seleção* é de domínio público, o conceito de educação *seletiva* já existia no Estado platônico. Esse conceito já fora discutido por F. A. Lange na sua *Arbeitsfrage* (Questão operária) e é familiar em nosso meio que uma interpretação errada do mesmo é impossível a quem conheça a literatura a respeito. Mais difícil ainda é saber até que ponto conquista atributo científico a mais recente e engenhosa tentativa de antropólogos em ampliar a importância do princípio seletivo como fora entendido por Darwin e Weismann, embora na esfera econômica tais tentativas, do ponto de vista de seus resultados objetivos, são altamente duvidosas, para não dizer falidas por sua exageração. Um erro que aparece na maior parte da contribuição fornecida pela Ciência natural ao esclarecimento de

Analisa, numa pesquisa por ele orientada, a situação dos trabalhadores do Elba, a substituição neste trabalho sazonal da mão de obra alemã pela polonesa, acostumada a mais baixo nível de vida. A formação da pequena propriedade substituindo a grande propriedade gerida patriarcalmente[2] leva inevitavelmente ao declínio da classe dos proprietários de terra, *junkers*, ocasionando sua agonia econômica. Daí a pergunta: "como uma classe economicamente decadente pode estar à testa do poder político"? Que consequências isso traz para a Nação?[3] Como é possível amar tal classe que detém canais inacessíveis ao cidadão comum de acesso ao poder, sem possuir cultura política para exercê-lo?[4]

---

problemas de nossa Ciência (social) consiste na perigosa ambição de querer integrar, antes de qualquer coisa, o socialismo. No zelo de atingir tal finalidade, a presumida *teoria científico-natural* da ordenação social *se torna involuntariamente (portanto, se transforma num enunciado ideológico) numa apologia desta proposta*" (Weber, 1958b, p.9).

2 "Nem sempre – isso é evidente – a seleção no livre jogo de forças, contrariamente ao que pensam nossos otimistas, trabalha a favor da nacionalidade economicamente mais evoluída ou dotada. A História humana conhece vitórias de raças menos desenvolvidas e a extinção de altos níveis de criação artística, enquanto o grupo humano depositário destes valores perde a condição de adaptação à vida, seja pelo tipo de organização social ou por suas características étnicas. *No nosso caso, trata-se da mutação da gestão da empresa agrícola*, o que permite o predomínio daquele grupo nacional que ocupa baixo nível econômico. Trabalham, no mesmo sentido, a cultura sazonal e a escassa comercialização da produção cerealífera: a primeira, favorece o trabalhador sazonal polonês, a segunda o pequeno cultivador polonês" (Weber, 1958b, p.9-10).

3 "É o exercício do *poder econômico* que leva uma classe a candidatar-se ao *poder político*. É perigoso, e, a largo prazo, inconciliável com o interesse nacional, que *uma classe economicamente decadente* detenha o poder político. Mais perigoso se torna quando uma classe possui o poder econômico e com isso a perspectiva de atingir o poder político, não possuindo maturidade para exercê-lo. Nos dias de hoje, a Alemanha está ameaçada por estes dois processos" (ibidem, p.19).

4 "Ainda hoje na Prússia são muitas as vias pelas quais o estamento (*junker*) detém cargos importantes e o poder, por meio dos quais faz sentir ao rei suas exigências; vias essas, inacessíveis ao cidadão comum; essa classe nem

Uma classe decadente como a *junker*, na forma da pequena propriedade, perde seu caráter originário; é o início de seu fim.[5] Para Weber, no Elba o problema não é de nacionalidade, é de classe,[6] os poloneses pertencem aos setores *desprivilegiados*.[7] Assim, a emigração dos trabalhadores alemães para zonas culturalmente mais elevadas[8] e a de poloneses para as zonas culturalmente inferiores deve-se à *herança cultural*.[9]

De outra parte, do lado do proletariado, a situação não parecia melhor para Weber: medíocres professores de política arvo-

---

sempre usou o poder para justificar-se ante a História; *não vejo razão pela qual um intelectual burguês deve amá-la*" (ibidem, p.19).

[5] "Ante eles – os trabalhadores agrícolas alemães – aparece a perspectiva de uma existência proletária, sem nenhuma possibilidade de chegar à independência econômica que infunde certo valor ao proletariado industrial situado em determinada área urbana. A adaptação a tais condições de vida é mais fácil a quem substitui os alemães: os trabalhadores migratórios polacos que constituem uma horda de nômades; recrutados na Rússia por agentes, aos milhares, chegam à fronteira e distribuem-se pelo território no outono. Eles integram-se ao trabalho sazonal, o que implica menor custo de assistência social. Na qualidade de estrangeiros, ficam à mercê do patrão. *A agonia econômica da classe* junker *prussiana só é compreensível à luz desses fatos*. Nas faixas de terra de cultivo sazonal, no lugar do proprietário de terra que geria tudo de forma patriarcal, surge uma classe de empresários industriais; no altiplano surgem pequenas explorações agrícolas. *Desaparecem, assim, as bases econômicas do poder da antiga nobreza territorial, transformando-se em algo diverso de sua origem*" (ibidem, p.7-8).

[6] "É incontestável à primeira vista um fato: os poloneses pertencem à camada *mais pobre* da população" (ibidem, p.3-4).

[7] "Desprivilegiados ou *negativamente privilegiados* são termos utilizados por Weber significando situações de carência socialmente condicionadas."

[8] O sentido de *culturalmente mais elevadas* deve ser entendido no aspecto antropológico; cultura material e espiritual, não somente cultura intelectual.

[9] "São os trabalhadores alemães que na sua maioria emigram das zonas culturalmente elevadas, enquanto os camponeses poloneses aumentam na zona de baixo nível cultural. Os dois fenômenos acima citados obedecem a uma razão: a menor exigência de nível de vida no plano material, em parte; no plano espiritual, de outra, que a raça eslava apresenta devido ao *passado histórico*, possibilitam sua adaptação a condições difíceis." (Weber, 1958b, p.6).

ravam-se em líderes do operariado; uma pequena burguesia filisteia na função de dirigente do proletariado, em suma, um pequeno círculo de jornalistas com tendência a monopolizar a direção do movimento operário era fator de manutenção de sua imaturidade política, em outros termos, do *status quo*.[10] Reconhece Weber que o perigo não está na massa, mas sim na qualificação política da classe em ascensão, admitindo, na impossibilidade de a burguesia alemã cumprir seu papel histórico de dirigente da sociedade, *que tal papel passasse às mãos do proletariado*.[11]

---

10 "Quem disser que atualmente a classe operária alemã tem maturidade política ou se acha a caminho de consegui-la não passa de um adulador, de um aspirante a uma fama discutível. As camadas mais elevadas da classe operária alemã no plano econômico têm maturidade ao admitir o egoísmo da classe dominante e politicamente pretendem a liberdade de defender seus próprios interesses sob a forma de uma luta aberta em nível econômico. *Politicamente*, a classe operária é muito imatura, diferentemente do que possa dar impressão contrária, um círculo de jornalistas que pretende monopolizar sua direção. No ambiente desta *burguesia desclassificada*, predominam reminiscências do século passado, julgam-se continuadores dos homens da Convenção da Revolução Francesa. Alie-se a isso uma grande impotência no que se refere àquela energia catilinária pela *ação* e uma ausência daquela sólida paixão que animava a Convenção. São medíocres professores de política a quem falta o instinto do poder, de uma classe destinada à direção política. Não somente os grupos interessados ligados ao capital – como se faz crer aos operários – são contrários à sua participação no Estado; também o são aqueles que têm pouca identificação com o grande capital; basta consultar as pesquisas especializadas a respeito para a devida verificação. À imaturidade política do operariado acresce o fato de não haver nada mais destrutivo que a direção nas mãos de uma pequena burguesia filisteia politicamente despreparada, e porque o operariado alemão ainda não perdeu esta característica, *por isso somos seus adversários políticos*" (ibidem, p.22-3).

11 "Não aparecem indícios de que a classe operária tenha maturidade para substituir a burguesia. O perigo *não* está na massa, como creem alguns. O fundamento do problema político-social não se refere à condição econômica do dirigente, mas à qualificação política da classe em ascensão. O esforço de nosso trabalho político-social não consiste em facilitar o mundo a todos, mas, tendo em vista as duras lutas futuras, favorecer aquela unificação social da Nação de que necessita a economia moderna. Se efetivamente pu-

Weber tem autoconsciência de sua formação burguesa, educado que fora nos seus ideais e sentimentos, reconhecendo, apesar disso, que sua classe não dispõe de maturidade para a direção do país.[12] Por outro lado, o diploma credenciador fornecido pelas instituições de ensino na Alemanha sanciona situações de privilégio social.[13]

No entanto, o que tais diplomas significam no nível de maturidade política? A essa pergunta Weber mesmo responde: qualquer empregado ou dirigente sindical que vive os problemas políticos tem mais maturidade do que qualquer diplomado em Física, Filologia ou Filosofia, a quem falta a *praxis* política e um nível de consciência.[14]

Weber no seu *Discurso de Friburgo* aparece como nacionalista, germanista patético e fanático. Posteriormente, por ocasião da

---

desse criar uma *aristocracia operária* que fosse depositária do sentido político que agora falta ao movimento operário, *seria desejável que coubesse a ela o que a burguesia não consegue levar adiante*. Parece-me que há muito caminho a percorrer *antes* que isso se dê" (ibidem, p.23-4).

12 "Eu sou membro da classe burguesa, educado nos seus ideais e sentimentos. Mas é dever de nossa Ciência dizer verdades que desgostam a quem as ouve, quando me pergunto se a burguesia alemã tem maturidade atualmente para tornar-se a classe política dirigente da Nação. O Estado alemão não se fundou na autonomia da burguesia como classe social; quando ele foi criado emergiu aquela figura cesárea, de uma têmpera *diferente* da burguesia" (ibidem, p.20-1).

13 "A diferença de *formação* constitui – embora isso possa ser deplorado – uma das barreiras sociais mais sólidas operantes *exclusivamente* no interior da sociedade. Sobretudo na Alemanha onde quase todos os cargos privilegiados, seja no âmbito ou fora do Estado, estão ligados não somente à *competência técnica* mas a uma *cultura geral*, a cuja finalidade servem as escolas médias e superiores. Todos os nossos diplomas sancionam esta posse tão importante para a *condição social* do indivíduo" (Weber, 1958b, p.235-36).

14 "A maturidade política deverá ser atestada pelas fábricas de doutores que são as escolas superiores? Ou deverá ser atestada pelo diploma da escola média inferior?" "Mas que relação há entre a maturidade política com o diploma em Física, Filosofia ou Filologia? Qualquer empresário ou dirigente sindical, empenhado na luta pela existência econômica, vive na sua pró-

elaboração de *Economia e sociedade*, muda sua atitude: a Nação não possui para ele nenhum atributo racial ou linguístico específico; ela é fruto da *História*. A Nação não lhe aparece como algo absoluto e o poder não constitui valor último. As *atitudes* ante a Nação variam com as determinações de classe e estamentos.[15]

Contrariamente aos expansionistas e pangermanistas de sua época, Weber considera o sentido do *limite* um valor básico que eles perderam. *Coloca-se na situação complexa de um pensador liberal que ultrapassou os limites do liberalismo clássico.* Critica a Alemanha dominada ilegitimamente e manipulada por funcionários que nada entendem de política, especialmente o militarismo que tomou o comando do Reich. Lembra a necessidade de falar menos no Estado e lembrar mais da Nação.[16]

Sua crítica ao bismarckismo e seu *ethos* burocrático é demolidora.

Weber em seus escritos sobre a política preocupa-se em mostrar a impossibilidade de governar com o *Sermão da Montanha*;[17] lembra as considerações de Jacob Burckhardt a respeito do

---

pria pele diariamente a realidade do Estado, ele entende de política muito mais do que aqueles para o qual o Estado representa simplesmente a *Caixa* da qual – em virtude de um atestado comprobatório de sua instrução – recebe um seguro e uma pensão" (ibidem, p.236).

15 "Finalmente, compreende-se que a homogeneidade nacional não se deve basear numa real comunidade sanguínea" (Weber, 1944, v.4, p.50), onde "as camadas feudais, os funcionários, a burguesia mercantil e industrial de diferentes categorias, as camadas intelectuais adotam diferentes atitudes ante a *Nação* que não são uniformes nem historicamente constantes" (ibidem, p.52).

16 "Fala-se de que o Estado é a coisa mais importante e maior do mundo; é importante entendê-lo na sua justeza. O Estado é a maior organização de poder sobre a terra, tem poder de vida e morte. Mas o erro consistia no fato de que se *falava somente do Estado, não da Nação*." Discurso de Max Weber de 1/8/1916, em Nuremberg, publicado no *Frankischen Kurier*, n. 391 de 2/8/1916.

17 "As exigências do *Sermão da Montanha* implicavam um Direito natural de imperativos absolutos baseados na religião. Tais imperativos conservaram

caráter diabólico do poder,[18] rejubilando-se com o fato de o germanismo existir *fora* da órbita estatal.[19] No entanto, reconhece que sem o mínimo de *ética* a *política* é inviável.[20] Verifica que a cisão da sociedade em burguesia e proletariado poderia levar a primeira a aliar-se com a burocracia *contra* a democracia.[21]

Na luta cesarista que travava contra a burguesia, Bismarck introduziu um direito eleitoral fundado no sufrágio universal por razões demagógicas,[22] aliando um processo de autodeificação carismática com a edificação de um monumento a si próprio. Origina-se então a pergunta de Weber: qual será o juízo estético da posteridade sobre este período da História alemã em que um artista se empenha em tão banal pseudomonumentalidade e um público que a isso nada opõe?[23] A pseudomonumentalidade está

---

sua força revolucionária e estiveram presentes nos períodos de mudança social. Influíram nas seitas pacifistas radicais na Pensilvânia, onde uma seita tentou pôr em prática a renúncia à violência contra terceiros. Tal experiência terminou em tragédia. Com a Guerra da Independência, os *quakers* não puderam agir em defesa de seus ideais, idênticos aos da guerra" (Weber,1952, p.124).

18 "Conheceis certamente as considerações de Jacob Burckhardt a respeito do caráter diabólico do Poder" (ibidem, p.139).

19 "Possuímos mil razões para agradecermos a sorte de existir um germanismo *fora* do Estado de Poder" (ibidem, p.139).

20 "É óbvio que a política não é questão de ética. Todavia, existe certo limite mínimo de pudor e decência que não pode ser impunemente transgredido, mesmo em política" (Weber, 1958b, p.235).

21 "A cisão da sociedade em duas classes-limite, burguesia e proletariado, pode opor a burguesia à democracia, com o fim de manter o domínio da burocracia" (ibidem, p.233).

22 "O atual direito eleitoral do Reich fora introduzido por Bismarck exclusivamente por motivos demagógicos, em parte, por razões de política interna e em parte, por razões de política externa, em outras palavras, *por sua luta cesarista contra a burguesia*" (ibidem, p.233).

23 "Berlim espoliada de sua tradicional modéstia, com seu miserável duomo com o monstruoso monumento a Bismarck e com tantas coisas copiadas de Munique e Viena, representa tal conjunto de banal pseudomonumentalidade que pensamos horrorizados no juízo estético da posteridade sobre este pe-

ligada à conduta autoritária bismarckiana, com quem é impossível dialogar.[24]

Em torno do bismarckismo, Weber vê nascer uma literatura popular filisteia, fundada na adoração do herói.[25] Muito bem, o culto cesarista a Bismarck, aos olhos de Weber, tinha alto custo social. O chanceler de Ferro legara uma Alemanha *sem* qualquer cultura política e *sem* qualquer vontade política própria,[26] governada por burocratas[27] que ansiavam pelo cesarismo, como melhor forma de governo.[28] Pois bem, Bismarck partira, e lacaios conservadores ocupavam as cadeiras dos ministérios e aguardaram os acontecimentos; não pronunciaram uma palavra ao criador do Reich que deixava o poder.[29] No fundo, Bismarck colhera

---

ríodo da História alemã e pensamos envergonhados sobre uma geração de artistas que nisso se empenhara e de um público que a isso não se opôs" (ibidem, p.259).

24 "O indivíduo cujas crenças supremas colocam toda forma de governo autoritário acima de todos os interesses políticos da Nação pode abertamente assim agir. Não é possível discutir com ele" (ibidem, p.296).

25 "Pois a parte mais influente da literatura popular a respeito de Bismarck tem sido escrita para a mesa de Natal do filisteu (isto é, burguês de espírito estreito e vulgar) que prefere a forma totalmente *apolítica* de adoração de herói, ocultando suas limitações e difamando seus adversários. Mas não se pode desta maneira educar a Nação no sentido de que ela desenvolva hábitos de pensamento político independente" (ibidem, p.307).

26 "Qual foi, então, o legado de Bismarck no que aqui nos interessa"? Ele deixou atrás de si uma Nação *sem qualquer cultura política*, bem abaixo do nível que a este respeito tinha alcançado vinte anos antes (isto é, em 1870). Principalmente Bismarck deixou atrás de si uma Nação *sem qualquer vontade política própria*, acostumada que estava à ideia de que o grande estadista ao leme tomaria as decisões políticas necessárias" (ibidem, p.307).

27 "Desde a renúncia do Príncipe Bismarck, a Alemanha tem sido governada por *burocratas*, resultado de sua eliminação de todo talento político" (ibidem, p.323).

28 "Várias vezes ouvi de seus líderes que estes considerariam o cesarismo – governo exercido por um gênio – a melhor organização política para a Alemanha, se sempre existisse um novo Bismarck" (ibidem, p.302).

29 "Pois o que foi que lhe aconteceu – a Bismarck – quando foi forçado a se afastar do poder em 1890? Honestamente, não podia esperar simpatia do

o que semeara: a impotência política do Parlamento e dos líderes políticos,[30] concluindo Weber sua crítica a respeito: o domínio do grande homem nem sempre é o meio mais idôneo à educação política.[31] Por isso Weber na sua época fora apelidado de *agente do estrangeiro, antialemão* e *demagogo*.[32]

Weber critica o Estado corporativo: corporações significam basicamente associações de mercadores, artesãos de determinada cidade que regulam os pormenores de sua profissão, horas de trabalho, qualidade da produção, repressão às fraudes. Tinham por finalidade a *eliminação* da concorrência no interior de cada cidade e *manter* o monopólio da minoria de mestres sobre o mercado urbano. As corporações desdobravam-se em confrarias re-

---

Partido do Centro, ao qual tinha tentado ligar o assassino de Kuhlmman; dos Sociais-Democratas a quem ele tinha perseguido com o parágrafo do banimento (local) da legislação antissocialista; dos Progressistas, a quem ele estigmatizara como *inimigos do Reich*. Mas os outros, que tinham aplaudido estrondosamente estes atos, que fizeram? Lacaios conservadores ocupavam as cadeiras dos ministros prussianos e eram membros dos ministérios federais. Que fizeram? Aguardaram os acontecimentos. *Simplesmente um novo superior* – foi esse o fim da questão. Políticos conservadores sentavam-se nas cadeiras presidenciais dos Parlamentos do Império e da Prússia. Que palavras de simpatia ofereceram ao criador do Reich que partia? Não pronunciaram uma palavra" (Weber, 1958b, p.300).

30 "Contudo a vergonha sobre a caricatura da maturidade política proporcionada pela Nação em 1890 não deve turvar nosso reconhecimento do fato de que através deste comportamento indecoroso de seus partidários, Bismarck tragicamente colheu o que semeou; pois ele tinha desejado – e deliberadamente o consumou – a impotência política do Parlamento e dos líderes partidários" (ibidem, p.301).

31 "A imaturidade política de largos setores da burguesia alemã tem como causa o seu passado privado de experiência política, o fato de que o trabalho de educação política de um século não pode ser recuperado num só decênio e que *o domínio do grande homem* não é sempre o meio mais idôneo à educação política" (Weber, 1958b, p.22).

32 "Seria contrário à integridade alemã mostrar respeito por certos círculos em cujo seio este autor e muitos outros têm sido frequentemente rotulados de *demagogos, antialemães* ou *agentes estrangeiros*" (ibidem, p.295).

ligiosas, encarregadas de subvencionar seus membros em caso de doença ou morte. Eram colocadas sob um determinado patrono, um santo padroeiro. Tais são as corporações medievais, o que não quer dizer que fossem desconhecidas no mundo antigo. Assim, *Rostovzeff* descobre a existência de corporações na Ásia Menor com presidentes hereditários especiais de diferentes profissões.[33] No Egito, a existência de corporação têxtil, de trabalhadores vinculados quase exclusivamente ao Estado.

Em virtude de o patrimonialismo na Idade Média Ocidental possuir um caráter mais estamental que patriarcal, puderam processar-se o desenvolvimento de associações livres e a criação de um Direito corporativo. No caso alemão, a falta de forte poder político propiciou as autonomias corporativas, definidas teoricamente pela obra de Von Gierke.

Coube a *Johannes Althusius* definir teoricamente os graus de liberdade da associação pública e da privada; a primeira, caracterizada pela *simbiose*, fruto do pacto entre seus membros, e a segunda, associação civil organizada profissionalmente, chamada por ele de *colegia*, sinagoga, congresso ou sínodo.

A corporação clássica, especialmente a medieval, é estritamente econômica. A confusão do elemento político e do econômico e a inclusão do conceito de corporação no quadro de uma *teoria do Estado* deveram-se aos teóricos alemães Carl Schmitt, Othmar Spann, constituindo-se na característica da *Encíclica Quadragésimo Ano* de Pio XI, erigida em modelo normativo para o mundo católico.

As ideias corporativas têm longa história na Alemanha; estão ligadas ao Romantismo e à reação à Revolução Francesa e aos

---

[33] "A antiquíssima organização corporativa da Ásia Menor com presidentes hereditários especiais das distintas profissões está atestada pelas inscrições de Thyatira. A fama da indústria têxtil da Ásia Menor é bem conhecida, não obstante recordo a notável inscrição de Pessinus, na qual o Imperador Trajano agradece a um certo Cláudio por haver-lhe enviado vestidos de lã" (Rostovzeff, 1937, v.2, p.376).

valores liberais. *Adam Müller* foi o primeiro a propugnar por uma organização corporativa-estamental em lugar de uma associação de classe. Hegel[34] concebia os estamentos como mediadores entre a sociedade civil e o Estado, acreditava que um sistema corporativo fundiria a sociedade civil e o Estado num todo. Bismarck defendera também a tese de uma Monarquia forte limitada pelo sistema de representação corporativa. Com o nazismo teríamos a institucionalização do corporativismo totalitário na forma de Estado corporativo.[35]

Max Weber, na sua época, polemizou contra os partidários do corporativismo como representação profissional e do corporativismo como estrutura de Estado.

Assim, Weber critica as diletantescas bolas de sabão que os literatos produzem quotidianamente sob o nome de representação corporativa,[36] unida a uma *economia de solidariedade* que trans-

---

34 "A natureza do trabalho na sociedade civil divide-se em ramos, segundo a particularidade de cada um. O que há de uniforme nisso é a existência da confraria como algo em comum, é a finalidade orientada rumo ao *particular*, que se conhece e se concebe como *universalidade*. O membro da sociedade civil torna-se, conforme suas aptidões particulares, membro da *corporação* onde a finalidade universal é concreta limitando-se aos quadros dos negócios e interesses privados próprios da indústria". Mais abaixo: "Essa função confere à *corporação* o direito de gerir seus interesses internos *sob controle* do poder público" (...) "Na *corporação* não somente a família possui base firme porque a capacidade que assegura sua subsistência é constituída de uma riqueza estável... É na *corporação* que a ajuda à pobreza perde seu caráter contingente e, portanto, injustamente humilhante" (p.188). "*O espírito corporativo que nasce da legitimidade das esferas particulares se transforma em seu interior ao mesmo tempo em espírito do Estado, pois encontra no Estado o meio para atingir seus fins particulares*" (Hegel, 1940, p.186-8 e 226).

35 "Este grupo profissional, a corporação, é solidário com nosso *Ancien Régime* político e consequentemente não pode sobrevivê-lo. Parece que lutar por uma *organização corporativa da indústria e do comércio é regredir; em tese, tais regressões são consideradas fenômenos mórbidos*" (Durkheim, 1950, p.28).

36 "Ao gênero das diletantescas bolas de sabão que os novos instintos literários produzem quotidianamente pertence aquele absurdo que circula sob o nome de *representação corporativa*" (Weber, 1958b, p.240).

formará a *consciência econômica* elevando a um nível superior a *ética econômica*. Para ele, nada mais são do que manifestações da profunda ignorância dos literatos a respeito da natureza do capitalismo[37] com preocupações verbalizantes, criando um sistema para o qual não possuem nenhuma premissa válida.[38] Acentua que, na economia moderna, é impossível definir a função econômica de um indivíduo por vínculos corporativos,[39] muito menos criar um corpo político eleitoral, articulado organicamente num mundo em que a técnica e a economia estão em contínua transformação.

Max Weber critica a concepção do Estado corporativo e sua ressurreição no século XX na forma de restauração de *uma fraternidade cristã*, como resultado ideológico de textos filosóficos[40] fundados no desconhecimento da realidade histórica condicio-

---

[37] "Chega-se a tal grau de infantilidade que se imagina a *economia geral*, a *economia da solidariedade* e a *economia da cooperativa* como precedentes em linha direta da futura transformação da *consciência econômica* que fará renascer, organicamente, a um nível mais elevado a *ética econômica* do passado, que caíra em desuso. Em tudo isso o que torna intolerantes aqueles que entendem destes problemas *é sobretudo a profunda ignorância dos nossos literatos a respeito da natureza do capitalismo*" (ibidem, p.241).

[38] "Uma das taras hereditárias de nosso ambiente de literatos empenhados diletantemente na política é a de querer 'preparar um sistema' *com verbalizações*, neste caso específico, com parágrafos de um estatuto que deva ser elaborado por eles e para o qual não possuem premissa alguma" (ibidem, p.249).

[39] "A nossa atual economia *ligada a um vínculo corporativo* tem essa característica: no plano externo é impossível descobrir a função econômica do indivíduo; nem mesmo a mais acurada estatística profissional revela o mecanismo da estrutura interna da economia" (ibidem, p.244).

[40] "Por estes motivos estritamente econômicos – não há em nenhuma parte do mundo nada que seja objetivamente mais inverossímil que a tentativa de criar um corpo político eleitoral articulado *organicamente* no antigo significado corporativo, numa época de contínua transformação técnico-comercial e mutações econômico-sociais" (ibidem, p.244).

nante da estrutura corporativa,[41] restrita às relações humanas primárias na Idade Média.[42]

Mostra que a ideia de um Conselho de Estado com função consultiva – idealizado pelos teóricos do corporativismo[43] – nada mais seria do que *forum* de debates políticos *a respeito de ideias desligadas de partidos políticos*, órgão praticamente inútil;[44] porque

---

41 "Alguns destes românticos fantasiosos possuem, por acaso, uma exata concepção da natureza do *autêntico Estado corporativo passado*? A confusa concepção de uma articulação da sociedade baseada em profissões naturais estruturadas numa *comunidade corporativa* como representante da *fraternidade cristã* e de uma *estrutura na forma de pirâmide* em cujo vértice se acha o monarca espiritual, universal, mostra a *absoluta ignorância* do que na realidade tal imagem representa, resultado ideológico de textos filosóficos em parte e, em parte, de conceitos derivados da organização racional moderna" (ibidem, p.251).

42 "O que distinguia a economia do Estado corporativo do moderno eram algumas características que se acham em constituições políticas das mais variadas. Aquele regime econômico, *diferentemente* do atual, tornava *possível* o Estado corporativo, que hoje é impossível. Mas, ele *não criou* – burocraticamente – o Estado corporativo. Naquela estrutura, a aquisição de *direitos políticos* pela pessoa física e corporação baseava-se na propriedade privada de *bens reais*. E a convocação episódica destes *detentores de privilégios* em assembleia comum com a finalidade de regular as questões políticas mediante *compromisso*. Posse de castelos e recursos militares, políticos e tributários de todo gênero, enquanto privilégios hereditários pertenciam ao indivíduo, da mesma maneira como hoje só o rei é dono da Coroa. O que entendemos por um *poder estatal* unitário hoje, na época aparecia disperso em *direitos singulares* subdivididos. De um Estado, no sentido moderno da palavra, era impossível falar-se" (ibidem, p.252).

43 "Todavia um tal *Conselho de Estado dotado de função consultiva pública* – tal é seu significado, uma Câmara Alta constituída – como *forum* de debates a respeito de ideias políticas *não ligadas a partidos* e da parte dos intelectuais *privados de visão estatal*, mas tendo experiência política em matéria de Estado, isto é, aquela experiência que já possuíam os estadistas precedentes, onde, sem dúvida, comparativamente aos atuais dirigentes de partido, prestavam úteis serviços num Estado Parlamentar. Mas, entre os modernos organismos deste gênero, somente *pouquíssimos* podem corresponder a essa finalidade" (ibidem, p.248).

44 "Não é causa, mas consequência do fato de que os partidos e as organizações que representam certos interesses econômicos agem no terreno do

são órgãos para manifestação de opiniões de especialistas (tais órgãos corporativos), não podendo substituir os partidos políticos como *órgãos de luta e compromisso* que para tal possuem o *aparato* necessário.[45]

Diferentemente dos dirigentes das corporações condicionados a uma organização em caráter obrigatório, os partidos são órgãos de recrutamento formalmente livre[46] que têm repercussões no plano político-social.

Weber mostra como tais organizações corporativas, ligadas ao Estado, ou os grupos corporativos voluntários de pressão, não excluiriam a exploração da dependência do capitalismo, que continuaria tão incontrolável como tem sido até então. E mais: as organizações profissionais arrastadas ao redemoinho da luta política apinhar-se-iam de representantes partidários em vez de técnicos competentes, e o Parlamento transformar-se-ia em mercado de acordo com interesses puramente econômicos sem orientar-se por interesses políticos de caráter geral, sem qualquer controle público. Os acordos seriam efetuados a portas fe-

---

recrutamento juridicamente livre de seus adeptos, enquanto aqueles órgãos estatais – corporações – não o fazem. Os partidos são, em consequência de sua *estrutura*, órgãos de luta e compromisso; esses, por sua vez, são – as corporações – órgãos criados para *manifestação* de opinião objetiva dos *especialistas* e para dar continuidade a um trabalho em nível administrativo pacífico e preciso" (ibidem, p.249).

45 "Os múltiplos aspectos do problema organizatório são complexos e não podem ser examinados superficialmente. Todavia há uma observação conclusiva a ser feita: onde se procura a escolha eleitoral e a agitação, os partidos políticos como tais, a isso estão destinados, são os expoentes desta luta. Antes de mais nada, pelo fato de possuírem o *aparato* necessário" (ibidem, p.245).

46 "O fato de os dirigentes da economia estarem condicionados a uma organização – de recrutamento, o partido – formalmente livre determina a sua especificidade, condicionada à estrutura da economia moderna. Organização e consenso determinados pela *intervenção do Estado*, neste terreno e nas condições modernas, *contradições completamente inconciliáveis. Quem não entendeu isso, nada compreende do abc da vida política moderna*" (ibidem, p.250-1).

chadas nas associações, mais incontroláveis do que antes; no Parlamento, o negociante *astuto* substituiria o político, sem diminuir a influência do capitalismo, pelo contrário.[47]

---

[47] Para Weber, ainda que fosse possível representar todos os votantes através de órgãos profissionais tais como: Câmaras de Comércio e de Agricultura e constituir o Parlamento a partir destes órgãos, as consequências, obviamente, seriam as seguintes:
"1. Ao lado destas organizações unidas por laços legais continuariam a existir os grupos de pressão voluntários, como a *Liga dos Agricultores* e as diversas associações de empregadores paralelas às Câmaras de Comércio e de Agricultura. Além disso, os partidos políticos, também baseados no livre recrutamento, não pensariam em desaparecer, mas simplesmente ajustariam suas táticas à nova situação. Esta mudança não seria para melhor. A influência das eleições nessas organizações profissionais corporativas através de financiadores e através da exploração de *dependências capitalistas* continuaria pelo menos tão sem controle como antes.
2. A solução das tarefas importantes destas organizações profissionais seria arrastada para o redemoinho do poder político e querelas partidárias, agora que a composição destas organizações influencia as eleições parlamentares e a concessão de cargos; assim, estas organizações se apinhariam de representantes partidários, em vez de técnicos competentes.
3. O Parlamento se transformaria num mero mercado para acordos entre interesses puramente econômicos, sem qualquer orientação política para interesses gerais. Para a burocracia, isto aumentaria a oportunidade e a tentação de integrar interesses econômicos divergentes e de expandir o sistema de ajuda política mútua com concessão de cargos e contratos a fim de preservar seu próprio poder. Qualquer controle público, exercido sobre a administração, seria invalidado, *pois as medidas e os acordos decisivos dos grupos interessados seriam realizados atrás das portas fechadas das associações privadas e seriam ainda menos controláveis do que antes. No Parlamento, seria o homem de negócios, astuto, e não o líder político, quem colheria as vantagens desta situação*; um órgão *representativo* desta natureza seria menos adequadamente imaginável para a solução de problemas políticos de acordo com critérios verdadeiramente políticos. Tudo isto é evidente para quem compreende estes assuntos. Também é óbvio que tais medidas *não* conseguiriam diminuir a influência capitalista nos partidos e no Parlamento ou mesmo eliminar ou, pelo menos, pôr em ordem a máquina do partido. Sucederia o oposto. O fato de os partidos operarem por livre recrutamento impede sua regulamentação pelo Estado; isto escapa ao discernimento daqueles *literatos* que gostariam de reconhecer somente organizações estabelecidas por Direito

Diferentemente do corporativismo estatal pregado pelos literatos, Weber mostra que o corporativismo não fora criação burocrática, mas sim de uma sociedade dispersa na qual os direitos *singulares* cabiam, contrariamente ao mundo moderno, que torna impossível o Estado corporativo.[48]

Diferentemente do sistema eleitoral que se funda na luta e no compromisso, o Estado corporativo não conhece a votação, procura a concordância; como é possível governar desta maneira um Estado moderno,[49] pergunta ele?

Em suma, para Weber, o Estado corporativo representaria o domínio absoluto do cartel capitalista que não tomaria em consideração ideais como *lucro conforme à natureza, economia*

Público, não as que se estabelecem no campo de batalha da ordem social atual" (ibidem, p.313-4).

48 "Complexos racionais de associações organizadas em grande escala tendentes a fins (Rationale Zweckverbandsbildungen grossten Stils) subsistem em regime de economia de guerra. Não se referem a uma relação comunitária de uma estrutura desenvolvida *organicamente* na área da relação humana ou de relações humanas primárias com aquela intrínseca característica que possuíam, de forma muitas vezes diversa, a Comuna, as instituições feudais, a corporação e associações profissionais e, finalmente, as associações corporativas da Idade Média. Quem não possui uma visão clara do contraste que os modernos complexos racionais baseados numa comum finalidade econômica apresentam em confronto com as primeiras, que vá estudar os princípios elementares de Sociologia, em vez de saturar o mercado de livros com seu diletantismo literário" (ibidem, p.243).

49 A corporação não conhece deliberação ou votação; o que aí se procura é a concordância. "Há compromisso entre os diversos grupos corporativos como também entre as diversas camadas no interior de cada grupo. É impossível um Estado moderno ser governado desta forma. Isso – a escolha na base do compromisso – começa a mudar quando é introduzido o sistema eleitoral moderno: é a mais importante, embora não a única, característica do Parlamento moderno. Só com ele é que surge a forma racional e moderna de articulação da vontade do Estado. Mas no Estado constitucional, em aspectos decisivos, dá-se compromisso, por exemplo, na elaboração de um balanço com caráter preventivo" (ibidem, p.252).

comunitária, conceitos produzidos por abismal insensatez.[50] Weber assinala, pelo contrário, que os donos absolutos e incontroláveis do Estado serão os banqueiros e empresários capitalistas em tal ordenação corporativa,[51] tutelando os resultados das lutas eleitorais.

Desmistificando o sentido das *ideias alemãs de 1914, socialismo do futuro* e *sociedade organizada* defendidas pelos *literatti* conservadores, Weber mostra que a burocratização é o resultado; ela não só caracteriza nossa época, como o futuro previsível.[52]

Para Weber a solução corporativa é inadequada porque confunde duas instâncias: a econômica e a política. As possibilidades

---

50 "Constitui uma incomensurável ingenuidade *crer que de tal modo* seria eliminado ou limitado o domínio do lucro, tão criticado pelos nossos ideólogos pretensiosos ligados à produção de *bens de aquisição*, adeptos do *lucro conforme à natureza*, isto é, do interesse econômico-comunitário, tendo em vista uma provisão ótima em benefício dos consumidores. Que abismal insensatez? *O lucro capitalista representado pelo cartel dominará agora o Estado de forma exclusiva*" (ibidem, p.255).

51 Sonham os *literatti* – de que forma o "Estado deverá cumprir o papel de regulador na economia. Ao contrário! Os banqueiros e empresários capitalistas, tão odiados por eles, tornar-se-ão *os donos absolutos* e *incontrolados do Estado!* A que se reduz o Estado, senão a um mecanismo de pequenos e grandes *cartéis* capitalistas modelados na direção econômica formulando sua vontade política pelos órgãos corporativos?" (ibidem, p.255).

52 "*É este fato sombrio da burocratização universal* que se acha por detrás das chamadas *ideias alemãs de 1914*, ou seja, por trás do que os *literatti* eufemisticamente denominam o *socialismo do futuro*, por trás dos *slogans* da *sociedade organizada, economia cooperativa*, de todas frases contemporâneas semelhantes. Mesmo que almejem o oposto, sempre promovem o aparecimento da burocracia. É verdade que a burocracia não é, decididamente, a única forma moderna de organização, assim como a fábrica também decididamente não é a única forma de empresa comercial, *mas ambas determinam o caráter da época atual e do futuro previsível*. O futuro pertence à burocratização, e é evidente que neste particular os *literatti* obedecem a seu chamado ao aclamar os poderes que a promovem da mesma maneira que o fizeram na época do *laissez-faire*, em ambas as vezes com a mesma ingenuidade" (ibidem, p.318).

de representação profissionais aparecem em épocas de *estabilização* tecnoeconômica. Desde os Conselhos de fábrica até o Conselho econômico do Reich da República de Weimar, dá-se o processo de criação de prebendas para os partidários fiéis, a vida econômica adquire cor política e esta cor econômica. O conceito moderno de Estado e o sufrágio universal chocam-se com o corporativismo, enquanto representação profissional. O corporativismo, enquanto Estado, significa a integração do indivíduo na *comunidade orgânica*, entidade mística do Romantismo na sua reação ao liberalismo e ao industrialismo. O resultado da luta eleitoral em seu seio decidirá a distribuição de sinecuras e cargos públicos.[53]

Notava Weber, ao lado das pregações de caráter corporativo, o desenvolvimento de uma demagogia inescrupulosa de parte dos partidos da *direita* alemã, na sua época sem igual na Europa,[54] destilando o que chamavam na época de *sentimento monárquico*, traduzido na docilidade de bebedores de cerveja para garantir a imobilidade e o poder da burocracia e das *forças econômicas reacionárias*.[55] Já é tradição da direita alemã, segundo Weber, assustar o monarca com o espectro da *Revolução*, toda vez que seus privi-

---

53 "A denúncia e o boicote serão utilizados por esses presumíveis representantes da solidariedade profissional, arregimentados como corporações eleitorais. Essas corporações *profissionais* tutelarão não só os interesses profissionais, mas o resultado da luta eleitoral no seu seio, pois são elas que decidem a *distribuição de sinecuras e empregos públicos*" (ibidem, p.246).
54 "Na Alemanha, a democratização dos partidos de esquerda e de direita é um fato que não pode ser contestado – *os da direita* adotam uma demagogia inescrupulosa sem igual, nem mesmo na França isso se dá" (ibidem, p.394).
55 "De fato, na classe hegemônica existem homens políticos surdos a qualquer ensinamento, que são da opinião de que no seio do caos que envia seus fétidos odores ao céu, que seria chamado por isso vida, pode-se estruturar aquilo que *eles* chamam de *sentimento monárquico*, isto é, de uma *docilidade de bebedores de cerveja, destinada a garantir a imobilidade e o poder da burocracia e das forças econômicas reacionárias*" (ibidem, p.240).

légios se acham em perigo.[56] A esse temor da aristocracia, junta-se o efeito emocional, que tem a fúria cega da massa ativa *condicionando a covardia igualmente emocional e insensata da burguesia que se joga nos braços da burocracia*,[57] comprometendo tais manobras o futuro político alemão.[58] Resulta na aspiração nostálgica de um novo César por parte de um setor da grande burguesia que a proteja contra as massas.[59] Mais do que isso, este processo de *medo à massa* levou a Monarquia a *tolerar a demagogia dos almirantes e a ditadura dos generais junto com a politização do Exército*.[60]

Este perigo aparece aliado a outro: o oportunismo daqueles que querem viver *da* Revolução e não *para* a Revolução num país sob o perigo da ocupação estrangeira que comprometeria por gerações o destino do socialismo na Alemanha.[61] Com que re-

---

56 "Os partidos conservadores continuam seu monopólio de cargo na Prússia e tentam assustar o monarca com o espectro da *Revolução* sempre que esses benefícios se encontrem em perigo" (ibidem, p.329).

57 "Além disso, o resultado dependerá da possibilidade de tais explosões (de massa) provocarem novamente *o conhecido temor das classes abastadas*, isto é, da possibilidade do *efeito emocional da fúria cega das massas ativas e da covardia igualmente emocional e insensata da burguesia*, indo ao encontro dos desejos dos burocratas que procuram escapar a qualquer controle" (ibidem, p.393).

58 "Deveríamos nos desesperar de nosso futuro político, se essas maquinações (especulações para acovardar a burguesia) fossem triunfantes; infelizmente, algumas experiências fazem com que isto pareça uma possibilidade" (ibidem, p.394).

59 "A olhos vistos *uma parte da grande burguesia nostalgicamente aspira a um novo César que a proteja contra a maré montante das massas, de um lado, e contra as veleidades políticas e sociais da dinastia alemã, de outro lado*" (ibidem, p.21).

60 "A Monarquia tem uma função específica num Estado militar, qual seja impedir um absoluto autoritarismo militarista. *Ela, no entanto, tolerou a demagogia dos almirantes e a ditadura dos generais, concomitantemente com a politização do Exército*" (ibidem, p.438).

61 "Depende sobretudo dos elementos que ocupam atualmente a cena vestidos de parasitas, *que não querem viver para a revolução, mas sim da revolução*. Devemos ver se o regime socialista, incluindo os socialistas independentes, poderá controlá-los, tornando-os inofensivos, *evitando desta forma a ocupação estrangeira, que comprometerá por várias gerações o destino do socialismo alemão e da democracia*" (ibidem, p.440-1).

sultado político? Weber responde: a preservação de um repugnante regime de privilégios na Alemanha pelas potências ocupantes como resultado dos *pecados* políticos do país só levaria a incinerar a fé da massa no socialismo e amadurecer a Alemanha para cair nos braços de uma nova força autoritária, não importa de que cor fosse;[62] em outros termos: *as precondições para o nazismo estão criadas*.

Weber atuou como um *profeta*, na sua previsão do declínio alemão e na subjugação da Nação a novo autoritarismo.[63] Atuou como profeta desarmado. Já Maquiavel ensinava que os profetas desarmados sucumbem; pelo menos a curto prazo, acrescentamos nós.

Para Weber a crescente *socialização*, ou melhor, estatização da economia nas mãos de um Estado proletário, implicaria aumento da burocratização. No lugar da ditadura do proletariado, prevê ele a ditadura do burocrata, do funcionário.

Para ele, o socialismo moderno é produto de fábrica, da disciplina da fábrica. Compartilha com Saint-Simon a ideia de que o socialismo implica a industrialização. Sua visão do socialismo

---

[62] "O ódio insensato contra os nativos que trabalham na economia – numa época de contração da produção, penúria de víveres – no quadro da dominação estrangeira efetiva, tem como consequência que o capital estrangeiro domine o país sob proteção de forças militares estrangeiras. *A ridícula notícia referente à boa intenção dos ocupantes do país em preservar um regime repugnante, indigno e pseudopacifista, como resultado dos "pecados" da Alemanha, estimula uma propaganda miserável, comparável àquela do regime passado, manipulada pelos militares. Com isso, incinera-se a fé da massa no socialismo e a nação amadurece para cair nos braços de uma nova força autoritária, não importa de que cor*" (ibidem, p.473).

[63] "Num Estado de massa, a burocracia, em lugar de uma administração eleita pelo povo ou exercendo o cargo honorificamente, o Exército treinado substituindo a milícia popular, tornam-se fatos inevitáveis. *Esse é o destino inevitável do povo organizado num Estado de massa*. Por esse motivo, o suíço Jacob Burckdardt na sua obra *Considerações sobre a História Universal* definiu o Poder como uma força maléfica na história" (ibidem, p.171).

é tomada dos textos de E. Bernstein: a teoria do evolucionismo socialista. Weber seguiu as pegadas de Bernstein ao enunciar o socialismo identificado com a teoria da catástrofe final, o profetismo e o fatalismo enunciados no *Manifesto Comunista* de Marx, segundo interpretação de Bernstein.

Weber acreditava ser possível no plano teórico o socialismo e contribuiu para a teoria da *plena socialização* sob a denominação de *Economia Planificada Racional*. No fim da guerra, declarou compartilhar pontos de vista idênticos aos da social-democracia alemã.

Num país onde o cidadão foi transformado em *súdito* específico no sentido mais íntimo da palavra,[64] onde o principal problema não era libertar o Estado, mas convertê-lo em órgão subordinado à sociedade,[65] Weber dirigia sua crítica aos literatos diletantes em questões econômicas, cujo tratamento irracional poderia levar a Alemanha à intervenção anglo-norte-americana.[66]

Em relação ao proletariado, desenvolve uma atitude crítica da sua situação de carência ocasionada não só pela sua posição estrutural nas relações de produção capitalistas, como também

---

64 "Tudo isso – a redução do poder dos *honoratiores* na Inglaterra e o sucesso das revoluções liberais na França – tudo isso impediu o nascimento ou quebrou a perduração daquela submissão íntima à autoridade que para o espectador de fora pareceu uma ausência de dignidade própria, *submissão que na Alemanha continuou como uma herança dificilmente desarraigável da dominação principesca patrimonial*. Do ponto de vista político, o alemão foi e é, com efeito, o 'súdito' *específico no sentido mais íntimo da palavra*, daí o luteranismo ter sido sua religião adequada" (Weber, 1964a, v.2, p.829-30).

65 "A missão do operariado que se libertou da estreita mentalidade do humilde súdito não é de forma alguma libertar o Estado. No Império Alemão o Estado é tão *livre* quanto na Rússia. *A liberdade consiste em converter o Estado de órgão acima da sociedade num órgão completamente subordinado a ela*, e as formas de Estado continuam hoje mais ou menos livres na medida em que limitam a *liberdade do Estado* (Marx, 1971b, p.36).

66 "A reconstrução parlamentar na Alemanha poderá ser frustrada pela direita ou ser impossibilitada de realização pela esquerda" (Weber, 1964a, v.2, p.297).

como objeto da demagogia bismarckiana preocupada com os inválidos e velhos, relegando ao esquecimento a *população ativa*.[67] Em relação à social-democracia, nota que a mesma convertera o marxismo de um método crítico de análise da sociedade em ideologia justificativa da burocracia. Daí, os conservadores não precisarem temê-la.[68]

Ressalta a importância dos fatores morais na luta de classes, em que os sentimentos de solidariedade das massas são decisivos nas suas lutas reivindicatórias,[69] de certa forma repetindo Marx quando enunciava ser o autorrespeito e a independência mais importantes que o pão.[70]

Sem dúvida, deve ter sofrido influência dos alunos pacifistas socialistas que nos invernos de 1917-1918 frequentavam sua casa aos domingos em Heildelberg, pois quando Ernst Toller

---

[67] "Obtivemos benefícios para os enfermos, para os inválidos, para os velhos e para os veteranos. Almejamos isso, sem dúvida. Mas não conseguimos as garantias necessárias para preservar a saúde física e mental, e para propiciar àqueles sãos de corpo e mente a defesa de seus interesses com sobriedade e dignidade; *em outras palavras, precisamente a parte politicamente relevante da população operária foi deixada de lado*" (Weber, 1958b, p.306).

[68] O marxismo ortodoxo era menos uma concepção dinâmica do mundo, do que uma teoria justificativa de uma burocracia. "Após assistir em 1905 a um congresso da social-democracia – Weber achava que – os conservadores *não deviam temer a social-democracia*" (Weber, 1958a, p.410).

[69] "Um Estado que deseja basear o espírito de seu Exército de massa (o sindicato) na honra e na solidariedade não pode esquecer que na vida diária e nas lutas econômicas dos operários os sentimentos de honra e solidariedade são as únicas forças morais decisivas para a educação das massas e que, por esta razão, deve-se dar total liberdade a estes sentimentos. Isto é nada mais do que o significado político da *democracia social* numa época em que, inevitavelmente, ainda permanecerá capitalista durante muito tempo" (ibidem, p.306).

[70] "Os princípios sociais do cristianismo pregam a humildade, autodesprezo, submissão, todas as qualidades da canalha. O proletariado que se recusa a ser tratado como canalha precisa *mais* de sua coragem, autorrespeito, de sua independência, *do que de seu pão*" (Contra Heinzen 1847, Mew IV, p.200 apud Rubel, 1970, v. I, p.25).

espartaquista fora preso Weber foi ao tribunal testemunhar a seu favor e não só isso, assistiu às reuniões do comitê de operários, soldados e camponeses formado no processo da Revolução Alemã de 1918, não deixando de elogiar e homenagear o idealismo de seus dirigentes e sua atividade política.[71]

Considera no nível teórico que uma economia planificada não implica obrigatoriamente prejudicar os interesses mais importantes da sociedade;[72] ela implica a disposição sobre a mão de obra e utilidades existentes;[73] ao mesmo tempo, tem que lançar mão de regulamentações heterônomas e ordenadoras da economia,[74] acreditando que a socialização plena não poderia coexis-

---

71 "Isso – o planejamento socialista – deveria ser realizado somente por uma revolução, que deixou inerme o povo e permitiu a dominação estrangeira, na impossibilidade de confrontar-se com os imperialismos, defendendo o princípio da autodeterminação nacional e do pacifismo. Os governos inimigos são governos burgueses. O êxito da revolução alemã depende destes inimigos que se acham no país. A revolução assumiu um rumo que, conforme foi historicamente provado, reconduz a forças do passado. Essa é a direção de seu desenvolvimento. O orador homenageia a atividade do Conselho de operários e soldados locais, o idealismo de seus dirigentes, sem distinção alguma, sejam socialistas majoritários ou socialistas independentes" (Weber, 1958b, p.300).

72 Trata-se de determinar, para Weber, os custos comparativos derivados da aplicação de diversos meios para um fim determinado, que radicam na aplicação dos meios (incluindo a mão de obra) para diversos fins. "E numa economia planificada, a questão, se a aplicação dos meios de produção e da mão de obra existente não implica prejuízo para outras áreas consideradas mais importantes. Em ambos os casos trata-se de uma comparação de *finalidades*" (Weber, 1964a, v. I, p.45).

73 "A organização da economia implica uma distribuição fatual dos poderes disponíveis; somente, segundo princípios diferentes dos dominantes na economia privada atual, em que as *economias particulares* autônomas e autocéfalas estão juridicamente protegidas. Pois, a *direção* (socialismo) ou os *membros* (anarquismo) têm que contar com poderes de mando sobre a mão de obra e os recursos existentes..." (ibidem, p.46).

74 "Na economia planificada e na medida em que ela se desenvolve, toda ação econômica está orientada de forma rigorosamente administrativa e heterô-

tir com o cálculo de capital (racionalismo formal)[75] e argumentando que a economia socialista manteria a expropriação dos trabalhadores com mais plenitude ainda.[76]

E a sorte do proletariado? O que ela chama de *socialismo de Estado* significaria para o proletariado maior aumento da dependência,[77] motivo de colocar a questão: no caso da criação de uma economia planificada o que deve aceitar-se inevitavelmente como consequências?[78]

No *socialismo burocrático* imperante na Europa Oriental, conforme o depoimento insuspeito de Adam Schaff, referindo-se à Polônia, há o surgimento de *novas formas de alienação*, constatan-

---

noma pelas ordenações proibitivas e disciplinadoras, enfatizando o sistema estruturado em prêmios e castigos" (ibidem, p.79).

75 "No caso de um planejamento radical da economia, orientada pela satisfação de necessidades, os motivos anteriormente indicados – formação de atitude vocacional numa economia lucrativa, adaptação íntima ao trabalho lucrativo como forma de vida – debilitam-se, pelo menos, como estímulo eficiente para o trabalho, o risco de carecer de elementos de subsistência, já que, no caso da racionalidade material no abastecimento dos participantes nessa economia, eles não podem ser abandonados às consequências de uma diminuição eventual do rendimento do trabalho" (ibidem, p.79).

76 "Socialização completa, no sentido de economia planificada puramente de direção administrativa e *socialização parcial* (de ramos da produção), conservando o cálculo de capital, acha-se em todas formas mistas, em duas direções fundamentalmente diferentes apesar da identidade de fins. Todo racionamento do consumo e, em geral, toda medida que influa na distribuição natural dos bens constituem o primeiro grau de uma economia planificada." (p.80).

77 "A expropriação de todos os trabalhadores dos meios de produção pode significar praticamente: 1) a direção pelo quadro administrativo de uma associação; toda economia unitária e *socialista* racional manteria também (justamente por sê-la) a expropriação de todos os trabalhadores, realizada mais plenamente do que na empresa privada" (ibidem, p.102-3).

78 O problema da criação de uma economia, planificada ou não, não é, desta forma, naturalmente um problema científico. Cientificamente cabe a pergunta somente: dada uma forma determinada, quais as consequências previsíveis? ou dito de outra maneira, que é o que terá que aceitar-se inevitavelmente no caso que suceda? (ibidem, p.80-1).

do ser insuficiente a abolição da propriedade privada dos meios de produção para que a alienação desapareça.[79] A pessoa *concreta* (total) inexiste, seu lugar é ocupado por aptidões e capacidades valorizadas pelo sistema;[80] dá-se a coexistência da *onipotência do Estado e da impotência do indivíduo*,[81] que conduz à alienação não participante, ao refluxo do operário à vida privada,[82] enquanto predomina uma *burocracia política*, que exerce essa política como *profissão*, usufruindo os privilégios materiais decorrentes.[83]

Como alternativa, Weber propõe a organização dos interesses do consumidor, estabelecendo imensa cooperativa de consumidores que regularia a produção conforme a demanda, implicando a existência de um Parlamento livre, para a defesa do consumidor, que controlaria a produção nacional.[84]

---

79 "A situação aparece claramente. *Em todas as formas de sociedades socialistas conhecidas até o momento aparecem novas formas de alienação*. O que significa que a abolição da propriedade privada dos meios de produção *não* levou *ipso facto* ao desaparecimento da alienação. Pelo fato de o Estado permanecer como órgão de dominação" (Schaff, 1968, p.141).

80 "No sistema socialista, o indivíduo é portador de aptidões e capacidades que, valorizadas ou não pelo sistema, *determinam* suas possibilidades de ascensão. A pessoa concreta *desaparece*" (Almasi, 1970, p.139).

81 "A planificação centralizada exacerba a *onipotência* do Estado, que é acompanhada da *impotência* universal do indivíduo" (Vranicki, 1965, p.281).

82 "A competição socialista tem por finalidade maior produção, é oficializada, dirigida burocraticamente. Isso leva os trabalhadores a confinarem-se no seu trabalho e na esfera da vida particular" (Almasi, 1970, p.133).

83 "A burocratização pelo domínio da burocracia política, atividade política como *profissão* sem controle, daí privilégios materiais, são as condições necessárias e suficientes para constituir uma burocracia política" (Markovic, 1968).

84 "Pois em toda parte, a preocupação com uma garantia corporativa de subsistência foi sempre decisiva para grupos econômicos com pouco ou nenhum capital tão logo se organizaram monopolisticamente. Quem quiser considerar isto como o ideal de um futuro *democrático* ou *socialista* será bem-vindo a fazê-lo. Mas o superficial diletantismo dos *literatti* confunde a monopolização de interesses de lucro e de salários como o ideal, tão frequentemente difundido atualmente, de acordo com o qual a produção de

Finalmente, manifesta Weber sua vontade subjetiva de adesão à social-democracia alemã; porém não o faz, para não renunciar ao direito de manifestar sua opinião ante o povo e o Estado e também isentando-se de auxiliar a ação autodestrutiva dos *ideólogos*, manifestando seu desejo de reforçar sem reservas as conquistas da revolução no sentido de um planejamento socialista.[85]

A passagem da teoria da administração à sociologia da organização se dá com Weber, especialmente com seus estudos a respeito da burocracia, cujo contato direto sentiu por ocasião da Primeira Grande Guerra. Administrando hospital da Alemanha, dirigido por burocratas não especializados, converteu-os de *diletantes* em *burocratas racionais*. De agosto de 1914 ao outono de

---

mercadorias seja adaptada no futuro às necessidades e não a interesses de lucro, como na atualidade – uma confusão que se verifica repetidamente. Pois, para a realização deste último ideal seria obviamente necessário partir não de uma cartelização e monopolização de interesses de lucro, mas exatamente do oposto: a organização dos interesses do consumidor. *A organização econômica do futuro teria que ser estabelecida não à maneira de cartéis, associações e sindicatos compulsórios de produtores, controlados pelo Estado, mas à maneira de uma imensa cooperativa de consumidores compulsória controlada pelo Estado*; esta cooperativa, por sua vez, regularia a produção de acordo com a demanda, como já o fazem algumas cooperativas de consumidores (pela produção própria). Ainda uma vez, não se pode imaginar como os interesses *democráticos* – aqueles da massa dos consumidores – possam ser protegidos de outra maneira, que não através de um Parlamento que também possa controlar continuamente a produção nacional" (Weber, 1958b, p.385).

85 "O orador (M. W.) declarou-se de acordo com numerosos membros do Partido Social Democrata, especialistas em Economia. E se ele, apesar de sua vontade, não aderiu a este partido, é porque não podia renunciar à sua independência, ao direito de manifestar sua opinião ante o povo como ante a autoridade. Tanto mais que, no momento atual, não pretende ele auxiliar a ação autodestrutiva do socialismo, que tem como palco alguns círculos ideológicos em Berlim e Munique (Spartakusbund e Kurt Eisner). Queremos reforçar sem ambiguidade e sem reserva as conquistas da revolução, até o momento essencialmente *negativas*, trabalhando a favor de um planejamento socialista" (ibidem, p.472).

1915 trabalhou nessa unidade. Aposentado, preocupou-se em estudá-la sistematicamente.

Para os estudiosos da sociologia das organizações, Weber representa ponto central na análise da burocracia. Não só o seu estudo é considerado por Peter Blau como o trabalho geral mais importante a respeito, como há mais de 40 anos ele influencia as pesquisas.[86]

Litterer aponta como elemento para estudo da organização formal os escritos de Weber.[87] Saughnessy adota totalmente o conceito weberiano de burocracia como *padrão* de racionalidade tendente a fins.[88] Peter Heintz atribui a Weber o início do estudo da burocracia e de seu caráter instrumental.[89] Johnson atribui a ele o início da sociologia das organizações[90] a quem confe-

---

[86] "A análise teórica perceptiva e incisiva dos princípios da burocracia feita por Max Weber é, sem dúvida, o trabalho geral mais importante a respeito das organizações formais. Desde a sua publicação, no *Wirtschaft und Gesellschaft*, há mais ou menos 40 anos, ele tem exercido profunda influência sobre quase todos os pensamentos e pesquisas subsequentes, neste campo" (Blau & Scott, 1970. p.40).

[87] "Muitas vezes – o controle do desempenho dos membros de nível mais baixo na organização – isso assume a forma de deveres e responsabilidades mais específicos, regras e normas formalmente estipuladas e maior insistência sobre a competência individual – em suma a instalação de burocracia..." Para maior estudo ver: Gerth, 1958, p.196-216; Litterer, 1968, p.459.

[88] "Weber, um sociólogo alemão, escrevendo no início do século, disse que os meios mais racionais para se atingirem os objetivos prescritos de uma organização seria uma burocracia" (Saughnessy, 1968, p.77-8).

[89] "Desde que Max Weber estudou tais grupos secundários, tendeu-se a considerar a burocracia como uma forma particularmente *racional* da dominação. Esta interpretação destaca o caráter instrumental que possui a burocracia nas mãos de quem detém o poder." (Heintz, 1965, p.134-5).

[90] "A moderna análise sociológica das organizações convencionais teve início com a obra de Max Weber" (Johnson, 1960, p.227). Escreve o autor em continuidade: "Este relato baseia-se em duas traduções da obra de Weber: *The Theory of Social and Economic Organization*, trad. por A. M. Handerson e Talcott Parson. Oxford University Press, 1947. p.329-41; e *From Max Weber*: Essays in Sociology, trad. por H. H. Gerth e C. Wright Mills, Oxford University Press, 1946. p.196-244" (Johnson, 1960, p.337).

re a qualidade de tratamento *clássico* da burocracia.[91] Merton identifica-se ao coro, destacando que a análise clássica do fenômeno burocrático se deve a Weber.[92] Bendix destaca a influência weberiana em Moore e o fato de Weber ser o sociólogo europeu mais citado nos Estados Unidos.[93] Frankel nota que Weber dedicou *muita* atenção ao fenômeno burocrático, definindo-o como *admirador* da burocracia.[94]

O que é real é que Weber estudou a burocracia porque via na sua expansão no sistema social *o maior perigo ao homem*. Estudou-a para criar os mecanismos de defesa ante a burocracia.

O que significa *burocracia* para Weber? A burocracia para ele é um tipo de poder. Burocracia é igual à organização. É um sistema racional em que a divisão de trabalho se dá racionalmente com vista a fins. A ação racional burocrática é a *coerência* da relação entre meios e fins visados.

Assim, para Weber a burocracia implica predomínio do formalismo, de existência de normas escritas, estrutura hierárquica, divisão horizontal e vertical de trabalho e impessoalidade no recrutamento dos *quadros*.

---

91 "O tratamento clássico da burocracia encontra-se nas obras de Max Weber. Vide *From Max Weber*, Essays in Sociology, trad. por H. H. Gerth e C. Wright Mills. Oxford University Press, 1946. p.196-244, 416-44" (ibidem, p.361).
92 "O tipo ideal de organização formal é a burocracia e, em muitos aspectos, a análise clássica da burocracia é de M. Weber" (Merton, 1964, p.202).
93 "Seus temas de pesquisa – Moore – se encontram significativamente no triângulo indústria-burocracia-política. Aqui é inegável o influxo temático e teórico de *Wirtschaft und Gesellschaft* de Max Weber", p.210. "Atualmente – nos EUA – é talvez Max Weber o sociólogo europeu mais citado" (Dahrendorf, 1965, p.229).
94 "Conforme era de se esperar Weber dedicou muita atenção ao fenômeno da burocracia, porque viu seu maior exemplo na prussiana. Sua análise ressaltou grande número de características da burocracia: essa era impessoal. Ignorava a democracia, no sentido de que, embora os partidos no poder se revezassem, a burocracia mantinha-se intacta. Uma vez estabelecida era de difícil destruição. No entanto, ele admirava a burocracia porque favorecia uma administração racional realista" (Frankel, 1972, p.40).

Assim, a administração burocrática para Weber apresenta como notas dominantes a especialização, o fato de constituir-se em profissão e não em honraria; a separação do administrador dos meios de administração, a fidelidade impessoal ao *cargo*, a remuneração em dinheiro. A nomeação do burocrata é sempre feita por autoridade superior a ele, e sua atividade constitui carreira que finda com sua aposentadoria do serviço.

Na medida em que no capitalismo a unidade de produção dominante for a indústria gerida burocrativamente, a burocracia se torna fator social dominante.

Weber aponta, paralelametne à burocracia, os serviços funcionais com continuidade; cada funcionário tem autoridade necessária ao desempenho de suas funções: enquanto os cargos superiores na estrutura têm direito à supervisão, os inferiores têm direito à apelação. Há separação estrita entre os fundos oficiais que pertencem ao Estado e os fundos particulares do burocrata.

Nos seus estudos a respeito da burocracia patrimonial, pré-capitalista, Weber nota que o funcionário e o monarca podem ou não cuidar de assuntos oficiais; a delimitação entre a área *privada* e *pública* é tênue, o recrutamento do pessoal de supervisão obedece a padrões de lealdade pessoal. Os cargos administrativos são parte integrante da comunidade doméstica do rei e constituem propriedades próprias. Os assuntos oficiais são resolvidos predominantemente pela comunicação oral do que pela escrita.

Após definir sua tipologia de *burocracia racional*, mostra seu papel nivelador no plano formal: o burocrata, que obedece à autoridade com base na lei, e o povo são formalmente iguais. Mostra o *condicionamento técnico* da ação burocrática, especialmente o desenvolvimento dos meios de comunicação modernos[95] que

---

95 "Concluindo, entre os fatores basicamente técnicos, consideramos como os promotores da burocratização os meios de comunicação especificamente modernos, inseridos na administração pública por necessidades técnicas

favorecem à *concentração* dos meios de administração nas mãos da burocracia empresarial,[96] atingindo a pesquisa científica especializada.[97] O desenvolvimento da burocracia, para Weber no caso alemão, significou a impossibilidade de formar uma *elite política* à altura do país.

Uma Nação sem formação política fora dominada por uma burocracia *tecnicamente* capaz, porém *politicamente* inepta. O desenvolvimento da democracia na Europa e EUA processou-se paralelamente à burocracia,[98] porém, tais processos democratizantes podem estar a serviço de interesses capitalistas.[99] Daí prevenir

---

(vias fluviais, terrestres, ferrovias e telégrafo). Na atualidade, têm a mesma função que desempenhavam no Oriente Antigo os canais da Mesopotâmia e a regulação das águas do Rio Nilo" (Weber, 1964a, v.I, p.716).

96 "A estrutura burocrática pressupõe o surgimento paralelo da *concentração* dos meios materiais nas mãos do chefe. Isso se dá nas empresas capitalistas privadas que apresentam essa característica" (ibidem, p.722).

97 "Ainda no terreno da pesquisa e conhecimento científico, a burocratização nos *Institutos* permanentes das universidades aparece como condicionada pelas crescentes necessidades dos meios materiais de produção. E por sua concentração nas mãos dos chefes oficialmente privilegiados se produz uma separação entre a massa dos investigadores e professores e seus *meios de produção*, análoga a que aparece na empresa capitalista entre os trabalhadores e os meios de produção" (ibidem, p.723).

98 "Dentro da própria administração oficial, o progresso da burocratização na França, Estados Unidos e atualmente na Inglaterra se dá paralelamente com o desenvolvimento da democracia. Naturalmente há de se ter em conta que a palavra *democracia* pode induzir a erro. O *demos*, no sentido de uma massa inarticulada, não governa numa das sociedades numerosas por si mesmo, e, sim, é governado, mudando somente a forma de seleção dos chefes de governo e a proporção da influência que podem exercer, ou melhor dito, que podem exercer outros círculos procedentes de seu seio por meio do controle de uma chamada *opinião pública* sobre o conteúdo e direção da atividade do governo. No sentido aqui apontado, a *democratização* não deve significar necessariamente aumento da participação efetiva dos dominados no domínio interno da organização considerada" (ibidem, p.724).

99 "Também a burocratização e nivelação social no interior das organizações políticas, especialmente as oficiais, favoreceram na época moderna o capitalismo e realizaram-se muitas vezes em íntima relação com o mesmo" (ibidem, p.728).

Weber *contra a tendência a exagerar o paralelismo entre burocracia e democratização;*[100] sob influência dos diplomas credenciadores pode ela estamentalizar-se,[101] ela se realiza como *nivelação dos dominados e como participação passiva.*[102]

Num Estado Moderno, ela é inevitável[103] e a crescente intervenção do Estado na economia favorece seu desenvolvimento,[104] acompanhando a ampliação do sistema capitalista de produção.

---

100 "A democratização, no sentido de nivelamento da articulação profissional por meio de um *Estado burocrático*, é uma realidade. Resta somente uma alternativa: deixar a massa dos cidadãos de um Estado *autoritário* estruturado burocraticamente, sem Parlamento, sem direitos e sem liberdade, governada como uma massa informe, ou inseri-la no Estado na qualidade de cliente. Mas, um povo senhoril – somente um povo assim pode pesar na política mundial – não tem neste quadro nenhuma escolha" (ibidem, p.279).

101 "A criação de diplomas concedidos por institutos técnicos e universidades, o clamor pela criação de títulos em todos os setores em geral estão a serviço da formação de uma camada privilegiada nas repartições oficiais e nos escritórios particulares" (ibidem, p.736).

102 "A desigualdade de direitos políticos do passado reduzia-se a uma *desigualdade economicamente condicionada* da qualificação *militar*, inexistente num Exército e Estado burocratizado. Ante o poder nivelador e inelutável da burocracia que originou recentemente o conceito moderno de cidadão, o instrumento de poder representado pela seleção eleitoral *é a única* coisa que pode oferecer àqueles que participam como portadores de mínimos direitos a *determinação comum* nas questões referentes à comunidade, em nome da qual dão sua existência" (Weber, 1958b, p.256).

103 "O desenvolvimento das formas *modernas* de associação da mais variada espécie (Estado, Igreja, Partido, Fábrica, Uniões, Fundações) coincide totalmente com o desenvolvimento crescente da administração burocrática. Seu aparecimento é, por exemplo, o gérmen do moderno Estado no Ocidente. Apesar de todos exemplos em contrário, sejam representações colegiadas, comitês parlamentares, ditaduras e *Conselhos*, funcionários honorários e juízes não profissionalizados, não devemos deixar-nos enganar ou equivocar que todo *trabalho contínuo* realiza-se por *funcionários* em seus escritórios (Weber, 1964a, v.I, p.164).

104 "A necessidade de uma administração permanente, rigorosa, movida pelo cálculo racional, tal como fora criada com certeza e inegavelmente pelo capitalismo (sem a qual não pode subsistir), que o socialismo racional deverá incrementar, determina o caráter da burocracia como medula da administração de massas." (ibidem, p.165).

Weber *não nega* o papel da burocracia numa sociedade de massas, sua função necessária, *mas combate o domínio absoluto da burocracia sobre a sociedade.* Para Weber a ação da burocracia, que é *racional* quando limitada a sua esfera, *torna-se irracional* quando atinge outras esferas. O burocrata pode ser ótimo funcionário, cumpridor de seus deveres; será, porém, um péssimo estadista.

Enquanto o burocrata sacrifica suas *convicções pessoais* à obediência hierárquica, o líder político caracteriza-se por *assumir* publicamente a responsabilidade de seus atos.

Admitindo a inexorabilidade da mecanização burocrática,[105] mostra ele que hoje tendemos irresistivelmente para esta direção com uma racionalidade mais aperfeiçoada do que a das burocracias pré-capitalistas, razão por que formula a questão: a quem caberá no futuro viver nessa prisão?[106]

Sob o capitalismo na França, por exemplo, a burocratização é acompanhada do monopólio oligárquico dos altos cargos, que, ainda hoje, pertencem aos filhos da alta burguesia.[107]

---

105 "A causa explicativa do progresso da organização burocrática foi sempre a superioridade *técnica* da burocracia sobre qualquer outro tipo de organização. Um mecanismo burocrático desenvolvido atua em relação a outras organizações como uma máquina em relação aos métodos artesanais de trabalho. A precisão, rapidez, continuidade, discrição, uniformidade, subordinação rigorosa, ausência de conflitos e custos são infinitamente maiores numa administração severamente burocratizada e especialmente monocrática, fundada em funcionários especializados, do que em qualquer organização do tipo colegiado ou honorífico" (Weber,1964a, v.2, p.716).

106 "Ninguém sabe ainda a quem caberá no futuro viver nessa prisão, ou se no fim desse tremendo desenvolvimento não surgirão profetas inteiramente novos, ou um vigoroso renascimento de velhos pensamentos e ideias, ou ainda se nenhuma dessas duas – a eventualidade de uma petrificação mecanizada caracterizada por esta convulsiva espécie de autojustificação. *Nesse caso, os últimos* homens *desse desenvolvimento cultural poderiam ser designados como* especialistas sem espírito, *sensualistas sem coração, nulidades que imaginam ter atingido um nível de civilização nunca antes alcançado*" (Weber, 1964a, p.251).

107 "O recrutamento de altos funcionários não é feito na França, apesar das precauções e de *inovações*, de uma maneira absolutamente leal e democráti-

A eliminação do capitalismo privado resolveria o problema da burocratização? Weber crê que aumentaria o nível de burocratização e mais, a situação dos operários dirigidos pelo Estado não mudaria sensivelmente[108] e, ainda, a luta contra uma burocracia estatal pela participação no poder, segundo Weber, é sem esperança.[109] À máquina inanimada alia-se a inteligência empírica

---

ca, pois, *como no passado novamente a alta burguesia parisiense, excluindo qualquer outra classe social, monopoliza as melhores posições na escola (E.N.A.)*, portanto, os mais altos cargos da administração, pois o instituto do concurso, público, aparece como certa prática sistemática, mas *existem certas pré-soluções que esvaziam essas provas de qualquer significado exato*" (Codaccioni, 1/70, p.45).

108 "Pensando bem, observa ele, parece uma coisa horrível que o mundo um dia possa ser povoado somente de professores – fugiríamos para um deserto se ocorresse algo parecido; porém, é agora mais horrível pensarmos que um dia o mundo será invadido por estas engrenagens, ou seja, somente por homens que se prendem a um *carguinho* e aspiram unicamente a um carguinho mais importante – uma condição, como nos papiros egípcios encontramos em medida sempre crescente no espírito da moderna burocracia e, inicialmente, da sua *jovem geração*, os estudantes de hoje. Esta paixão pela burocratização, como é expressa, constitui um verdadeiro desespero" (Weber, 1958a, p.414).

109 "Uma eliminação progressiva do capitalismo privado é teoricamente concebível, ainda que certamente não seja tão fácil como o fazem supor os sonhos de alguns *literatti* que desconhecem o assunto. Essa eliminação com toda certeza não será uma das consequências desta guerra (1914--1918). Mas, suponhamos no futuro, que o capitalismo privado seja eliminado. Qual seria o resultado prático? A destruição da estrutura de aço do trabalho industrial moderno? Não! *A abolição do capitalismo privado significaria simplesmente que também a alta administração das empresas nacionalizadas ou socializadas se tornaria burocrática.* As condições de trabalho diário dos empregados assalariados e dos operários nas minas e estradas de ferro estatais, na Prússia, serão perceptivelmente diferentes, na realidade, das condições nas empresas dos *big-business*? É verdade que há ainda menor liberdade, desde que toda a luta pelo poder com uma burocracia estatal é sem esperança e desde que não há apelação a um órgão que por questão de princípio estivesse interessado em limitar o poder do empregador, como ocorre no caso de uma empresa privada. Essa seria toda a diferença. A burocracia estatal reinaria absoluta se o capitalismo privado fosse elimina-

para fabricar a concha da servidão, em que os homens estarão tão impotentes quanto o felá do Egito Antigo.[110] Não exime os defensores do corporativismo de críticas, de se constituírem nos artífices destas conchas de servidão ao sobrecarregarem as associações profissionais – encargos de Estado – como se daria no Estado corporativo fascista – trabalhando em favor da *ordem*, ou melhor, do *pacifismo da impotência social*. Quem negaria que tal possibilidade não existe no futuro, pergunta Weber.[111] Coloca-se a questão central: ante o avanço da burocracia, como preser-

---

do. As burocracias privada e pública, que agora funcionam lado a lado e potencialmente uma contra outra e assim se restringem mutuamente até certo ponto, fundir-se-iam numa única hierarquia. Este Estado seria, então, semelhante à situação no antigo Egito, mas ocorreria de uma forma muito mais racional e por isso indestrutível" (Weber, 1958b, p.319-20).

110 "Juntamente com a máquina inanimada, a inteligência empírica procura construir a concha da servidão em que os homens serão talvez forçados a habitar algum dia, tão impotentes quanto os felás do antigo Egito" (ibidem, p.320).

111 "Esta concha de servidão, que nossos incautos *literatti* tanto louvam, poderia talvez ser reforçada, prendendo-se cada indivíduo ao seu trabalho (atente-se para os começos no sistema de benefícios colaterais), a sua classe (através da crescente rigidez da distribuição da propriedade), e talvez a sua profissão (através de métodos rituais de satisfazer requisitos do Estado, o que significa: sobrecarregar associações profissionais com funções estatais). *Tal Estado seria ainda mais indestrutível, se na esfera social uma ordem de status fosse imposta aos governados, ligada à burocracia e na verdade a ela subordinada, como nos Estados de trabalhos forçados do passado. Uma estratificação social orgânica semelhante à de tipo egípcia-oriental surgiria, então, mas, em contraste a esta, seria tão austeramente racional como uma máquina. Quem negaria que tal possibilidade jaz nas entranhas do futuro?* Na realidade, isso já foi expresso frequentemente, e a própria antevisão confusa do fato também projeta sua sombra nas produções de nossos *literatti*. Suponhamos por ora que esta possibilidade fosse nossa e *inevitável*. Quem não se riria então do temor de nossos *literatti* de que o desenvolvimento político-social poderia nos trazer, em demasia, *individualismo* ou *democracia*, ou outras coisas semelhantes, e quem não se riria também de sua antevisão de que a *verdadeira liberdade* só se manifestará quando a atual *anarquia de produção* econômica e as *maquinações partidárias* de nossos parlamentares forem abolidas em favor de *ordem social e estratificação orgânica – isto é, em favor do*

var qualquer resquício de liberdade individual?[112] *A ênfase no estudo de Weber a respeito da burocracia deve ser dada não como o é por muitos autores, nas suas virtudes organizacionais, mas no oposto, como defender-se ante este avanço implacável da burocracia?* Esta é a preocupação central de Weber que não esquece de advertir que a burocracia é uma máquina de difícil destruição. No Mundo Antigo ela só caiu com o colapso da estrutura de poder, assim se deu na China, no Egito, no Baixo-Império Romano.[113]

Weber desmistifica a tese segundo a qual é possível vida digna sem os *Direitos do Homem*; em outras palavras, sem a *liberdade política*, de *pensamento* e *expressão*. Isso coloca o problema do controle *político-social* da burocracia.[114]

A chamada *democracia da rua* não implica maior participação popular; a democratização política, mostra Weber, pode *coincidir* com a plutocratização e a formação de uma aristocracia de profissões, como nos EUA, ou a liderança de demagogos ocasionais pode favorecer a plutocratização.[115] O capitalismo e a burocracia

---

pacifismo da impotência social, sob a tutela do único poder realmente a que não se pode escapar: a burocracia no Estado e na economia" (ibidem, p.320-1).

112 "Ante o avanço irresistível da burocratização a pergunta sobre as formas futuras de organização política só poderá ser formulada do seguinte modo: como se poderá preservar qualquer resquício de liberdade *individual* em qualquer sentido?" (ibidem, p.321).

113 "A História nos mostra que, onde quer que a burocracia tenha triunfado como na China, no Egito e, em menor grau, no Império Romano e em Bizâncio, ela não desapareceu senão ao fim do colapso total da cultura dominante" (ibidem, p.318-9).

114 "Afinal de contas, é uma ilusão perigosa *acreditar que sem as conquistas da época dos Direitos do Homem qualquer um de nós, até mesmo os mais conservadores, poderá continuar vivendo sua vida*" (ibidem, p.267).

115 "Não pretendemos entrar no mérito, se uma *democratização* política pode ter como consequência uma efetiva democratização *social*. A ilimitada *democracia* política dos Estados Unidos não impedia, por exemplo, o nascimento sinuoso e despercebido não somente de uma *plutocratização* da propriedade como de uma aristocratização das profissões, cuja influência na história da cultura é tão importante quanto a primeira" (ibidem, p.272).

têm interesse em escapar do controle parlamentar;[116] a opção coloca-se: ou controle Parlamentar ou predomínio da burocracia aliada à plutocracia.[117]

Ante o poder nivelador da burocracia, vê Weber na escolha eleitoral a única arma daqueles que são portadores de mínimos direitos, o povo, aliada ao direito de inquérito do Parlamento. Sua inexistência coloca um dilema social e político: a hegemonia de um Estado, autoritário sobre uma massa informe ou a integração autocrática dessa massa como cliente do Estado.[118]

O direito de inquérito do Parlamento deveria funcionar como chicote sobre o burocrata, chamando-o à responsabilidade.[119] A minoria deve participar ativamente das Comissões;[120] no entan-

---

116 "O sistema da chamada democracia direta é possível, no plano técnico, somente num cantão. Nos grandes Estados de massa, a democracia implica a gestão burocrática; *se não há um Parlamento* ela significa pura e simplesmente *o poder dos burocratas*. Sem dúvida, onde há o poder do *cesarismo* (no sentido mais amplo da palavra) e, portanto, a eleição direta do chefe do Estado ou do prefeito da cidade – como se dá nos Estados Unidos da América do Norte e em algumas comunas deste país – a democracia pode existir *mesmo sem sistema parlamentar, mas não sem o poder parlamentar num sentido absoluto do termo*" (ibidem, p.277).

117 "O *big business*, suspeito pela tola ignorância de nossos ideólogos de manter conluio com o reprovável parlamentarismo, sabe muito bem porque apoia sem restrições a conservação de uma burocracia *não* supervisionada" (ibidem, p.355).

118 "O elemento decisivo, em nosso caso, consiste exclusivamente na *nivelação* dos grupos dominados com respeito aos grupos dominadores burocraticamente articulados, os quais podem possuir por seu lado, de fato e com frequência também formalmente, uma estrutura inteiramente *autocrática*" (Weber, 1944, v.4, p.114). "Na França a revolução e, de um modo decisivo, o bonapartismo tornaram todo-poderosa a burocracia" (ibidem, p.114).

119 "O Direito Parlamentar de Inquérito deveria ser um meio auxiliar e, de resto, um chicote, cuja mera existência coagiria os chefes administrativos a responsabilizarem-se por seus atos de tal forma que o uso do dito chicote não se faria necessário" (ibidem, p.341).

120 "Particularmente – o Direito Parlamentar de Inquérito – deve ser estabelecido incondicionalmente como um *direito da minoria*, digamos, de modo que cem delegados sejam capazes de exigir um inquérito e que tal minoria

to, a burocracia conservadora ocupa os cargos de decisão na Alemanha e é responsável pelo prolongamento indefinido da guerra de 1914.[121] Ela constitui fracasso sempre que pretendeu lidar com problemas políticos, do que decorre *a necessidade de os políticos serem os elementos de equilíbrio contra a dominação da burocracia*,[122] embora a igualdade eleitoral formal encubra às vezes o domínio plutocrático.[123]

Uma Alemanha dirigida por uma burocracia autoritária, sem poder do Parlamento, desenvolveria uma *democratização passiva* na qual os grupos de pressão, legitimados e controlados pela burocracia estatal, seriam os agentes *ativos* da administração corporativa.[124] Para Weber democracia, pelo contrário, significa in-

---

deve também, é claro, ter o direito de ser representada em Comissões, para fazer perguntas e colocar por escrito as opiniões discordantes" (ibidem, p.347).

121 "É inegável que a burocracia fracassou sempre que pretendeu lidar com problemas políticos" (Weber, 1958b, p.339).

122 "Os políticos devem ser a força de equilíbrio contra a dominação burocrática. A isto, entretanto, resistem os interesses de poder dos artífices de programas políticos, executantes que querem ter máxima isenção de supervisão e estabelecer um monopólio de cargos de Gabinete" (ibidem, p.340).

123 "As corporações representativas não são necessariamente democráticas, no sentido da igualdade de direitos eleitorais de todos. Mostrar-se-á, pelo contrário, que a condição fértil, para a existência de uma dominação parlamentar, é uma aristocracia ou uma plutocracia" (ibidem, p.312).

124 "Examinemos em maiores detalhes *esta visão do futuro*. Tal democratização passiva não conduziria, em futuro previsível, à eliminação do empresário privado, ainda que houvesse nacionalização de amplas consequências; antes, isso implicaria uma sindicalização de grandes e pequenos capitalistas, pequenos produtores e assalariados sem propriedade, através da qual as oportunidades econômicas de cada categoria seriam de alguma forma reguladas e aqui jaz o ponto crucial – *seriam monopolisticamente garantidas*. Isto seria socialismo do mesmo padrão que o do *Novo reino* do *Antigo Egito*. *Só seria democracia se fossem tomadas medidas visando a dar à vontade das massas uma influência decisiva na administração desta economia sindicalizada*. É inconcebível como isto poderia ser realizado *sem* uma representação protegendo o poder das massas e controlando continuamente os sindicatos: isto é, sem

fluência *decisiva* da vontade das massas na administração da economia. Um Parlamento ativo, supervisionando a burocracia, é uma das condições para a redemocratização alemã. Sua falta significa a volta *à velha miséria*.[125] Denegrir o Parlamento como fazem os *literatos*[126] significa levar água ao moinho do capitalismo e da burocracia aliados contra a democracia.[127]

---

um Parlamento democratizado *capaz de intervir* nas questões essenciais e relativas ao pessoal desta administração" (ibidem, p.384).

125 "Pois, só um Parlamento ativo e não um Parlamento onde apenas se pronunciam arengas pode proporcionar o terreno para o crescimento e ascensão seletiva de líderes genuínos e não meros talentos demagógicos. *Um Parlamento ativo, entretanto, é um Parlamento que supervisiona a administração, participando continuamente do trabalho desta.* Isto não era possível na Alemanha antes da guerra (1914-1918) *mas deverá sê-lo, depois, ou teremos a velha misere* (ibidem, p.338).

126 "É na realidade uma das mais deslavadas distorções da verdade, se os literatos políticos fazem a Nação acreditar que até o momento o Parlamento alemão não conseguiu produzir grandes talentos políticos. É ultrajante que o atual estilo servil negue a categoria de representantes do *Geist alemão* a líderes parlamentares, tais como: Bennigsen, Stauffenberg e Volk ou a democratas como o patriota prussiano Waldeck; afinal de contas, o *espírito alemão* esteve, no mínimo, tão vigoroso na igreja de São Paulo (em Frankfurt em 1848) como tem estado na burocracia, e sem dúvida, mais ainda do que nos tinteiros desses cavalheiros" (ibidem, p.301).

127 "Quais são as relações existentes entre a *parlamentarização* e a *democratização*? Não são poucos os democratas sérios e apaixonados que veem no *parlamentarismo* um sistema corrupto, ótimo para arrivistas e parasitas, que poderá deformar a democracia, cuja única qualidade é abrir caminho para grupos ansiosos de poder. A política é muito interessante para os ociosos, mas, de resto, é estéril. A vasta categoria de países sente que é simplesmente necessário ter uma boa *administração* e essa só é possível numa *autêntica democracia*, que na Alemanha, entre nós, surgiu o *verdadeiro conceito de liberdade*, ele já existe e é de tipo superior a qualquer outro país e poderá ser ainda melhorado. É claro que os sustentadores de uma liberdade da burocracia livre de qualquer controle servem-se com um prazer particular, de uma coisa e de outra, como elementos de contrastes no seu jogo político: *a democracia* autêntica *é concretizada na sua forma mais genuína, somente quando os advogados que compõem o Parlamento não atrapalham o trabalho concreto dos burocratas.* O imprudente delírio, que assume em nossos literatos a forma de

Por outro lado, a democratização ativa leva à seleção *cesarista* da liderança política num Estado de Massas, implicando a utilização da *técnica plebiscitária*.[128] O *referendum plebiscitário desconhece o conceito de* compromisso, *só é* aplicável em situações de *sim* ou *não*,[129] *aumentando* o impulso demagógico amparado pelos *capitais* que financiam os partidos políticos, além de subtrair à burocracia qualquer controle.[130] O plebiscito em si não abole o Parlamen-

---

autoengano operado com um ingênuo abandono *à palavra de ordem, encontra defensores em todos os setores, como tudo aquilo que serve aos interesses da burocracia e ao capitalismo a ela ligado.* Que se trata de um delírio é óbvio. Entretanto, *que órgãos possui a democracia para controlar diretamente a administração burocrática se o poder do Parlamento é excluído?* (ibidem, p.276-7).

128 "A democratização ativa da massa significa que o líder político não é mais proclamado candidato porque demonstrou seu valor num círculo de *honoratiores*, tendo-se tornado um líder por causa de suas proezas parlamentares, mas significa mais, que ele adquiriu a confiança e a fé que as massas depositam nele e em seu poder com os meios da demagogia de massa. *Em essência, isto significa uma mudança dirigida a uma seleção de caráter cesarista. Afinal de contas, a técnica especificamente cesarista é o plebiscito*" (ibidem, p.381-2).

129 "O *plebiscito*, como uma forma de eleição, bem como de legislação, *tem limitações* técnicas inerentes, pois só se responde *sim* ou *não*. Em nenhum Estado de massas, ele assume a função mais importante do Parlamento, a da determinação do *orçamento*. *Em tais casos, o plebiscito também obstruiria gravemente a passagem de todos os projetos que resultam de um compromisso entre interesses conflitantes*, pois as mais diversas razões podem conduzir a um *não* quando não há um meio de conciliar interesses opostos através de negociações. O referendum *desconhece o compromisso sob o qual se baseia a maioria de todas as leis em todo Estado de massas*, com pronunciadas divisões regionais, sociais, religiosas e outras" (ibidem, p.386).

130 "Quanto mais crescesse a administração direta dos empreendimentos econômicos pela burocracia estatal, *mais inadequada seria a falta de um órgão de controle em relação ao poder, à maneira do Parlamento, de exigir publicamente informações dos funcionários todo-poderosos e de chamá-los à prestação de contas*. Os meios específicos da democracia puramente plebiscitária: eleições populares diretas e *referenduns* e, até mais ainda, o instrumento da cassação do mandato pelo voto popular são totalmente inadequados no Estado de massas para a seleção de funcionários treinados e para a crítica de sua atuação. Desde que a importância do *capital* interessado não é desprezível para as campanhas dos partidos, mesmo em eleições parlamentares, o *poder* deste

to, ao contrário, *ele constitui garantia* de que o depositário cesarista da confiança das massas respeita os acordos constitucionais.[131] Num Estado de massas há o perigo de predomínio do elemento emocional na política.[132] Ele pode ser conjurado, no quadro alemão, pela existência de Parlamento,[133] dos partidos, sindicatos e social-democracia.

Para Weber a reconstrução da Alemanha implicava sua desmilitarização total, eliminação da hegemonia panprussiana[134] e

---

capital e o impulso do mecanismo demagógico amparado por ele aumentariam imensamente se num Estado de massas as eleições populares e os *referenduns* viessem a predominar completamente" (ibidem, p.387).

131 "Entretanto, a sólida organização do partido e, principalmente, a necessidade que o líder tem de treinar e demonstrar seu valor através de participação convencionalmente preceituada em trabalho de Comissão Parlamentar *são uma garantia satisfatória de que esses depositários cesaristas das massas respeitem os acordos constitucionalmente estabelecidos* e de que não sejam selecionados de acordo com um critério puramente *emocional*, isto é, simplesmente segundo qualidades demagógicas no sentido negativo da palavra" (ibidem, p.391).

132 "O cesarismo – que substitui frequentemente a democracia – no nível da organização baseia-se principalmente, considerado do ponto de vista técnico, na posição ocupada pelo *César* enquanto homem de confiança das massas (do Exército ou dos cidadãos), desligado de toda tradição, enquanto soberano limitado e chefe de um quadro de oficiais e funcionários altamente qualificados, selecionados livremente por ele, *sem* atender à tradição ou a outras considerações. Este domínio do *gênio pessoal* está, no entanto, em *contradição* com o princípio formalmente *democrático* da burocracia" (Weber, 1964a, v.2, p.707).

133 Weber admitia a possibilidade de controle dos elementos irracionais da vida política pela *profissionalização* do político, advertindo que "uma Nação se ilude ao pensar que a direção do Estado se esgota no *trabalho administrativo* e que a política seja uma atividade *ocasional* executada por *diletantes* ou um trabalho secundário de *funcionários*" (Weber, 1958b, p.277).

134 A reconstrução alemã para Weber implica:
"1º renúncia explícita a sonhos imperialistas e definição de um ideal nacional rigorosamente autônomo;
2º desmilitarização total, submissão da autoridade militar à civil; consequentemente, formação imediata de uma milícia com caráter puramente defensivo;

eleição de um presidente pelo povo, como expressão de autêntica democracia, onde ocorra a submissão a um chefe que a massa elegeu.[135] Opta por solução centralizadora na relação dos Estados com a União, necessidade imposta pelo conceito planificador inerente à socialização.[136]

A posição de Weber era essencialmente crítica ante a realidade alemã. Verificava ele em relação à burocracia germânica sua perfeição *formal* e sua incapacidade *real*. A incapacidade política de uma classe economicamente decadente, a classe *junker*, e a impossibilidade econômico-social da burguesia em dominar hegemonicamente a sociedade, após a derrota de 1914-1918, plasmaram uma acessível massa a qualquer demagogo totalitário.[137]

3º eliminação da estrutura hegemônica panprussiana do Reich, que significou na realidade o superpoder de uma casta, isto é, um ponto programático mesmo para a democracia prussiana" (ibidem, p.443-5).

135 "Um presidente, eleito pelo povo, que seja chefe do Executivo, do aparelho de controle administrativo e detentor eventualmente de um veto suspensivo e do poder de escolha do Parlamento, embora não autorizado a encaminhar um plebiscito, representa o modelo da autêntica democracia, que não significa impotente renúncia à confusão, mas submissão a um chefe que ela mesma elegeu" (ibidem, p.489).

136 "Somos a favor de uma solução *unitária*. Ademais, por um critério segundo o qual os Estados se encontram ante o poder central em idêntica relação em que se acham os Estados no Canadá e na Austrália. Qualquer solução descentralizadora, avaliada em moeda corrente, não só é muito custosa, mas antieconômica e será sobretudo um obstáculo ao conceito planificador inerente à socialização" (ibidem, p.464).

137 "Numa Nação deste gênero não haverá mais contrapeso à ação do Estado quando o particularismo territorial ceder lugar à Nação unificada; sob hegemonia da Prússia, nascerá na Alemanha a ideia da revolução nacional, base do socialismo nacional. A definição de Max Weber se verifica: sem burguesia política para controlar o poder, impotência interna em face da autoridade monárquica e sonho de grandeza, no exterior. O povo torna-se, após as vicissitudes por que passou por ocasião de sua primeira derrota, uma forma de matéria plástica que um Hitler poderá um dia transformar em Estado *totalitário*" (Vermeil, 1952, v.1, p.131).

No quadro alemão, os parlamentares que quisessem ocupar cargos ministeriais deveriam renunciar às suas atividades político-partidárias. Como o Estado obrigava os políticos a renunciarem a sua atividade específica, perdia boas vocações políticas e ganhava maus administradores. O Parlamento alemão convertia-se assim em mero trampolim para políticos *carreiristas*, à cata de um ministério.

Weber, por outro lado, desconfiava da *democracia plebiscitária* de igual maneira como o fazia com o burocrata. Enquanto este significava nível de racionalização na conduta, a *democracia plebiscitária* corria o risco de fazer prevalecer o emocional nas decisões políticas, que ele na tradição liberal-racionalista reprovava, propondo o controle parlamentar sobre o carisma plebiscitário.

Weber trabalha com antinomias: à burocracia e o carisma, ética de convicção e ética de responsabilidade, democratização passiva e estamentalização.

Critica o apoliticismo da burguesia alemã,[138] que transformara a Nação numa Nação de epígonos,[139] alienando-se do papel de portadora do interesse nacional.[140] Tal alienação e o medo às massas alemãs, às manobras mesquinhas de privilégios eleitorais, deixaram o campo livre à burocracia prussiana, com efeitos retroativos: ela empregava-os contra o setor burguês.[141]

---

138 "Após a unificação nacional se dera a *saturação* política; o surgimento de um espírito particularmente *anti-histórico* e apolítico tomou conta da burguesia alemã que se encontrava em fase ascendente, ébria de sucessos e ao mesmo tempo quietista" (Weber, 1958b, p.21).
139 Isso resultou "na maior maldição a que a História pudesse destinar uma geração: o duro destino de tornar-se politicamente *epígonos*" (ibidem, p.21).
140 "O aspecto ameaçador da nossa situação é que a classe burguesa se aliena do papel do portador do interesse nacional" (ibidem, p.108).
141 "O exemplo da Áustria sob o Conde E. Von Taafe (1879-1893) demonstra que todos os partidos burgueses no poder em virtude dos privilégios eleitorais, quando deixam à burocracia a arma demagógica da ameaça do direito eleitoral, *não podem evitar* que a mesma seja empregada contra eles, quando se acham em perigo os interesses primordiais da burocracia. O mesmo

Weber estava atento aos fundamentos econômicos do poder, às suas determinações sociais e à sua influência no comportamento político, independentemente da forma de organização do Estado, fosse plebiscitário, monárquico ou parlamentar.[142]
Embora reconhecendo que a luta eleitoral constituía o elemento estrutural que mantém os partidos,[143] via com pessimismo a reconstrução alemã, após a Guerra de 1914-1918 ser posta em xeque pela direita e pela esquerda, num regime parlamentar em que o Parlamento era o foco central de uma política que ele definia como *negativa*.[144] Impossibilitado de controlar a burocracia, o Parlamento era manipulado por esta, transformando-se numa casta de apaniguados e carreiristas. Salientava sua preocupação em auxiliar a reconstrução alemã ampliando as conquistas democráticas, propondo coalizão burguesa-socialista[145] num

---

    sucederia aos partidos burgueses alemães no seu confronto com Bismarck, se tivessem abolido o sufrágio universal" (ibidem, p.235).

142 "Há pouco sentido falar no papel do regime parlamentar francês desempenhado pelo *capital financeiro*, que influi na escolha de ministros, pensando que naturalmente é uma consequência do fato de que a França é um Estado de *rentiers* que tendo o controle político e econômico, manifestado pela cotação na bolsa de valores, constituindo para o milhão e meio de pequenos rentistas o índice decisivo da avaliação da capacidade dos ministros. *O Banco deve ser considerado no Governo, não importa se monárquico, parlamentar ou plebiscitário*" (ibidem, p.238).

143 "A última *ratio* de toda política moderna de partidos consiste na luta e voto eleitoral" (ibidem, p.250).

144 "Esse Parlamento só pode se envolver em *política negativa*, isto é, enfrentar os chefes administrativos como se o Parlamento fosse um poder hostil; nessas condições o Parlamento receberá o mínimo indispensável de informações e será considerado como um conglomerado de críticos impotentes e sabichões. Por sua vez, a burocracia facilmente se apresentará ao Parlamento e aos eleitores deste, como uma casta de carreiristas e apaniguados que submetem o povo às suas atividades importunas e em grande parte supérfluas" (ibidem, p.328).

145 "Queremos auxiliar a reforçar as conquistas democráticas. Mas na forma de um governo paritário burguês-socialista. Comprometendo o socialismo com a incapacidade revelada no domínio econômico pelos nossos *literatti*,

quadro de centralização política, condição básica, segundo Weber, para implantar o planejamento e a socialização política, condição básica para livrar o país dos males da descentralização.[146] Tal situação seria posta em xeque, se por acaso a Nação alemã não tomasse consciência da época histórica em que vivia: perdida a guerra, a defesa do regime, que ele qualificava como *repugnante*, a colocaria à mercê de uma nova força autoritária, não importa de que tendência, sempre vinculada aos interesses da indústria pesada interessada nas guerras,[147] financiando partidos políticos.[148]

Weber torna muito claro que o desenvolvimento da burocracia, inerente à época moderna, não implica uma democratização *ativa*; a burocracia pode colocar-se a serviço de diversos interesses de dominação. Propõe então que se proceda em cada caso histórico, em particular, ao exame do *sentido* da burocratização,[149] embora reconheça que a burocratização e o cesarismo[150] sejam o

---

existe um fato irreversível: encontramo-nos sob ocupação estrangeira" (ibidem, p.470).

146 "Qualquer solução descentralizadora, avaliada em moeda corrente, não é somente muito cara, mas antieconômica e aparece como um obstáculo ao conceito de planejamento inerente à socialização" (ibidem, p.464).

147 "Os Bancos que financiam empréstimos de guerra e grandes setores da indústria pesada – não só os provedores diretos da blindagem e peças de artilharia – *estão pelo menos interessados em que haja guerra*" (Weber, 1944, v. 4, p.45).

148 "Outros partidos alemães da direita *são financiados pela indústria pesada*; o Partido do Centro, ocasionalmente, por *multimilionários católicos*" (ibidem, v.I, p.303).

149 "E também a este respeito – seu *efeito social* relativamente nivelador – há que considerar a burocracia, em si mesma um instrumento de precisão, que pode colocar-se *a serviço* de diversos interesses de mando, tanto do tipo puramente político como puramente econômico ou de outra índole. Por esse motivo *não* deve exagerar-se, por típico que seja, seu paralelismo com a democratização... Assim, ter-se-á que proceder *em cada caso histórico particular* ao exame sobre que sentido *especial* se deu à burocratização" (Weber, 1964a, v.2, p.729).

150 "A ação política é sempre determinada pelo princípio dos *pequenos números*, isto é, a elasticidade política superior de pequenos grupos líderes. Em Es-

destino inevitável do povo governado num Estado de massas. Por outro lado, alerta quanto a um problema metodológico: o método individualista, definido no tipo ideal ou no conceito de ação social, não implica a valorização positiva do *individualismo*,[151] da mesma forma que a crença no predomínio dos motivos racionais não é uma valorização positiva do *racionalismo* enquanto tal.

Isto explica o fato de a Constituição de Weimar, na qual Weber colabora como redator, ter sido vista como *importação estrangeira*, obra *de judeus* ou fruto de ideias anglo-americanas no plano constitucional, não levando em conta o *caráter nacional alemão*. O liberalismo na Alemanha fora implantado como flor exótica, de importação.

Objetivamente, a obra de Weber representa o último combate da burguesia progressista na Alemanha, *a autoconsciência de sua crise* que levaria à *revolução do niilismo* com os nazistas no poder.

A obra de Weber representa *o reflexo e o protesto contra as condições retardatárias de uma Alemanha* onde o liberalismo nunca se realizara na sua plenitude, ou melhor, a hegemonia da burguesia como força material na sociedade germânica não se dera de forma definida e sim mediante o compromisso com a aristocracia e setores da classe média enquadrados na burocracia.[152]

---

tados de massa, este elemento cesarista é inextirpável" (Weber, 1958b, p.336).

151 "Em todo o caso deve eliminar-se o enorme equívoco implicado no fato de pensar que um método individualista significa uma *valorização individualista* (em qualquer sentido), como a opinião de que uma construção *conceitual* de caráter inevitavelmente (em termos relativos) racionalista significa uma crença *no predomínio dos motivos racionais* ou simplesmente uma valorização positiva do racionalismo" – agregando que – "*A absoluta* racionalidade na ação visando a fins, é, no entanto, um caso limite, de caráter essencialmente construtivo" (ibidem, p.17 e 24).

152 "A democratização no sentido do nivelamento da articulação profissional por intermédio do Estado burocrático é uma realidade. Sobra uma alternativa: deixar a massa de cidadãos de um Estado autoritário amparado por uma estrutura burocrática, sem Parlamento, sem direito e sem liberdade,

Só é possível compreender os dados de Weber, no sentido hegeliano de que não se pode compreender uma verdade se não a ligarmos ao movimento do pensamento que a engendra.

Weber, na medida em que critica os erros do passado, quando as consequências estão surtindo efeito, teve a lucidez e coragem, apesar dos riscos dessa atitude, de denunciar as inconsistências do bismarckismo, mostrando alternativas a serem seguidas. Weber combate na *frente teórica*.

Na impossibilidade de uma ação política concreta imediata, transpôs sua atividade para ação intelectual ligada aos problemas mais imediatos. O combate era sua lei e seu destino.[153] Embora não pudesse desenvolver uma luta aberta no plano político imediato, exerce sua influência pela sua obra escrita. A obra de Weber não se origina da intelectualidade *desenraizada*; há relações entre seu neokantismo, sua epistemologia idealista e seu *ethos* político liberal. É porque está preocupado com o *futuro* que Weber estuda o *passado*. Pretende defender o futuro, *o futuro de sua classe na reorganização alemã*.

Seu socialismo, por meio de cooperativas dirigidas pelo Estado, advém de seu idealismo. Weber defende o idealismo das opções do político em relação a valores, mas é impossível dirigir a realidade somente com ideias: uma teoria se torna força material quando é apreendida pelas massas e Weber estava afastado delas.

O utopismo de Weber consistia em opor à burocracia prussiana o sistema de controle parlamentar inglês.

---

governada como uma horda ou inserida no Estado na qualidade de *cliente*. Mas um povo de senhores e somente um povo assim tem a capacidade de fazê-lo e *ele consentiu em fazê-lo*, antes de mais nada; não tem nesse assunto nenhuma outra escolha" (ibidem, p.211).
153 "Ante o *sonho de paz* e felicidade para o homem, no frontispício da porta do futuro desconhecido da história humana, está escrito: *lasciati ogni speranza*" (ibidem, p.91).

É necessário situá-lo no jogo das alianças e divergências que se formam no decorrer das lutas intelectuais do momento na República de Weimar, isto é, a *descontinuidade* na elaboração das ideias, a *presença inimiga*, a reação a uma posição oposta.

A influência, signo da *continuidade* que explicará o que há de criador no pensamento de um autor, só tem valor explicativo na medida em que é julgada em função do que separa e opõe mais do que liga e continua. É *ultrapassando* Kant que Hegel se firma como representação do movimento interno do pensamento à procura de si; é *criticando* Hegel que Marx funda o materialismo dialético. A única fidelidade válida na história do processo da formação e do desenvolvimento das ideias é a fidelidade criativa, que constitui *superação*.

A transposição, que Marx efetua de Hegel, é uma recolocação da dialética num plano novo. A transposição surge do aprofundamento amplo dos dados que ela remaneja basicamente, libertando-os de sua imediatez, assim como muda a tonalidade de seus elementos isolados que por sua *mediação* são constituídos em complementos. São *momentos históricos* que precisam ser superados. A transposição significa o abandono de uma parte que é transposta e a integração de outra em nível diverso. Os *momentos históricos* são efeito e causa da transformação; por sua vez o movimento que prolonga é o que supera. Os limites são encarados como *momentos*, pontos de superação.

No momento mais agudo da crise, quando as contradições externas da sociedade aparecem, a lucidez torna-se maior: "A coruja de Minerva levanta voo quando cai a noite". A consciência retardatária existe mesmo quando ela é prospectiva. Por isso Marx definia que uma época só coloca os problemas a que pode responder. A tomada de consciência dos problemas de uma época se dá quando a época impõe seu encaminhamento à solução necessária. Os problemas dominantes de uma época exprimem as contradições das relações reais dominantes. Os pensamentos que preponderam são aqueles que têm consciência do caráter descontínuo do processo da consciência em relação à realidade, que na unidade do múltiplo dos seus aspectos contraditórios a *supera* traduzindo no plano intelectual as relações ativas entre os *ideólogos* ativos da classe que domina e a *conjuntura concreta do processo histórico*; nesse sentido, é que as ideias dominantes são as da classe dominante, como enunciava Marx.

É necessário analisar o conteúdo objetivo do produto ideológico e a vontade consciente do ideólogo, julgando a respeito da significação objetiva de seu discurso. Todo criador situa-se num campo de objetividade, queira-o ou não, na totalidade em que trabalha, reproduzindo-a em sua linguagem, pois só em relação a ela define sua *função real*.

A política weberiana aparece *sem* base social estruturada, hostil à aristocracia,[154] desconfiada do movimento operário.[155] Isto limitou a capacidade doutrinária de Weber – doutrina sem público. Weber não podia acomodar-se ao *ethos* burocrático prussiano da Alemanha bismarckiana[156] e pós-bismarckiana,[157] nem colocar-se a serviço de partidos acósmicos *cristãos* ou reacionários de direita, autoritários.

Weber via a partir de seus estudos iniciais o papel do fator econômico e a *Verein* tinha por objetivo estudá-lo; via o antagonismo capital *versus* trabalho, e, assim, não podia acomodar-se ao *ethos* burocrático dominante. Em consequência perde uma nomeação para uma cátedra em Berlim, quando Von Putkamer se recusou a nomeá-lo por suas críticas à burocracia prussiana. De outro lado, é colocado fora da lista dos candidatos do Partido Democrata Progressista Alemão. Era-lhe vedado pertencer à social-democracia, dado ser pensionista do Estado, afastado do magistério universitário por doença pertinaz.

---

154 V. cit. nº 4, cap.4.
155 V. cit. nº 10, cap.4.
156 V. cit. nº 12, cap.4.
157 V. cit. nº 55, cap.4.

As opiniões de Weber sobre a Alemanha não conseguiram larga audiência por oporem-se ao reacionarismo *junker*, ao *marxismo* que cultivava a doença infantil do *esquerdismo* (condenada por Lenin) de Kurt Eisner e ao marxismo edulcorado da social-democracia de outro, sem falar dos pangermanistas da direita.

Pretendia Weber uma elite política fundada na competência do manejo do elemento *político* e não só na tradição, fosse ela *junker* ou burocrática. Assim, Weber era detestado pela intelectualidade conservadora – (veja-se sua discussão com Spengler pelo rádio após 1918) –, pelos antiliberais da alta e média burguesia, *tolerado* resignadamente por setores da média e pequena burguesia liberal, impotentes para contrapor-lhe um intelectual de seu nível que desse expressão adequada aos seus interesses de classe. É um franco atirador da cultura e um grande isolado, tendo tomado no decorrer de sua vida posições ideológicas contrárias aos interesses da burguesia tanto antiliberal como liberal, da classe *junker* antiliberal e contrários ainda ao socialismo. *Era fatal o seu isolamento.*

De seus textos, emerge a profunda decepção do intelectual ante a *praxis* política dos liberais, direitistas e *diletante* da esquerda alemã. Entende-se assim a postura de Weber em manter-se no plano estritamente intelectual, de *scholar* universitário.

Afastado das massas, não confia nelas para a mudança social, mas na capacidade das elites, que não existiam na Alemanha de sua época. Não aderira às ideias racistas veiculadas por Chamberlain e Gobineau e difundidas na Alemanha pelos ultragermanistas e nacionalistas de sua época. Estes copiavam os escritos racistas de ingleses e franceses que estimulavam o etnocentrismo germânico. A ideologia pequeno-burguesa da direita alemã traduzia-se no fervor em acolher a moda *estrangeira*, fora da corrente real dos fatos nacionais (apesar de ser nacionalista), devido ao *desenraizamento ideológico*. Este era favorecido pela camada de intelectuais que na época de Weber se orientavam decididamente rumo ao irracionalismo, desde o renascimento dos temas irracionalistas do romantismo alemão à elaboração dos programas políticos *anticapitalistas*, em que a *comunidade* e a terra eram idealizadas em detrimento da sociedade moderna dividida em classes e urbana. Spengler aparece como um dos ideólogos *acabados* do irracionalismo no plano da filosofia da história, do mesmo modo que Carl Schmitt, no plano do pensamento político. O intelectual pequeno-burguês não percebia isto, justamente pelo fato de sê-lo.

No plano europeu, vimos os discípulos de Ortega y Gasset estruturarem o ideário da Falange; o idealismo neo-hegeliano de Croce aparece como muito afim de Gentile, filósofo oficial do fascismo.

Assim como o irracionalismo de Ortega y Gasset, contrário à cultura humanista ligada à inexistência de uma burguesia espanhola autônoma, contribui para o falangismo, o irracionalismo que toma a forma de *crise da consciência* da intelectualidade alemã na época que transcorre entre 1880 e 1920 contribuirá para o nazismo. Weber percebeu o sentido reacionário do *irracionalismo* e do anti-intelectualismo.

Sempre afirmou seu racionalismo, nunca procurou uma terceira via para conciliação entre idealismo e materialismo, causa de constituir-se em barreira à penetração ideológica do irracionalismo, à proliferação do pangermanismo, a etnocentrismos e demais ideologias obscurantistas. Em Weber, *reflete-se* a crise ideológica da consciência social burguesa. É uma reação lúcida à *quebra da razão*, àqueles que preferem fazer o *sacrifício do intelecto, para o qual as velhas Igrejas estão misericordiosamente abertas*.

O importante é a possibilidade de despertar do *sono dogmático*, pensar e refletir criticamente com Weber e não *polemizar contra* Weber, sem subterfúgios, escamoteação dos problemas centrais, penetrando na reflexão efetiva para superar, isto é, absorver a contribuição de Weber e excedê-la. *Superar* em Weber as limitações do tempo e contexto social em que se situa a sua obra; discuti-la *sem* compromissos ideológicos *que impliquem o sacrifício do intelecto* com o respeito que uma obra do porte que ele nos legou implica.

A obra de Weber é profundamente polêmica; o ambiente intelectual em que ele viveu explica sua obra e a incompreensão de que tem sido vítima. Mas esse ambiente aparece em Weber, constitui seu quadro ideológico, seus pontos de referência intelectuais, não existe de *per si* autonomamente, radicado numa sociedade de classes. *Sendo esta realidade social contraditória, sua reflexão intelectual também o é*. Na sua obra reflete-se a realidade social ambígua, que ele estudou para, em seguida, procurar transformá-la.

A obra de Weber é profundamente polêmica; todas autênticas obras o são, haja vista a obra de Marx. A polêmica é a maneira de Weber intervir na *coisa pública*. Estas polêmicas lhe foram impostas por adversários que as provocaram, obrigando-o a reagir.

Como Weber influi na realidade alemã, como intelectual, escritor e polemista no jornalismo?

Ele influi pela crítica de ideologias ineptas, superadas pelo processo histórico, desmistificando-as, mostrando assim sua nocividade social.[158] Realiza-a em função de sua *ética de convicção*, do senso de responsabilidade social que lhe é inerente, para que o meio germânico profundamente viciado pelo ideário bu-

---

158 "As probabilidades de representação profissional não são escassas. E serão grandes nas épocas de *estabilização do desenvolvimento* técnico-econômico. Independentemente delas, *a vida dos partidos cessará* completamente. Enquanto isso, não existe, não é cabível pensar que a representação profissional elimine os partidos. Desde os *Conselhos de Fábrica* – onde podemos já observar o processo – até o Conselho Econômico do Reich, criam pelo contrário *uma massa de prebendas para os partidários fiéis*, que são, penso eu, aproveitadas. *A vida econômica adquire cor política e esta, cor econômica*. Ante estas probabilidades, podem-se ter várias posições conforme o valor supremo que se adote. Mas, os fatos são assim e não de outra forma" (Weber, 1964a, v.I, p.315).

rocrático e pangermanista se transforme, e nessa transformação crie condições para que tais ideologias não possam subsistir.

Nos seus escritos, Weber sente as condições alemãs, não as aceitando, porém, com passividade, nem se deixando modelar, reagindo com vigor crítico a uma República de funcionários. Através da mudança de atitude dos intelectuais e universitários que tomaram conhecimento de seus escritos, Weber procurou transformar as condições reais que os suscitaram por intermédio da modificação da atitude do intelectual universitário ou não. Desta maneira, sua obra se articula na realidade alemã, da qual constitui o retrato sem retoque e sem concessão. Aí há um processo de reflexão da prática social-material pela prática ideal (individual-social); é a ação de pensar a realidade. Por isto, toda obra intelectual está definitivamente marcada pela temporalidade; na medida em que tem consciência dessa dimensão, perde seu caráter ideológico, opera-se a ação recíproca (realidade--pensamento e vice-versa).

Não basta situar que Weber reflete a existência social alemã. É necessário dizer que em sua obra se refletem *dialeticamente*, de forma contraditória, as tensões da realidade social, que ela tem por finalidade estudar para contribuir para sua transformação.

Para fixarmos a análise ideológica da obra de Weber, precisamos definir as condições de produção de sua obra, os conteúdos essenciais da época a que ela se reporta, refletindo-a de uma forma ou outra. Os fundamentos de sua obra foram definidos no período que vai da queda de Bismarck à Proclamação da República de Weimar. Através da sequência de seus escritos, sobre os mais variados temas, a burocracia e a maneira de controlá-la permanecem como preocupação constante, em virtude do fato de que na sociedade alemã apenas uma parte da superestrutura mudara – a transição da forma monárquica à republicana –; sua natureza profunda permaneceu intacta, as condições de produção *congelaram-se* sob domínio de uma aristocracia *junker* unida à classe capitalista, tendo como *cimento* o estamento burocrático.

Weber não partia de uma consciência da necessidade da demolição do aparelho burocrático criado por Bismarck e sua substituição por outro, como condição de uma revolução verdadeiramente popular. *Daí sua crítica reduzir-se ao nível da superestrutura:*[159] a necessidade da reorganização da Alemanha por novas estruturas constitucionais. Não percebia que a substituição da Monarquia pelo regime republicano, na forma da manutenção de uma Monarquia Constitucional, fora um movimento dirigido contra uma facção da classe dominante – *junker* – que governava apoiada socialmente na pequena burguesia (base do funcionalismo público), cujos interesses e reivindicações não eram idênticos ao grupo dominante. Embora a República de Weimar tivesse o apoio operário capitalizado pelo Partido Social-Democrata e pelo Partido Comunista Alemão, não significou para o proletariado uma solução, sequer transitória, no nível do reformismo. Isto porque a direção burocratizada da social-democracia alemã traduzia em linguagem *marxista* os interesses dominantes, e a direção burocratizada do Partido Comunista Alemão traduzia em linguagem bolchevista os ditames da burocracia dirigente na URSS. De um lado, os interesses do operariado estavam subordinados aos da máquina burocrática do Estado alemão, da qual a social-democracia fazia parte e, de outro lado, subordinados à variação dos interesses nacionais da URSS e de sua burocracia que manipulava o Partido Comunista Alemão.

A análise crítica de Weber sobre a realidade alemã situa-se no plano da apreciação burguesa-radical, de uma burguesia bafejada pela *Aufklaerung*, consciente dos óbices histórico-institucionais que

---

[159] "Com todo o respeito pelo mecanismo eticamente correto, sobre a burocracia alemã, não posso admitir que hoje ela se revele capaz de contribuir para o progresso da Nação, no mesmo nível de contribuição que é dado pelas burocracias de outros países, as quais certamente não estão travestidas de atributos divinos *e moralmente são inferiores à nossa*" (ibidem, p.118).

no passado entravavam seu progresso, impedindo-a de possuir a hegemonia no aparelho do Estado e de elaborar uma ideologia que correspondesse aos seus interesses mediatos e imediatos.

Weber não significa um *compromisso*; não está nem do lado do republicanismo burguês nem do socialismo proletário; defende o *liberalismo político*, combate o *liberalismo econômico*.

Weber não defende um socialismo utópico nos níveis de Saint-Simon, Owen ou Fourier, nem *pequeno-burguês*, no nível de Sismondi ou Proudhon, fundado na afirmação da identidade de interesses entre o proletariado e a pequena burguesia, em que a pequena indústria representaria um tipo exemplar de produção. O socialismo de Weber é burguês-reformista, que se impunha à burguesia esclarecida, se quisesse evitar o socialismo fundado em Marx. Burguês, mas não pretensamente operário, nem pretensamente marxista como a social-democracia ou o Partido Comunista Alemão vinculado à Terceira Internacional. Burguês e não proletário, na medida em que recusa a ideia segundo a qual as relações de produção burguesas são tão transitórias quanto as representações mentais delas derivadas. Burguês ainda, na medida em que, não rompendo com ela e contribuindo objetivamente para a sua consolidação, preocupa-se com os fatores de desintegração das relações de produção capitalista e com a *necessidade* de sua correção *racional*. Não é pequeno-burguês, porque não erige as contradições como Deus, nem quer conciliá-las.

Weber não define o espírito pequeno-burguês, que oscila entre burguesia e proletariado, entre conservação e revolução; não acreditava estar acima das classes e não negava os laços que ligam os intelectuais e as instituições culturais aos interesses de classe.

Se a crítica de Weber exasperou tanta gente na Alemanha de sua época, é porque ele contrariava aqueles setores da aristocracia e da burguesia que viviam de interesses estabelecidos, empenhados em manter a *intocabilidade* das estruturas econômicas existentes, já antes da República de Weimar, desviando a atenção para questões de somenos importância, que Weber reputava secundárias.

As críticas de Max Weber à incompetência política dos burocratas na direção do destino da Alemanha, aos ideólogos do Estado corporativo, àqueles que pregavam soluções superconservadoras, aos pangermanistas estavam em contradição com os interesses da classe dominante alemã no seu conjunto, preocupada com o problema da denominada *questão social*, com o conflito entre capital e trabalho e com uma solução em nível não repressivo – como as leis antissocialistas de Bismarck –, mas integrada no esquema pluralista weimariano.

Um problema coloca-se: as críticas de Weber à incúria administrativa e política no plano socioeconômico seriam exequíveis na época, e sobretudo, dada a linha essencialmente reformista das proposições de Weber, estariam de acordo com as aspirações políticas do proletariado, capaz de traduzi-las na *praxis*?

A resposta é fornecida pelo próprio Weber, na sua condenação aos *diletantte*, intelectuais da política alemã na época, na sua crítica à direita pangermanista. Os intuitos democráticos avançados de Weber exprimem-se na sua crítica ao conservadorismo clássico-germânico-burocrático, mesclada com elementos subjetivos e ilusões de caráter pequeno-burguês: *é de um democraticismo burguês próximo ao socialismo reformista da Segunda Internacional.*

Weber confia na aliança da burguesia nacional com as camadas populares, mas sob direção daquela, na qual confia como força dirigente para a reconstrução alemã.

A crítica de Weber ao burocratismo conservador prussiano dá a medida de *até onde ele vai além dos limites liberais*. Acusa os liberais de não terem quebrado a tradição burocrática, o que se tornava urgente, no que é fundamental, para que fosse eliminada, de uma só vez, a doença que atacava o corpo nacional. *As causas reais infraestruturais permaneceram as mesmas.*

Weber aceita, como os liberais, a separação entre o econômico e o político, mas contrariamente a eles acentua o peso dos fatores economicamente condicionados e muitas vezes insiste nos *aspectos meramente econômicos* em detrimento do político, não considerando a interação dialética entre os fatores.[160]

A compreensão da relação dialética entre economia e política traduz-se no reconhecimento da necessidade objetiva da primazia da política sobre a economia: as transformações *políticas* radicais são condição básica para satisfação dos novos interesses econômicos, pelo fato de as relações reais no plano político ocorrerem como a expressão concentrada da economia.

Embora a República de Weimar tenha aspectos positivos, constituindo um elemento de progresso social em relação à Monarquia, que se fundava no apoio das camadas mais retrógradas da sociedade alemã, os *junkers* e a burocracia parasitária apoiavam-se na hierarquia das Igrejas, seja protestante ou católica.

Porém, é válido também que a República de Weimar, democrática-liberal, consolidou os privilégios da burguesia. Apesar de certas concessões ao proletariado – a formação da cogestão nas empresas em caráter consultivo, não se dera elevação sensível do nível de consciência política do proletariado alemão.

A onipotência da oligarquia na Alemanha, sob Weimar, continuou a praticar e agravar os abusos.

Weber, adversário de soluções autoritárias direitistas, estava inclinado a aceitar a transitoriedade das relações sociais sob o capitalismo privado, pronunciando-se a favor de uma organização cooperativa, com o fim alternativo de eliminar o dilema: capitalismo privado ou burocratização estatal da economia.

Utopista, visionário para uns e outros, atacado pela extrema direita como inimigo da Alemanha e pela extrema esquerda como

---

[160] "Weber (1965, p.62) distingue *fenômenos* econômicos, fenômenos *relacionados* à economia e fenômenos *determinados* pela economia.

conservador, rejeitado pelos liberais, assumiu em várias ocasiões posição válida quanto aos problemas do país. Posições essas que não eram do agrado das camadas dominantes na época, que lhe valeram a perda de uma nomeação para a Universidade de Berlim, vetada pelo Ministro Putkamer, por força de suas críticas à burocracia prussiana.

A *contradição fundamental* na obra de Weber reside entre seus postulados metodológicos presos ao neokantismo e sua sociologia histórica das formas de dominação, em que dialoga com a sombra de Marx.[161] De outro lado, aparece uma contradição secundária entre sua obra e o público a quem ela se dirigia: a burguesia alemã, incapaz de autoafirmação sem composição com a aristocracia tradicional prussiana. Em virtude disso, Weber é o reflexo das contradições e do agravamento destas na vida alemã, que levaram à solução nazista de 1933, já por ele pressentida.

O *princípio básico* de sua obra política é o protesto contra o ambiente político intelectual predominante na Alemanha de sua época. Isto determina sua importância enquanto escritor. Representa Weber, de um lado, o desejo de romper com o presente – a hegemonia burocrática no sistema alemão e, de outro lado, reatar com o passado, não aquele responsável pelo presente alemão, mas sim com a Alemanha de 1814, 1848 e com os seus sonhos liberais não realizados.

Weber na crítica à burocracia bismarckiana exalta o Parlamento como a verdadeira *escola* da política, trazendo à tona dezenas de nomes ilustres que fizeram *carreira* como políticos. Eram os políticos de *vocação*. Ao mesmo tempo, prevê a inevitabilidade da burocratização dos partidos políticos de massa, com o seu

---

[161] Refere-se a um texto de Marx com muito entusiasmo, o Manifesto Comunista, valorizando sua contribuição ao conhecimento social: "*O Manifesto Comunista* tem razão em atribuir importância ao caráter economicamente, mas *não* politicamente revolucionário do trabalho do empresário capitalista" (Weber, 1958b, p.448).

quadro administrativo, sua imprensa, seus jornalistas profissionais e, mesmo, seus políticos parlamentares, que se situam como elementos que se opõem a qualquer mudança no plano das ideias na medida em que estas possam chocar-se com os interesses criados pelo quadro administrativo.

Essa ambiguidade weberiana ante a burocracia, inevitável porém perigosa, revela a situação da burguesia industrial que vê escapar-lhe das mãos a direção do processo político e ideológico, completada com a *revolução niilista* do nazismo. Weber constitui o maior testemunho da *crise de consciência* alemã, reflexo da profunda crise política e ideológica da República de Weimar, natimorta.

Na obra de Weber, não se refletem os interesses específicos de uma camada ou determinado grupo social rigidamente delimitado. A complexidade e riqueza de sua obra são irredutíveis à caracterização elementar de classe. Não quer dizer que ela se ache desvinculada da luta de classes e das relações de forças da sociedade alemã de sua época. A melhor prova disto está na valorização das determinações econômico-sociais vinculadas às formas de dominação: patrimonial, burocrática ou carismática; nos obstáculos de caráter estamental, na defesa dos emolumentos dos juristas *práticos* ingleses contra a penetração do Direito Romano; na luta de classes que tem como palco a cidade renascentista; na oposição do *capitani dei popolo* ao *podestá marcatore* como tipos sociais em defesa de interesses de classe; na influência do *ethos* religioso contribuindo para criar um clima moral que acelere o processo econômico ou se torne um obstáculo a ele. Foi o criador da sociologia da religião, na qual vincula a ação religiosa aos diferentes estamentos e classes, definindo institucionalmente a religião como elemento de legitimidade de poder e de domesticação das massas. A *desmistificação* dos valores religiosos, como tradução de interesses econômico-sociais temporais que levam à sua estereotipação em seitas, igrejas, à ortodoxia e teologia *racional*, opondo o mago e o profeta ao sacerdote, a verdade revelada, a verdade contida no Livro Sagrado, constitui uma das contribuições de Weber ao esclarecimento de como o homem, sofrendo o domínio da *necessidade* no sentido hegeliano, constrói um mundo invertido em que Deus aparece como demiurgo, criador, e ele como criatura. Do mesmo modo como o produtor é dominado por um produto que cria por suas próprias mãos – a mercadoria –, no espírito o é por um produto de sua própria imaginação: a religião.

Embora criticando o materialismo histórico, em várias passagens de sua obra, Weber dialoga com a sombra de Marx ao considerar as determinações da luta de classes na sua análise da *cidade antiga e medieval,* sintetizando-as em duas reivindicações dos *negativamente privilegiados*: a luta contra a escravidão por dívidas, e a luta pela divisão da terra. Com efeito, é neste meio que se encontra desenvolvida esta curiosa ideia, que somente a intervenção de causas econômicas fornece a explicação causal de um fenômeno histórico. Acomodam-se, seus partidários, à hipótese mais vaga e a fórmulas mais gerais, satisfazendo seus desejos dogmáticos quando encontram nas *forças produtivas* econômicas as únicas causas *características* verdadeiras e *determinantes em última análise.*

Weber, no plano metodológico, insere-se no *idealismo filosófico*; no plano da análise da ética das religiões, no *idealismo histórico*; na sua procura de uma elite à altura da Alemanha, com *vocação* política oriunda de uma burguesia sem capacidade de exercer o poder, acentua o *idealismo político.*

Pelos problemas que enfrenta e pelo modo com que o faz, Max Weber situa-se como expressão de tendências sociais determinadas, ligadas a fenômenos historicamente também determinados. Sua atitude objetiva ante a situação histórica da Alemanha, que vai da queda de Bismarck à República de Weimar, e ante as condições peculiares em que cria sua obra, pode ser situada no sistema das relações sociais, definindo sua *significação ideológica.*

No seu caso, a complexidade das relações entre ele e a classe a que pertence ideologicamente é patente. Embora sua obra tenha fundamento numa classe social determinada, na consciência social que a exprime e na ideologia que a define, *é a realidade alemã de fim do Império e início da República que se acha refletida*. Trata da crise da consciência liberal alemã, pressionada pelo radicalismo dos revolucionários-conservadores da direita e da esquerda, situando-se entre as teses do pangermanismo de Moeller van den Bruck e as teses marxistas revolucionárias de Rosa Luxemburgo. *Assim se coloca a posição de Weber, um burguês da Aufklaerung numa época de crise da razão.*

Não tem sentido situar Weber como escritor burguês ou pequeno-burguês representante do capitalismo. Todos os seus escritos testemunham sua hostilidade ao conservadorismo pequeno-burguês: seu ódio ao germanismo dos *bebedores de cerveja*, ao filisteísmo alemão, quando denuncia a oposição *junker* à industrialização da Alemanha, quando denuncia o romantismo econômico dos que pregam o Estado corporativo e a representação profissional típica de estágios pré-capitalistas. Por outro lado, quando hostiliza o materialismo histórico que ele confunde com materialismo econômico, define suas filiações ao neokantismo, à filosofia crítica à qual tendiam os social-democratas alemães na época. Mesmo sua crítica a Marx funda-se nos escritos de E. Bernstein, teórico do reformismo social-democrata e um dos adeptos da *volta a Kant*.

Não é válido situar Weber como o representante das camadas cultas da pequena e média-burguesia, que constituem a parte numericamente mais considerável da intelectualidade, como querem fazê-lo alguns partidos, fundados em frase sua: "A revolução que virá não será do operário e sim do funcionário" (Gerth & Mills, 1958, p.50). É importante verificar à luz do conjunto de sua obra. Weber pertenceu àquela categoria de homens que inicialmente tem por profissão produzir cultura, em suas atividades universitárias. Obrigado a afastar-se delas, por razões de saúde, produziu suas obras à margem de sua atividade como professor; utilizando a arma da crítica define a singularidade de sua posição no contexto ideológico. *É o que faz sua força e sua fraqueza.* É uma das contradições essenciais que definem a significação social de sua obra intelectual uma das razões dos limites em que ela se acha inserida. Weber é um intelectual que tem *consciência* de sua *existência* como *burguês*; não ama o setor representante do capitalismo moderno: a indústria pesada; não ama a classe *junker*, odeia os *literatti* diletantes que procuram *soluções acósmicas* a problemas históricos e sociais, manifesta identidade de pontos de vista com a social-democracia alemã. Ao mesmo tempo em que critica seu conservadorismo, manifesta-se contra a discriminação ideológica no recrutamento de professores na universidade alemã. Em suma, *representa a vivência de valores liberais numa época em que o liberalismo atravessa crise mortal.* Pressionado pela direita pangermanista e pela esquerda radical, recusa-se a fazer o *sacrifício do intelecto; o ideólogo de uma ciência sem pressupostos manifesta-se a favor de valores como: racionalidade, crença no trabalho contínuo, virtude ética puritana.*

No entanto, esse desencontro do homem com sua época, com o público a quem se dirigia e com o burguês e o pequeno-burguês, é compreensível se não considerarmos sua totalidade dialética, os dois termos em relação entre si e um com outro?

A obra de Weber no seu conjunto não aparece como expressão exata dos interesses ideológicos de nenhuma camada social particular, de nenhum grupo social da sociedade germânica dos fins do século XIX e inícios do século XX. Não são as contradições *internas* de nenhuma dessas classes que se refletem em sua obra, *mas sim as contradições externas que opõem e que têm oposto entre si essas mesmas camadas e grupos sociais que formam a classe burguesa.*

A ideologia definida no contexto de sua obra sociológico-política não corresponde a nenhuma força política organizada, a não ser, e mesmo assim momentaneamente, a do grupo doutrinário da *Verein*, dirigido pelos *socialistas de cátedra*.

De origem burguesa, combateu a aristocracia e a sua incapacidade de dirigir a política do país. Intelectual, combateu os *diletante* e os universitários *com* diploma credenciador, porém, *sem* consciência social e política. Discordou da orietação dos políticos burgueses sempre dispostos a uma composição com a aristocracia e com a burocracia; consciente da imaturidade política do operariado alemão na sua época, defendera, porém, publicamente o trabalho dos *Conselhos de operários e camponeses*[162] a cujas sessões assistira. E mais: no tribunal constitui-se em defensor do marxista Ernst Töeller, exprimindo sua repulsa à repressão cega aos revolucionários de 1918: *Deus na sua ira não fez o homem político,*[163] exclama.

Se não encontrava aconchego nos Democratas Progressistas da época, por outro lado, embora tivesse afinidades com a social-democracia alemã, sua condição de pensionista do Estado e a necessidade interna que sentia de liberdade de opinião pessoal ante os problemas alemães impediam-no de arregimentar-se nas fileiras de qualquer grupo militante, especialmente aqueles grupos ligados ao proletariado alemão na época que assumiam posições sectárias, devido à imaturidade política da classe que diziam representar.

O Partido Social-Democrata constituíra-se em um partido que distribuía sinecuras e cargos públicos, ideologicamente de-

---

[162] "O orador presta homenagem à atividade dos Conselhos de operários e soldados locais, ao idealismo dos seus dirigentes, sem distinção alguma, sejam socialistas majoritários ou socialistas independentes" (Weber, 1958b, p.472).

[163] "Seu *pathos* nacionalista tornou-o suspeito aos olhos dos jovens de esquerda, imbuídos de sonhos pacifistas e de um internacionalismo cosmopolita; mas, isso não impediu que *fosse convidado* a participar das reuniões do *Conselho de operários e soldados de Heidelberg*. Weber participara durante certo tempo colocando-se à disposição do Conselho. Numa carta escrita em 1918, a única coisa que o animava na situação trágica que vivia sua pátria era *a sóbria objetividade da gente simples do Sindicato, mesmo de muitos soldados do Conselho de operários e soldados do qual faço parte. Cumpriram bem seu trabalho, sem muito falatório, devo acentuá-lo*" (Cantimori,1948, p.22).

finido por uma interpretação reformista de Marx efetuada por Bernstein e Kautsky. De outro lado, havia os radicais, como Musil, que viviam em *permanente revolução* confundindo seus desejos subjetivos com o ritmo do processo histórico objetivo. Os partidos conservadores faziam parte de uma República na qual não confiavam muito; eram democratas sem amar a democracia. O Partido do Centro nos seus fundamentos programáticos prenunciava o Nacional-Socialismo. No meio esquerdista, após o tratado de Rapallo, surge a ideologia da *Deutsche Weg*, o caminho alemão, uma mistura de nacionalismo germânico com bolchevismo emocional, tendo como alvo o capitalismo ocidental. Ante isto, só restava a Weber o recolhimento, a pesquisa e o trabalho intelectual contínuo.

Denunciando em alguns de seus escritos políticos, implacavelmente, as gravíssimas insuficiências da ação dos detentores do poder, resultantes de choques de interesses, de intrigas das facções, como de improvisação dos quadros políticos, *Weber traduz no plano teórico* o que no terreno prático é o descontentamento crescente das camadas da pequena burguesia e do proletariado, pois a República de Weimar não era a que tinha sonhado. Entendia Weber que a tarefa urgente era a realização das tarefas democrático-burguesas e a liquidação da permanência do aristocraticismo na vida econômica (agrária) e política (o peso e influência do corpo de oficiais do Exército de origem *junker*). Não esqueçamos que a repressão à Revolução de 1918 pelo social-democrata Ebert se dera com o aval de Hindenburg, com o qual mantinha uma linha telefônica secreta. *Isto colocara a República de Weimar, desde seu nascedouro, sob o aval do militarismo.*

Weber critica a *democratização passiva*[164] que a industrialização e urbanização condicionavam, a transformação da razão técnica em *razão de domínio*, o legado do domínio da burocracia

---

164 "Realizada por Napoleão ou pela Igreja Católica como nivelação dos dominados" (Weber, 1964a, v.2, p.725).

bismarckiana sob o país. Condena assim sua despolitização e a conversão dos políticos em dóceis funcionários públicos; o *ethos* da responsabilidade inerente ao político *de vocação* era substituído pelo *ethos* do burocrata, a obediência inerente ao funcionário de carreira. Existia uma burocracia não sujeita ao controle político, pela inexistência de um Parlamento que *trabalhe*. Por outro lado, a inexistência de uma elite política, no sentido da sua competência, poderia levar a Alemanha ao domínio da *democracia de rua*, na linguagem de Weber, e ao predomínio do emocionalismo na vida política. Agregue-se a isto a ameaça de *revolução* com que a composição aristocracia-burguesia alemã acenava cada vez que o operariado levantava a cabeça. Tudo isso poderia, segundo ele, levar a uma regressão autoritária inarredável. Em outros termos, a impossibilidade de uma democracia liberal numa República em que os monopólios haviam crescido demasiadamente, sua contestação pela direita conservadora e a impossibilidade de a classe operária tomar o poder, apesar de pressioná-lo, levariam a um *impasse*, que seria decidido autoritariamente, isto é, *um prenúncio da solução nazista aos conflitos sociais*. A integração da sociedade ao Estado totalitário, a atomização da classe operária nas *comunidades de trabalho* e a integração da classe média desempregada à burocracia partidária e estatal. Finalmente, teria o predomínio da indústria pesada dirigida ao pleno emprego e à guerra.

Weber estudara o poder, no qual vira *uma criação do demônio*. Estudara o poder não para ser seu ideólogo, converter a razão histórica, a existência de um poder determinado socialmente, numa *razão teórica*. Estuda as diferentes formas de dominação: *a carismática*, onde o caudilho combate contra a *despersonalização*, os clãs, afirmando sua *magia pessoal* contra interesses corporativos: *a dominação burocrática*, a autoridade encarnando o direito, no qual a luta pelo poder é a luta pela influência decisiva sobre as ordenações jurídicas que se instituem. Tal é o motivo de o político dever lutar por votos nas organizações políticas e no processo legislativo, para definir leis. Deve disputar a liderança não só nos comícios, mas também *contra* a burocracia, pois na vida quotidiana *administração* significa *dominação*. O triunfo do político nas urnas arrisca-se a perder a significação se não for complementado por um *controle político* sobre a administração burocrática. Sua impossibilidade conduz à usurpação burocrática no processo de decisão política. Weber *estuda a burocracia porque vê nela o maior perigo*, a sua expansão com a estatização. Prevê ele que ela seria uma concha de servidão à qual estaria atrelado, como o felá do Antigo Egito. Teríamos o domínio de *especialistas sem alma e técnicos sem coração*, fundados no *segredo profissional* para escapar a qualquer controle. Contrariamente, a solução plebiscitária parecia a ele como o domínio da emoção na política e ao mesmo tempo o culto ao chefe que implica. Constituiria veículo de deseducação política, como acontecera sob Bismarck.

Preocupara-se com o Parlamento não meramente por razões ideológicas, mas por crer firmemente que sem *Os Direitos do Homem* nenhuma sociedade poderia subsistir. Os direitos democráticos são herança cumulativa na evolução da humanidade. Não caberia suprimi-los, mas sim aperfeiçoá-los, estendendo-os à área da economia.

Via a crise alemã oriunda de uma aristocracia composta de *parvenus* cultivando a lealdade monárquica, que favoreceu a burocracia e sufocou na Nação qualquer ato de vontade política.

Weber percebia que a democracia podia levar à demagogia, que um governo de *notáveis aristocratas* podia levar à formação de uma casta autossuficiente que identifica seus interesses com os da Nação. Percebia ainda que no regime monárquico as intrigas palacianas substituem outras qualidades; que sob o domínio da burocracia emerge o *burocrata* fundado na *promoção regular* que substitui o *político* fundado na *luta ativa*. *Todo regime, para Weber, traz em si os germes de sua corrupção e destruição*.

Weber criticava os políticos, de então, astuciosos e operantes, porém *sem um pensamento político concreto criador*. Isto explica a razão de seu nome ser retirado da lista dos candidatos à deputação pelo Partido Progressista, como represália. *O fracasso do militante político estimulou o escritor político*. O esteio da burguesia conservadora republicana, o Partido Democrata Progressista, rejeitava Weber, mostrando assim as dificuldades que no campo da *frente ideológica* encontrava a burguesia alemã como classe dirigente, atrasada e ideologicamente incapaz de se elevar a um pensamento teórico coerente em função dos problemas da vida alemã carentes de solução. Os seus interesses, as condições materiais de seu domínio, formam o conteúdo da República burguesa de Weimar. República natimorta: contestada pelo proletariado após a Primeira Guerra; contestada no plano da representação política pelo Partido do Centro; no plano da estrutura de Estado pela direita alemã que se organizaria no nazismo; mantida sem muito entusiasmo por um Exército cujos oficiais eram de origem aristocrática, mais preocupados com a *ordem* do que com a *liberdade*. Tais fatores levaram a burguesia e a pequena-burguesia a desertarem do liberalismo ao qual nunca haviam aderido de corpo e alma, integrando-se na *Geschalltung* totalitária do nazismo. O nazismo fora o desdobramento lógico da inconsistência da democracia pluralista weimariana; *antes do assalto nazista ela já estava derrotada.*

Nos escritos de Weber, refletem-se de forma profunda e dramática os dilemas do liberalismo alemão numa época de monopólios, a crise profunda da ideologia burguesa na Alemanha, suas dúvidas e indecisões, suas incoerências, contradições e insuficiências, que aliás o próprio *Weber contribuíra para evidenciar*.

Queira ou não, Weber é tributário da burguesia como classe, mas o é da burguesia na sua passada fase de ascensão, progressista, *como classe revolucionária no nível europeu*, pois a burguesia alemã abortara com o liberalismo nos inícios do século XIX, não tendo jamais logrado levar ao término sua revolução no plano político. No quadro germânico, os *junker* agrários eram favoráveis às teses de Adam Smith e ao livre-cambismo para exportação de cereais à Inglaterra, em lugar de vendê-los às cidades alemãs. O liberal Friederich List defendia tarifas protecionistas. A burocracia bismarckiana, e não a classe burguesa autônoma, transformou a Alemanha num Estado Nacional.

Neste quadro a intelectualidade alemã estava na defensiva; não se recompusera das derrotas liberais.

As tradições intelectuais no meio alemão foram canalizadas para três estilos de pensamento: conservador, liberal e socialista.

Max Weber pertence ideologicamente ao quadro do iluminismo racionalista e do liberalismo político, contrariamente às suas postulações voluntaristas e niilistas.

Os elementos *liberais* componentes de seu modo de pensamento definem-se na separação que estabelece entre a esfera econômica e a esfera política. O conceito de Nação e o de interesse nacional nesta fase são o limite de sua perspectiva política.[165] Contrapõe no universo de discurso liberal massa à personalidade, carisma à burocracia, ética de convicção à ética de responsabilidade.

O indivíduo é o ponto de partida e de chegada em Weber;[166] elabora uma *robinsonada* que tem muito em comum com o racionalismo dos contratualistas. O indivíduo constitui a unidade explicativa. Ele refuta o processo definitório segundo o esquema *genus proximus, diferentia specifica*, exigindo que os conceitos sociológicos sejam compostos pouco a pouco com seus componentes *singulares* retirados da realidade histórica. Por isto a compreensão definitiva não se dá no *início*, mas no *fim* da pesquisa.

---

165 Situada – a Alemanha – entre a arregimentação russa do funcionalismo burocrático de um lado e a convenção da *society* anglo-saxônica de outro, com uma inserção da *raison* latina. É por isso que ela *deva reagir à submissão do mundo a essas duas potências*, tal era a função de Weber conforme introdução de José M. Echeverria (Weber, 1944, v.I).

166 "Todavia levar tal confrontação à decisão não constitui tarefa na Ciência mas do *homem* dotado de vontade: somente *ele* que delibera e *escolhe* entre valores em questão, conscientemente, de conformidade com sua visão do mundo. ... Fazer a escolha é de sua competência" (Weber, 1965, p.124).

O *termo compor* para Weber parte do *sujeito*; o *processo* do conhecimento funda-se no *indivíduo*.

Seu método – o tipo ideal –, positivamente orientado, define-se como uma teoria do conhecimento subjetiva, como instrumento para chegar ao objeto em si, privado de qualquer substancialidade. Esse nominalismo oferece a vantagem pragmática para o pensamento: os conceitos serem o mais possível *vazios* ante a realidade concreta, porém mais unívocos.[167]

O subjetivismo em Weber aparece quando confere a importância cultural, que o pesquisador atribui ao fenômeno, à origem de sua definição como social ou econômico.[168] Não são as relações entre as coisas, mas as relações conceituais[169] que delimitam as áreas do trabalho científico. Estes conceitos ordenam a realidade, constituindo a pressuposição de nosso conhecimento.[170] Quanto ao valor de verdade, só o conhecimento empírico pode fornecer-nos critérios.

---

167 "Constrói também seus conceitos – a Sociologia –, procura suas leis com a finalidade, antes de mais nada, de poder prestar algum serviço à imputação causal histórica dos fenômenos culturalmente importantes. Como em qualquer Ciência generalizadora, é condição da peculiaridade de suas abstrações que seus conceitos tenham que ser relativamente *vazios* ante a realidade concreta do histórico. O que, em contrapartida, pode oferecer maior *univocidade* em seus conceitos" (Weber, 1964a, v.I, p.14).

168 "A qualidade de um acontecimento que nos permite considerá-lo como um fenômeno *social-econômico* não constitui um atributo inerente ao mesmo. Ele é determinado pela direção de *nosso interesse*, resulta da importância cultural específica que *atribuímos* ao acontecimento em questão" (ibidem, p.140).

169 "Não são as relações *materiais* entre *coisas* que constituem a base de delimitação da área científica, *mas as relações conceituais dos problemas*" (ibidem, p.146).

170 "A validade *objetiva* de todo saber empírico tem por fundamento: a realidade é dada e ordenada segundo *categorias* que são *subjetivas* no sentido específico em que constituem o *pressuposto* do nosso conhecimento, ligadas ao pressuposto de valor que somente o conhecimento empírico pode fornecer-nos" (ibidem, p.211).

Positivisticamente, Weber procura separar juízos de valor de juízos de fato, diferenciando a ciência histórica da ciência natural, por sua orientação em relação à individualidade. Para Weber "a referência a valores determina o objeto histórico, que constitui virtude de seu significado cultural; esse significado é sempre *individual*".[171]

No entanto, a referência do dado empírico a valores[172] não fornece garantia absoluta, *os valores são múltiplos*.[173] A escolha na multiplicidade é resultante de elementos que provêm do ponto de vista específico do *sujeito*.

A explicação parte de uma série finita de elementos, originados de uma direção *particular* determinada por certo *ponto de vista*. Surge então uma direção particular de relação entre fenômenos isolados abstratamente. É o processo de *imputação* que chega à sua causa. A verificação empírica da imputação e a determinação causal sucedem mediante a construção de processo hipotético, diverso do real. A exclusão de um elemento conduz à construção diferente do *real*. Daí, poder-se-á concluir sua importância causal maior ou menor.

As condições de objetividade na Ciência Social para Weber são garantidas através da diferenciação entre pesquisa objetiva e juízos de valor. Assim, a ciência histórica, enquanto condicionada pelo ponto de vista do sujeito investigador na sua delimitação de campo e da situação cultural que opera, é *subjetiva*, mas seus resultados são válidos *objetivamente* para Weber, em função

---

171 "A confusão permanente entre discussão científica dos fatos e raciocínio em nível axiológico é uma das particularidades mais frequentes e nefastas dos trabalhos realizados em nossa especialidade" (ibidem, p.135).
172 "*O tipo ideal* é uma construção intelectual destinada a medir e caracterizar sistematicamente *as relações individuais*, isto é, *significativas, por sua singularidade, como o cristianismo e o capitalismo*" (ibidem, p.195).
173 "Outros, como Max Weber, professam o *politeísmo*, declarando-se adeptos de muitos ideais, inúmeros princípios e servem a muitos ideais políticos. *Esta crise abre as portas ao niilismo que Hitler soube tão bem explorar*" (Antoni, 1963, p.116).

da estrutura lógica do esquema de explicação, que é a única garantia da objetividade, na medida em que se dá a aplicação correta dos instrumentos.

A explicação da individualidade dos fenômenos para Weber pressupõe um conjunto de uniformidades típicas de comportamento constatáveis empiricamente. Esta uniformidade construída por abstração leva a um quadro coerente sob o princípio da identidade e da não contradição, ao tipo ideal como conceito-limite.

Seu contato com a obra de Marx, através de Bernstein, leva-o a explicações estruturais, constatando as motivações dos sistemas de ação pelas suas funções como estruturas funcionais e não pelas *intenções subjetivas* de quem as pratica. Enfrenta neste ponto os problemas ligados à formação das burocracias patrimoniais chinesa e hindu e às relações entre o espírito puritano e o capitalismo. Embora enfatize o *indivíduo* como unidade explicativa, não admitindo significados *objetivos*, tem consciência dos resultados das ações humanas: o resultado não é aquele que o agente pretendia; assim, os puritanos queriam servir a Deus pelo ascetismo e pela ética do trabalho. Criaram, no entanto, o capitalismo e o consumismo.

Um segundo traço ideológico em Weber é sua ênfase na racionalização. Reconhece a *historicidade* do conceito. Sua posição sobre o *desencantamento do mundo* encerra um elemento do liberalismo e da filosofia iluminista, que constrói a história do homem como um *progresso unilinear* na direção da perfeição moral, ou no sentido da racionalização tecnológica cumulativa, em que a burocracia ocidental aparece como um momento da *racionalização progressiva*.

O liberalismo na época de Weber está em crise; porém, no contexto de seu pensamento e ação constitui marco de referência. O característico básico do liberalismo é a ênfase na *razão*.

A análise do racionalismo liga-se à atividade da burguesia, a sua atividade econômica é definida pela *troca*.

Surge a economia quando os produtos são vendidos no mercado, realizando-se como valor de troca. Essa economia de mercado faz o indivíduo representar-se como um começo absoluto, uma entidade autônoma. A regulação pelo mercado da lei da oferta e da procura *aparece* ao indivíduo como resultante da justaposição das *vontades individuais*, de seres *autônomos*, orientados para fins *racionalmente* definidos. O racionalismo e o empirismo que derivam da economia de mercado têm como ponto de partida a *consciência individual, como origem absoluta do conhecimento e da ação*.

Embora o racionalismo afirme o inatismo das ideias e o empirismo defina sua origem nas percepções que se organizam em pensamento consciente, eles admitem que a razão é *ativa*, pois articula os conhecimentos adquiridos pela percepção.

À categoria da *autonomia da vontade* individual liga-se à da *liberdade*, que correspondem à estrutura das relações de troca, base da existência burguesa.

O processo de compra e venda pressupõe a ação conjugada de muitos indivíduos que se situam numa relação abstrata, representando-se como *acordo* de vontades individuais *autônomas* que cria um compromisso recíproco mutável somente por *outro acordo* ou pela prova de que um dos elementos não estava em situação de *liberdade e autonomia*. Ou o acordo se dará com a má-fé de uma das partes. Essa relação preside qualquer ato de troca: é um contrato. O racionalismo, o individualismo e o contrato livre aparecem como unidades sintéticas, representações de uma economia de troca e de mercado. A sociedade aparece como fruto de *contrato*, nos escritos de Hobbes a Locke, de Grócio a Rousseau.

A troca pressupõe a *igualdade absoluta* das partes, é essencialmente democrática. A *igualdade formal* entre as contratantes reais é a condição do contrato.

A troca, por sua vez, origina a ideia da universalidade. O desenvolvimento da troca implica um comportamento independente da personalidade concreta, dos agentes no mercado. A *universalidade* implica oferta de mercadorias a um mercado impessoal; é a condição e o resultado do processo de troca.

A troca só é possível entre *iguais* e *livres*. A sociedade capitalista cria as seguintes categorias básicas formadoras do *ethos* liberal:

Individualismo – O indivíduo é a base das estruturas do Estado ou da classe em Weber; individualista também é sua atitude ante a integração em partidos políticos.

Igualdade – Preocupação de Weber com o predomínio da racionalidade formal na economia garantidora da igualdade de trabalho e de capital no mercado.

Liberdade – Preocupação de Weber em salvá-la ante os perigos da burocratização. É o fundamento de sua crítica aos partidários do Estado corporativo, de sua defesa do parlamentarismo como garantia política deste valor.

Contrato – Ênfase dada por Weber no decorrer de sua obra acerca da disposição livre da força de trabalho, como elemento básico do capitalismo. Assim, também se explica sua crítica ao Estado corporativo que atinge essa liberdade, relembrando o Estado litúrgico do Egito Antigo.

Tolerância – Valor básico para Weber; fundado no politeísmo dos valores, luta contra a intolerância racial e ideológica. Além de valor cultural permanece como valor vital no *ethos* político de Weber.

Propriedade – Sua crítica à burocratização, indiretamente, significa ênfase na empresa *livre*, setor em que as vocações políticas alemãs inibidas pelo bismarckismo encontram sua realização.

O universo de discurso liberal é profundamente ideológico, isto é, ele não se autoexplica pelo fato de a sociedade produtora de mercadorias, através do processo de circulação, que integra a *totalidade* do processo social, apresentar-se como algo *independente* do indivíduo. Seu ponto de partida não é o indivíduo, porém as determinações sociais que o condicionam.[174] O chamado interesse *individual* na realidade é *socialmente condicionado* e só pode ser alcançado no âmbito das condições requeridas pela *sociedade*.[175]

Conforme preceitua Hegel, não há saber imediato; o que há é um saber a respeito do qual não temos consciência das *mediações*, pois os problemas das categorias como *ideológicas* (igualdade, liberdade e contrato), que formam o *ethos* liberal de Weber, não se esgotam nem se explicam no plano puramente lógico. A permanência da explicação neste plano apenas revela a incapacidade de captar e representar os problemas categoriais como problemas de uma realidade histórica em perpétua transformação. Portanto, o comportamento puramente cognoscitivo ligado ao *imediato* defronta-se ante objetos *acabados*, petrificados, não ante a realidade entendida como *processo* em desenvolvimento.

Assim, a categoria *contrato*, fundamental no universo do liberalismo no plano da explicação política e das relações industriais – contrato de trabalho –, só é compreensível na medida em que for considerada expressão da existência de oferta *livre* de força de trabalho no mercado, na qual ela própria aparece como *merca-*

---

[174] "A circulação, pelo fato de ser uma totalidade do processo social, é também, na sua primeira forma, na que não só a relação social – como ocorre por exemplo com a moeda metálica ou no valor de troca – se apresenta como algo independente dos indivíduos – o conjunto do próprio movimento da sociedade. A relação social dos indivíduos, entre si como poder sobre os indivíduos, tornou-se independente – seja representado como força natural, acaso ou de qualquer outra maneira – é um resultado necessário do fato de que o ponto de partida não é o indivíduo social livre. A circulação como primeira totalidade entre as categorias econômicas é boa para esclarecer este problema" (Marx, 1965, v. I, p.131).

[175] O aspecto ideológico da motivação individual na sociedade capitalista é definido por Marx: "O aspecto verdadeiro está sobretudo em que o próprio interesse particular é um interesse socialmente determinado e somente pode ser alcançado no âmbito das condições fixadas pela sociedade e com os meios que ela oferece; está ligado consequentemente à reprodução destas condições e destes meios" (Marx, 1971d, v.I, p.84).

doria e seu dono apareça como *proprietário livre* desta força de trabalho, defrontando-se com o capitalista, em termos de pessoas juridicamente *iguais*.[176] A liberdade contratual é o produto de uma

---

[176] "Para que o possuidor do dinheiro encontre no mercado a força de trabalho como mercadoria são necessárias inúmeras pré-condições. A troca de mercadorias, em si mesma, não implica outras relações de dependência além daquelas decorrentes de sua própria natureza.
A partir desta premissa, a força de trabalho só pode aparecer como mercadoria quando seu proprietário a oferece e vende livremente como mercadoria, isto é, a pessoa a quem ela pertence.
Para que seu proprietário possa vendê-la como mercadoria é necessário que possa dispor dela, isto é, seja proprietário livre de sua capacidade de trabalho, de sua pessoa.
O possuidor do dinheiro e o possuidor da força de trabalho encontram-se no mercado e contratam de igual para igual como possuidores de mercadorias, sem outra diferença que a de comprador e vendedor; ambos são, portanto, pessoas juridicamente iguais" (Marx, 1965, p.15-6).
Marx acentua o caráter do direito como *igualdade* ao escrever que: "*O direito só pode consistir*, por sua natureza, na aplicação de uma medida igual" (Marx, 1955, v.2, p.16).
Aí, para Marx, o direito aparece na moderna sociedade burguesa como um reflexo das relações econômicas entre homens iguais, vinculados livremente entre si.
É claro que as relações da base (produção e reprodução da vida real) e superestrutura (as instituições, formas de consciência política, jurídica, etc.,) não se dão da sua imediatez. São mediadas pelo conjunto das relações de produção que os homens estabelecem entre si, determinado por sua vez pelo desenvolvimento de suas forças produtivas (incluindo Ciência, habilidade humana, etc.). Daí Marx notar que "a verdadeira dificuldade que deve ser analisada é a seguinte: de que maneira as relações de produção, ao adotar a forma de relações jurídicas, se desenvolvem desigualmente. Assim, por exemplo, a relação entre o Direito Privado Romano (não tanto na área do Direito Penal e Público) e a produção moderna" (Marx, 1957). Ora, a persistência das categorias do Direito Privado Romano, no modo capitalista de produção, se deve ao fato de o primeiro representar a apropriação privada no circuito de uma economia de troca onde o capital comercial aparece de forma predominante, e ao fato de o mesmo estar incluído no circuito capitalista de produção como forma subordinada à indústria. De igual modo, na Inglaterra, o capitalismo conservará formas do antigo Direito Feudal local, não universal, fundado no cos-

relação de homens *iguais* e *livres* que contratam entre si, no plano formal, mistificando o real, a supremacia do capital sobre a oferta livre da mão de obra.[177] Fundamentalmente, a troca de mercadorias constitui a *base* sobre a qual se erige o universo de relações e o discurso liberal: a igualdade e a liberdade como ideias puras, como idealizações do processo real de troca de mercadorias, em que a força de trabalho atua como *mercadoria*, cujo preço é *socialmente definido* em termos médios.[178]

A *liberdade*, outro mito elevado a valor no *ethos* liberal, do qual Weber participa, coloca a pergunta: liberdade para quem? Não é a liberdade do indivíduo como pessoa, ante outro. É a liberdade do indivíduo enquanto personificação de um poder social: a bur-

---

    tume, infundindo-lhe um conteúdo burguês, pelo fato de a formação econômico-social burguesa na Inglaterra se ter realizado pela capitalização da renda territorial. O Código de Napoleão reflete nas formas do Direito Romano o conteúdo das relações capitalistas, porém agregando um elemento novo, burguês: a codificação jurídica que se dá aí superando as formas antigas de *Ordenações, Digestos*; é a consciência burguesa na forma de razão objetivada (código) como expressão de uma de suas especialidades: a consciência jurídica.

177 *Liberdade*: "Senhores, não vos deixeis dominar pela liberdade. Liberdade de quem? Não é a liberdade do indivíduo como pessoa ante outro indivíduo. É a liberdade de o capital esmagar o trabalhador. Como podereis sancionar a livre concorrência por essa ideia de liberdade, quando essa liberdade nada mais é do que um produto de um estado de coisas fundado na livre--concorrência?" (Marx, 1965, v.I, p.154), apregoando que: "Nas condições atuais da produção burguesa, entende-se por liberdade o livre-câmbio, a liberdade de compra e venda" (ibidem, p.176).

178 O conceito de igualdade também é determinado historicamente. Marx define o processo da economia de troca onde: "Cada indivíduo é um elemento de troca, isto é, tem com o outro a mesma relação social que ele consigo. Considerado, como sujeito de troca, sua relação é de igualdade. A troca de mercadorias é a base produtiva real de toda igualdade e liberdade. Estas, com ideias puras, são meras expressões idealizadas daquele (do processo de troca): ao desenvolverem-se em relações jurídicas, políticas e sociais, essas são somente aquela base elevada a outra potência" (ibidem, p.153-8, 193).

guesia como detentora do capital livremente dispõe da mão de obra do trabalhador, seja manual ou intelectual.[179]

Mesmo a *liberdade de consciência* como valor no *ethos* liberal precisa ser entendida como mistificação, na medida em que não há vida interior. O homem se realiza pela *praxis* na História e na sociedade; não são intenções que contam, mas comportamentos que se definem no plano histórico-social, objetos das Ciências humanas.[180]

---

[179] "Quando se consideram as condições sociais que engendram (ou que a elas correspondem) um sistema limitado de troca, de valor e dinheiro, é evidente que, por mais pessoal que pareça ser a relação entre os indivíduos, eles entram em contacto uns com os outros no nível de papéis bem determinados, como suserano e vassalo, senhor e servo, etc., ou enquanto membros de uma casta, de uma ordem (estamento), com o surgimento do sistema monetário e de uma economia de troca bem desenvolvida (tal aparência seduz os democratas); as relações de dependência pessoal são anuladas, da mesma forma que as baseadas na origem de estirpe, educação, etc. (embora essas relações apareçam também como pessoais). Os indivíduos aparecem independentes (independência ilusória, melhor seria chamá-la, indiferença); parecem defrontar-se livremente e no seio desta liberdade efetuar suas operações de troca, isso só se dá naqueles que abstraem as condições de existência nas quais estes indivíduos entram em contacto (e essas condições são tão independentes dos indivíduos, se bem que criadas socialmente, aparecem como relações naturais que escapam ao seu domínio).

A determinação, que, no primeiro caso, aparece como limitação pessoal, no segundo caso, se dá como uma limitação material do indivíduo pelas condições que não dependem dele, pois repousam sobre si mesmas. (Como o indivíduo isolado não pode desfazer-se de suas determinações pessoais, dominando as condições externas, sua liberdade parece maior no segundo caso.)" (ibidem, v.2, p.217).

[180] "Liberdade de Consciência." Pretende-se nesta época de *kulturkamf* ressuscitar os velhos *slogans* liberais?

Eles podem dar-se da seguinte forma: "Cada um tem direito a satisfazer suas necessidades religiosas ou físicas sem que a polícia intervenha". "Mas o Partido Operário deve, nesta situação, exprimir sua convicção de que a liberdade de consciência burguesa nada mais é do que a tolerância de todas as formas possíveis da liberdade de consciência religiosa e que, no que diz respeito a ele, este se esforça em libertar as consciências do medo da religião" (ibidem, v.I, p.1432).

Por mais pessoal que seja a relação que os indivíduos estabelecem entre si, eles definem tais relações num plano *socialmente determinado*. Tal plano se torna opaco pela aparência que essas relações apresentam geneticamente individuais e criadas livremente, produtos *independentes* das determinações sociais, expressões *naturais* e *livres* das determinações pessoais.[181]

Tal liberdade pode coincidir com necessidades da livre concorrência comercial, como o despotismo romano aparece como *condição* livre do Direito Privado, na Roma antiga.[182]

O reino da liberdade *real* aparece como incompatível com o domínio do capital, seja privado, seja estatal. É compatível com a associação livre entre os homens,[183] com a formação social objetiva em que a liberdade se realiza em *ato* e se nega enquanto categoria abstrata e formal. Na civilização ocidental, é necessário notar que a realização da *liberdade* como valor liberal pres-

---

181 "As regulamentações de mercado voluntário provieram, como é natural, daqueles interessados cujo proeminente poder aquisitivo real sobre os meios de produção lhes permitia uma *exploração monopolista da liberdade formal do mercado*" (Weber, 1944, v.I, p.82).

182 "Enquanto a produção capitalista constituía a forma necessária, mais adequada do desenvolvimento das forças produtivas da sociedade, o movimento do indivíduo no seio das condições puras do capital aparece como sua liberdade. ... O reino do capital é condição da livre concorrência, como o despotismo dos imperadores romanos constituía a condição *livre* do Direito Privado Romano". (Marx, 1965, v.2, p.294-5).

183 "A bem da verdade o reino da liberdade começa somente a partir do momento em que cessa o trabalho fruto de necessidades exteriores".
... "Neste domínio – econômico – a liberdade consiste: os produtores associados – o homem socializado – regulam racionalmente suas trocas orgânicas com a natureza, submetendo-a ao controle comum, em vez de serem dominados pelo poder cego destas trocas; realizam-na com o mínimo dispêndio possível de energias, nas condições mais dignas de conformidade com sua natureza humana. O império da necessidade não desaparece.
Mas, é além deste império que começa o desenvolvimento da potencialidade humana como fim em si, o verdadeiro reino da liberdade..." (ibidem, v.2, p.1487-8).

supõe *sua negação*: a intervenção do Estado como elemento de dissolução das condições pré-capitalistas e criador das possibilidades do industrialismo da livre concorrência.[184] A realização da liberdade, enquanto ideologia, pressupõe seu aniquilamento prévio enquanto *determinação social*. Assim, a *Lei dos Pobres* de Elisabeth, com seu *autoritarismo coercitivo real*, fora condição necessária aos *Direitos do Homem e do Cidadão* em seu *liberalismo abstrato*.

A *tolerância* aparece vinculada ao *pluralismo político*. Sua decorrência lógica, as relações *imediatas* no nível da *democracia direta* de Rousseau ou mediante a representatividade de J. Locke revelaram-se inadequadas à sociedade de massas. Associações voluntárias, governos locais, constituíram elementos de mediação entre o indivíduo e a sociedade global, em que ele aparece como *membro de grupos* e não como *agente autônomo*. Assim, o pluralismo democrático, substituindo o conceito do individualismo (*cada homem um voto* por *a cada grupo legítimo sua parcela*), agregado à tolerância, *é a etapa mais desenvolvida do processo político sob o capitalismo moderno*. A *tolerância* como categoria político-ideológica nada mais é do que a transposição da livre concorrência mercantil; é a concepção mais ajustada à sociedade mercantil, fundada no reconhecimento voluntário do direito de interesses opostos existirem e serem promovidos. Funciona como aceita-

---

184 "Jogaram assim, em primeiro lugar, uma massa que era livre num duplo sentido, livre das antigas relações de clientela ou de servidão e das relações de prestação e, em segundo lugar, livre de toda posse e de toda forma de existência como coisa, de forma de existência objetiva, livre de toda propriedade, à qual se apresentava como única fonte de recursos a venda de sua capacidade de trabalho ou a mendicância, a vagabundagem ou o roubo. É comprovado historicamente que esta massa tentou este último caminho, porém, fora empurrada para outro caminho por meio da força, do látego, ao estreito caminho que leva ao mercado de trabalho, de tal modo que os governos de Henrique VII e VIII, etc. aparecem como condições do processo histórico de dissolução e como criadores de condições para a existência do capital" (Marx, 1971d, v.2, p.469-70).

ção, de meio-termo entre os interesses competitivos. Os problemas de *princípios* reduzem-se a conflitos de *interesses*. Na medida em que funcione o mecanismo do mercado, ele implantará as restrições mútuas exigidas pela tolerância dos interesses conflitantes; falhando, o Estado intervirá como *poder compensador*.

A *tolerância*, nascida da reprodução ampliada da competição econômica, é interpretada pelo *ethos liberal* como proteção ao dissidente; no plano político, ao mesmo tempo que *ilegitima* a contestação, *legitima* o domínio de uma *maioria* oposta à *vontade geral* de Rousseau. Não se trata de indivíduos que na esfera política *abstraíram* seus interesses *privados*, mas sim de *indivíduos que identificaram estes interesses com suas funções públicas*.

A formação da maioria *legítima* não se dá como consequência do desenvolvimento independente do pensamento social, mas como *imposição* monopolista ou oligopólica dos formadores da *opinião pública*; a burguesia que apresenta *seus* interesses *privados* como interesses *coletivos*, suas ideias *especificamente* determinadas como *universais*, seu racionalismo como a encarnação da *razão histórica*.

Em suma, é uma categoria ideológica: "*concluímos todos ao analisar as teorias e práticas predominantes da tolerância, que elas são em graus variáveis máscaras hipócritas a ocultar aterradoras realidades políticas*", conforme estudos de Paul Wolf e Barrington Moore a respeito.

Da mesma forma, a categoria *propriedade* insere-se no universo de discurso liberal do *individualismo proprietário*, em que relações homem a homem são reduzidas às relações deste enquanto *proprietário privado*, em que o *capital industrial* aparece como forma *objetiva* realizada pela propriedade privada que *domina* o homem como um poder universal.[185]

---

[185] "A Economia política – como o próprio movimento real (imediato) tem por ponto de partida a relação do homem com o homem enquanto proprietário privado". ... "Vemos como a Economia política fixa a forma alienada das

A propriedade privada nada mais é do que uma categoria *histórica* que enfrenta no mercado a força de trabalho como *situação limite da não propriedade, mas propriedade do outro*.[186]

O trabalhador-proprietário ou o proprietário-trabalhador existente no modo de produção asiático é substituído pelo proprietário do instrumento de produção próprio, o artesão, ou pela condição do escravo, desvanecida a possibilidade de posse do instrumento de trabalho por quem o executa.[187]

---

relações sociais como o modo essencial e original delas, vendo-as de conformidade com a natureza (vocação humana)" (ibidem, p.24).

"É no ponto culminante do desenvolvimento da propriedade privada que o saber oculto se revela, ou seja, de um lado aparece como produto do trabalho alienado, e de outro lado é o meio pelo qual o trabalho se aliena, ela é essa alienação realizada" (ibidem, p.67).

"Toda riqueza é primeiramente riqueza industrial, riqueza do trabalho. A indústria é a forma acabada do trabalho realizado, o sistema da fábrica é a indústria na sua forma mais aperfeiçoada, isto é, a essência do trabalho; o capital industrial é a forma objetiva, realizada, da propriedade privada. Entendemos que a propriedade privada possa eternizar seu reino sobre o homem, e sob sua forma mais geral (a histórica) tornar-se um poder que possua uma envergadura histórica universal" (ibidem, p.75).

"A propriedade mobiliária pretende ter conseguido para o povo a liberdade política, libertada a sociedade civil de suas peias, criado o comércio filantrópico, a moral pura, a cultura generosa..." (ibidem, p.111).

186 "São os fatores históricos, que tornam o trabalhador, enquanto trabalhador livre, enquanto força de trabalho sem objeto, puramente subjetiva; encontra-se em face de condições objetivas de produção enquanto sua não propriedade, mas propriedade de outro, que vale por si, na forma de capital" (ibidem, p.340).

187 Marx estabelece a história das formas de propriedade, definindo seu caráter socialmente determinado, contingente e transitório; *a primeira* forma de propriedade, para ele se dá quando: "No melhor dos casos não é ele (o indivíduo) que trabalha a terra, mas ele que possuindo a terra como sua propriedade se relaciona com ela como um sujeito de trabalho." ... "*Segundo estágio*: a propriedade do instrumento, a relação do trabalhador com o seu instrumento que é pessoal; ele trabalha como proprietário do instrumento, é o trabalhador-proprietário ou o proprietário-trabalhador. É uma forma independente, fora da área da propriedade da terra. É o desenvolvimento artesanal ou urbano do trabalho que não é mais, como no primeiro

A ação recíproca dos indivíduos no processo de *circulação simples* é responsável pela representação da *situação de troca em condições igualitárias no plano formal*,[188] em que se dá a apropriação do trabalho alheio, efetuando-se a cisão entre *trabalho e propriedade* e reduzindo-se o primeiro ao papel de produção e reprodução do segundo, ou seja, da propriedade *alheia*.

No plano metodológico, o problema que se coloca é o seguinte: se a razão individual tem autonomia *radical*, estabelecem-se condutas injustificáveis, que só se justificam se aceitas pelos indivíduos necessariamente. É o problema do *niilismo*. Então:

a. não há possibilidade de julgamento de valor ou normas universais a partir da consciência individual; o critério do

---

caso, um fator acidental e acessório da propriedade territorial. A *terceira forma*, possível de uma relação de propriedade, concerne aos meios de viver determinados como condição natural do sujeito trabalhador, sem que esta relação se aplique ao solo, ao instrumento ou ao trabalho. É forma de escravidão ou servidão, ela que é situada como estágio historicamente desaparecida nas relações do trabalhador com as condições de produção, enquanto capital" (ibidem, p.342).

"Numa organização econômica superior à nossa, o direito de propriedade de certos indivíduos sobre o globo terrestre parecerá tão absurdo quanto o direito de propriedade de um ser humano sobre o outro" (ibidem, p.1385).

188 "Como vimos, a ação recíproca dos indivíduos na circulação simples não é no seu conteúdo mais do que a satisfação mútua e interessada de suas necessidades; daí na sua forma, ele é troca, afirmação de igualdade (um dos fundamentos também da ideologia liberal). A propriedade não é mais do que apropriação do trabalho pelo produto do trabalho e do produto do trabalho de outro pelo próprio trabalho. A propriedade do trabalho de outro é adquirida pelo equivalente ao próprio trabalho. Essa forma de propriedade – ao mesmo tempo que a liberdade e a igualdade (aí está contido todo universo de discurso liberal) – se manifesta nesta relação simples. No desenvolvimento ulterior do valor de troca, essa relação está transformada e se constatará que a propriedade privada do produto do próprio trabalho está identificada à separação do trabalho e da propriedade; de tal forma, que por *trabalho* será entendida a produção da propriedade alheia e por *propriedade*, dirigir o trabalho do outro" (ibidem, p.1639).

bom funcionamento da sociedade subordina-se à procura do interesse individual;
b. podem fundar-se normas gerais baseadas na *razão humana* universal e idêntica em cada indivíduo;
c. a aspiração dos indivíduos pode levar a um número de regras que levam ao bem-estar geral.

A partir do *individualismo* pode-se demonstrar a necessidade de *nenhum* sistema particular de valores. O indivíduo adapta-se a qualquer sistema de moral e valores. A impossibilidade de mostrar no interior da visão racionalista a necessidade de valores, quaisquer que seja, é a base epistemológica do *niilismo*.

A neutralidade axiológica do niilismo refere-se a *valores de conteúdo*: amor, ódio, bem-estar social. Ao individualismo, pelo contrário, ligam-se *valores formais*: liberdade, igualdade, tolerância, justiça. Como o individualismo é moralmente neutro, em situação de crise – situação da Alemanha na República de Weimar –, os valores acima enumerados podem ser substituídos por valores imediatamente opostos: ditadura, intolerância, discriminação racial ou social.

A imagem individualista do racionalismo iluminista é estática, falta a ela a *historicidade*, pois para ela só há uma ordem: a ordem natural; surge a *racionalidade econômica*, só compreensível por *competentes*, tecnicamente falando.

O agir racional em *relação a fins* é a conduta da burguesia; sua visão racionalista do mundo invade a Economia (contabilidade racional), a política (o Estado racional). A Ciência cumpre uma função técnica; ela torna consciente a adequação de meios a fins, com seu produto cultural: a clareza e a instrumentalidade conceitual.

O agir racional de Weber representa uma generalização feita a partir de um dos níveis de análise da ação social: a descrição da ação social do ponto de vista do *ator individual*.

Na sua sociologia da ação social, a relação entre sistema de relações sociais e ideias institucionalizadas (ou em outros termos, a relação entre a infraestrutura e a superestrutura) se conceitua na relação entre o ator individual e suas ideias. O modelo weberiano abstrato de racionalidade não é aplicável ao plano da sociedade global. O conceito de racionalização não denota processos equivalentes em todos os níveis da análise da ação.

A conceituação dos fenômenos *significativos* para a sociedade global deriva da ação, paradigma básico que *constitui mais um recurso psicológico do que qualquer outra coisa*, pois trata de motivações, orientações e expectativas.

A ação racional tendente a fins realiza-se na dominação burocrático-legal, para Weber. A pretendida autonomia da técnica-racionalidade formal não representa nada mais do que a autonomia da organização social e da produção em relação aos agentes da produção (capitalistas ou trabalhadores) em função da sua submissão ao capital. Nesse contexto, a maior eficiência, racionalidade, tecnologia possível e progresso encobrem a produção e a reprodução da mais-valia, que, por sua vez, aparecem opacamente como lucro. A organização da produção e a utilização dos meios técnicos decorrentes são inseparáveis num *sistema de dominação*. Daí, a organização ser a *burocracia* e esta a *organização* por excelência.

A classe dominante, no plano econômico, produz e reproduz em todas as atividades extraeconômicas uma *esfera autônoma* da organização, concretizando a força coletiva dos trabalhadores produtivos através de um grupo de *especialistas*. A existência dessa esfera suprema de organização autônoma aparece como o coroamento do sistema no Estado. Os problemas da *razão de Estado* ficam sendo preocupação exclusiva de uma elite. A racionalidade econômica aparece como *lei natural* que só o *especialista* entende. Diferentemente do que postula Weber, os valores são fatores de otimização da ação, no sentido sócio-histórico e não no sentido pragmático-utilitário.

Em síntese, a burocracia não se esgota enquanto fenômeno meramente *técnico*; é acima de tudo um fenômeno de *dominação*.

Na medida em que Weber, adepto da democracia liberal, estuda a burocracia como padrão ótimo de dominação pela impessoalidade de sua ação, continuidade e eficiência, possuindo competência fundada num saber especializado, portanto acessível a poucos, a burocracia representa uma democratização *passiva*. A ênfase que ela atribui ao conhecimento especializado, como característica qualitativa que separa a burocracia capitalista ocidental das burocracias patrimoniais orientais pré-capitalistas fundadas no saber humanista, privilegia essa competência técnica que, traduzida no plano político, significa a confiança no carisma. Weber preocupou-se com a relação carisma-emocionalismo e as consequências irracionais que adviriam para a vida política do domínio carismático.

Numa sociedade dividida em classes, não há tipos de racionalidade, como Weber preceitua, a racionalidade formal e a material em perpétua tensão. Há um *pluralismo* de racionalidades em função das classes sociais existentes numa dada sociedade.

Max Weber define uma racionalidade instrumental fundada em expectativas de comportamento, *privilegiando* os meios antitradicionais. Assim, o ato livre é feito com conhecimento dos meios para chegar ao fim, decorrendo daí uma ética da responsabilidade.

Seu conceito de racionalidade formal é ligado a valores, embora não o admita explicitamente, pois Weber vincula a ideia da distribuição social dos bens a um efeito perturbador no processo de produção eficiente, em que a propriedade privada dos meios de produção aparece como o paradigma da eficiência técnica.

A ênfase *iluminista* na razão do sistema econômico capitalista obscurece a percepção da *irracionalidade* da subutilização da técnica, poluição do ar, água, do desgaste humano ocasionado pela intensificação do ritmo de trabalho. Apesar da diminuição da carga horária, são complementos lógicos ao único sistema que produz e reproduz uma mercadoria coletiva: a força de trabalho.

Assim, Weber, no seu apego ao neokantismo no plano metodológico, representa retorno às categorias individualistas da *Aufklaerung* da época da ascensão da burguesia. Situado num momento de transição e crise da consciência e existência burguesa, em nível europeu, Weber significa a *consciência limite* da consciência burguesa alemã na transição dos fins do século XIX e início do século XX.

A República de Weimar surge sob grave crise ideológica. O teórico do nazismo, Carl Schmitt, critica o parlamentarismo, atribuindo a crise alemã à desagregação da Monarquia; o verdadeiro guardião da Constituição para ele é o presidente. Na mesma época, Spengler escreve *A Decadência do Ocidente* cuja cura dos males que aponta – o liberalismo, a urbanização e a sociedade industrial – se realiza nas virtudes do prussianismo. Moeller van den Bruck admira o *passado que não volta* na figura de Bismarck e do prussianismo; pensa no III Reich que operará a fusão do indivíduo com a totalidade mística: o *Volkstum* vivo, desenvolvendo a teoria do espaço vital. Keysserling e Rathenau advogam a regulação burocrática da economia e o Estado corporativo. Weber representa no quadro alemão o *canto de cisne* do liberalismo, cuja contestação assumirá a forma da *revolução conservadora* de Hitler.

O politeísmo dos valores implica servir a muitos ideais políticos ao mesmo tempo; ao assumi-los Weber abre as portas do niilismo,[189] ou melhor, transforma-se na representação inconsciente, portanto, ideológica, da desagregação dos valores da República de Weimar. A lucidez da análise de Weber é incompatível com o *sacrifício do intelecto*. Este servidor positivista da ciência sem pressupostos jamais aderiria ao nazismo.

Acentuando a historicidade dos problemas que enfoca, Weber critica a visão *acósmica* do mundo, desvinculada das mediações histórico-sociais, retomando a perspectiva hegeliana que vê no

---

189 V. cit. 173 deste capítulo.

cristianismo a raiz da decadência, uma das formas essenciais da *consciência sofredora*.

Durkheim fora o patrono da Sociologia acadêmica da República Francesa, seu ideólogo mais conspícuo oficializado pela burguesia francesa no ensino das faculdades de letras e escolas normais, por considerá-lo o único capaz de assegurar o caráter leigo do ensino oficial, laicismo que era naquele tempo expressão cultural de sua supremacia no âmbito do poder político.

Weber pertence à tradição de Simmel e Wiese, que consistia em criar sistemas intrincados de processos formais, desligados de seus conteúdos e constituindo por si mesmos o objeto da Sociologia. Fazia-se assim a Sociologia assumir posição distante da vida, posição verbalista, uma geometria do espaço social, com que se procurava contrapor o impacto direto do pensamento socialista germânico, após Marx. Através de soluções semimetafísicas, abstraíam os conteúdos históricos das formas sociais. Era a sociologia formalista. Ao mesmo tempo Weber dialoga, como diz W. Mills, com a *sombra de Marx*, que explica sua preocupação com os conteúdos históricos condicionantes do *racionalismo*, inerentes ao *ethos* puritano que ele vincula ao espírito capitalista, retomando uma relação que Marx enunciara no seu prefácio a *O Capital*.

5
Burocracia: da mediação à dominação

Só não há poder sobre os mortos.

Walter Benjamin

Procuramos definir que a gênese e a estrutura da Teoria Geral da Administração, enquanto teoria explicativa da empresa capitalista e do *coletivismo burocrático*, devem ser procuradas inicialmente no âmbito do Estado, daí analisarmos o primeiro tipo de burocracia histórica, a oriunda do *modo de produção asiático*[1] que aparece no início do período histórico da Índia, Egito e China.

---

1 "A lei que rege a divisão de trabalho da comunidade age com a autoridade invariável de uma lei física, enquanto cada artesão executa no seu *atelier*, tradicionalmente mas com independência, sem reconhecer nenhuma autoridade, todas as operações necessárias. A simplicidade do organismo produtivo destas comunidades que são autossuficientes reproduz-se constantemente da mesma forma, e uma vez destruídas acidentalmente são reconstruídas no mesmo lugar e com o mesmo nome, *fornece-nos a chave da imutabilidade das sociedades asiáticas*, imutabilidade que *contrasta* de forma estranha com a dissolução e reconstrução incessante dos Estados asiáticos, as mudanças vio-

Com a irrupção da empresa capitalista, a ênfase do processo de burocratização flui do Estado à empresa, no período liberal do desenvolvimento econômico capitalista. A intervenção do Estado na economia enfatizará as relações da empresa com o poder estatal; as formas do *coletivismo burocrático* implicarão a anatomia da burocracia estatal legitimada pelo partido.

No *plano lógico*, mostramos como Hegel utilizou o conceito de *corporação inacabada* para definir a burocracia privada, e *corporação acabada* definindo a burocracia pública, que se realiza pela união íntima do *universal* com o *particular*, uma síntese do *substancial* e do *individual*. O Estado aparece como suprema instância que suprime as *particularidades* no seio da *unidade*, tendo como base social a *classe média* que protege uma generalidade *imaginária*, na qual as finalidades estatais se caracterizam como finalidades da burocracia e as quais se esgotam no Estado. A burocracia emerge como mediação entre os interesses particulares e os gerais.

Procuramos demonstrar, direta ou indiretamente, como a concepção hegeliana de burocracia no nível do Estado e de corporação privada – modo de produção asiático – tem as origens no *plano lógico* nas concepções pioneiras de Aristóteles, Ibn Khaldun, Machiavel, Thomaz Hobbes e Montesquieu. Hegel é a *mediação* entre estes autores e Karl Marx, que aprofunda o conceito de modo de produção asiático ao estudar a penetração do capitalismo na China e na Índia.

A transitividade da burocracia do plano lógico ao histórico ocorre com a emergência do modo de produção asiático como

---

lentas de suas dinastias. A estrutura dos elementos econômicos fundamentais da sociedade permanece à margem de todas as tormentas da região política" (Marx, 1965, p.901).

Acrescentamos que essa *imutabilidade* do modo de produção asiático analisada por Marx permitiu que o capitalismo ocidental *dinamicamente* realizasse sua acumulação primitiva. A industrialização japonesa e soviética mostra o *dinamismo* de países condicionados pelo modo de produção asiático na adaptação ao capitalismo e à industrialização burocrática.

categoria sujeita às determinações sociais inerentes à formação da cultura da irrigação do solo que leva a uma supervisão centralizada da burocracia. Esta burocracia coordena os esforços da sociedade e é instrumento de exploração das comunidades subordinadas, com a apropriação da terra pelo Estado e deste por ela, apropriando-se do excedente econômico. Constatou-se isto na Mesopotâmia, China, Índia, Império Inca, Antigo Egito e Rússia.

O modo de produção asiático permite a emergência de *managers generalistas*, cuja expressão mais acabada se dá com os *letrados* chineses, o mandarinato que enriquecia em função das famílias consideradas como *particularidades*, levando ao empobrecimento *geral* da sociedade global. Mantinha, sob sua tutela, a classe comerciante, campesina e a aristocracia territorial, que dependia da burocracia para manter as obras hidráulicas e a nomeação para a administração pública. Emergia então uma ordem política em que as mudanças controladas estavam definidas por uma ideologia fundada na *ordem hierárquica*: a ética confuciana.

Na URSS, a direção da industrialização levada a efeito pela burocracia do Partido Comunista que monopolizou o poder articulando as burocracias da organização hospitalar, escolar, militar, tomou a forma de um *coletivismo burocrático*, no qual a burocracia detém coletivamente a propriedade dos meios de produção e o monopólio do poder político. O proletariado não participa da direção da produção, está relegado a funções de pura execução. Por outro lado, há uma *fusão* do poder político com o poder econômico, confundindo-se no seio da classe burocrática em que participar da apropriação do sobreproduto social equivale a participar do sistema de dominação.

Em tal estrutura, a rivalidade no seio da burocracia como dominação só pode ser controlada mediante a intervenção em todos os níveis e setores da vida social pelo princípio da unificação burocrática; constitui também a maior burocracia, resultando na *politização* da sociedade global. O Estado confunde-se com a sociedade.

No capitalismo, a burocracia é assimilada pela sociedade burguesa. Sob ele, observa-se um policentrismo da burocracia, a competição entre a burocracia das empresas privadas e a pública, contribuindo para impedir que chegue à unidade de classe.

Por outro lado, a racionalização não conduz necessariamente à burocratização, pois a primeira se processa num regime fundado na exploração, e a burocratização é um sistema de dominação.

A burocracia constitui um sistema de condutas significativas e não só sistema de organização formal.

Ora, quando definimos a volta de Marx a Hegel, definimos uma relação de continuidade Hegel-Marx. Da mesma forma que este fornecera a Marx o método dialético, fornecera também esquemas explicativos que permitem situar o papel legitimador da burocracia enquanto classe dominante.

Hegel desenvolve seu conceito de burocracia após as vitórias da revolução burguesa e sua integração no estatismo triunfante da Santa Aliança. Aí produz sua *Lógica* e *Filosofia do Direito*.

Hegel deduz sua teoria das classes, das instituições e das corporações, considerando-as elementos de mediação entre a maioria da população, que não tem canais diretos de comunicação com a verdade universal do Estado.

Hegel define três classes: a classe universal dos funcionários do Estado, a classe substancial dos proprietários de terra e a classe industrial dos empresários. Só a primeira é verdadeiramente a classe dominante; ela se identifica com o Estado, permitindo o funcionamento das instituições.

Hegel desenvolve a teoria da burocracia enquanto classe dirigente. A teoria do Estado é a realização objetiva da Ideia Absoluta, constituindo a razão encarnada na história e nas instituições. É a *virtualidade universal dos interesses econômicos*; não é para Hegel a classe que possui o poder econômico a que dirige. Isto é, a classe não domina enquanto possua tal poder econômico, mas enquanto ela reforça o símbolo supremo do poder do Estado. Para Hegel, é o Estado que legitima o capital e a renda territorial, o que explica que os funcionários constituam uma classe proeminente, além das flutuações históricas, que modificam as relações e a importância relativa das duas outras classes, frações da classe dominante.

O que Hegel denomina a classe dos funcionários, Marx chamará de burocracia.

A teoria do Estado e do partido, segundo Marx, representa uma continuidade da herança hegeliana.

O Partido Comunista na URSS tem por fundamento o universalismo estático e institucional de Hegel.

Entende-se por ocasião da cisão Trotsky-Stalin a definição do primeiro: "o partido tem sempre razão, pois a História não tem outras vias para realizar sua razão", declaração ultra-hegeliana. A concepção hegeliana de Trotsky, do Estado e do partido levaria à repressão de Cronstad e da Ucrânia criando condições ao absolutismo de Stalin, como produto acabado.

Definimos que a URSS assiste a uma formação econômico-social em que se dá um *coletivismo burocrático*, no qual a burocracia detém o monopólio econômico e político dos meios de produção e dominação, eis que o *modelo weberiano* para o qual a burocracia se esgota como *organização formal* não explica situações em que a burocracia *não* é agente dos detentores do poder econômico – como sob o capitalismo clássico –, mas definida como um poder econômico e politicamente dominante.

Representa ela uma categoria social específica que estabelece entre seus membros certa ordem e certo estilo de relações, tendente a *autonomizar-se* ante a sociedade *como poder externo e acima dela.*

Enquanto Weber, na sua análise da burocracia, preocupa-se com a enumeração de critérios que a constituem, parece-nos fundamental estudá-la na sua dinâmica interna, isto é, a maneira pela qual ela estrutura suas *raízes* na sociedade e o princípio em torno do qual ela aumenta seu *poder*.

Enquanto na indústria capitalista a burocracia em Weber define-se como órgão de transmissão, isso não se dá numa estrutura em que um partido único detém o monopólio do poder total, pois o *burô* político do Partido Comunista da URSS não se reduz à transmissão e execução. O acesso aos cargos do partido *não* depende de conhecimento técnico ou profissional, *não* é necessário ser remunerado pelo partido para ter cargo importante. *A burocracia participando da apropriação da mais-valia participa do sistema de dominação.*

O partido *unifica* as burocracias setoriais, é elemento de equilíbrio na luta entre os clãs interburocráticos, por sua *mediação* a sociedade se *politiza*, ele realiza a fusão do Estado com a sociedade civil. A *burocracia* na medida em que se constitui como *classe dominante* fica na dependência da *unificação* do poder por intermédio da atividade política do partido.

Sob o capitalismo, a burocracia é assimilada pela burguesia; isso é revelado pelo aburguesamento dos altos funcionários que participam dos Conselhos de administração ou das rendas que provêm de suas ações das empresas.[2]

A burocracia age antiteticamente: de um lado responde à sociedade de massas e convida a *participação* de todos, de outro, com sua hierarquia, monocracia, formalismo e opressão afirma a *alienação de todos*, torna-se jesuítica (secreta), defende-se pelo sigilo administrativo, pela coação econômica, pela repressão política.

---

[2] "Em primeiro lugar: *45% dos executivos*, 26% de todos os profissionais liberais e 19% de todos os que têm cargos de supervisão têm ações. Mas apenas 0,2% dos trabalhadores não especializados, 1,4% dos semiespecializados e 4,4% de capatazes e trabalhadores têm ações. Cerca de *98,6% de todos os trabalhadores da indústria não possuem qualquer ação*" (Mills, 1962, p.148).

Em suma, ela *une* a sociedade civil ao Estado, efetua a viagem de volta de Marx a Hegel, converte sua razão histórica na *razão na história*, do *contingente* passa à *essencialidade*.

É a inadequação do fator *subjetivo* (político, ideológico) ao elemento *objetivo* (a revolução tecnocientífica, a Ciência como fator produtivo, o conhecimento como *força de produção*) que causa um vácuo, motivo do fascismo na esfera capitalista e do burocratismo na esfera *socialista*. Explica-se assim o problema: da burocracia como poder político.

Neste sentido, a análise da burocracia enquanto *dominação*, iniciada por *Marx* no *O Dezoito Brumário de Luís Napoleão*, referindo-se à burocracia sob o capitalismo liberal, fora continuada por *Isaac Deutscher*, aplicando seu esquema à burocracia na URSS. Para ele, deve-se ao fato de a Revolução Russa ter-se dado num país de baixo nível de industrialização, onde o operariado constitui fraca minoria, o preeenchimento do vácuo social pelo poder da burocracia (Deutscher, 1968, p.54).

As exigências centralizadoras do planejamento, alicerçadas no esquema centralizado leninista, permitem ao partido único o monopólio do poder, confundindo-se com o Estado após o período do *Comunismo de Guerra* e a repressão à Cronstad. Emerge a burocracia como detentora do poder econômico e *monopolizadora* do poder político, encontrando no stalinismo sua ideologia.

Para a corrente liderada por *Leon Trotsky* (Trotsky, 1963, p.593-606),[3] constitui a burocracia uma casta, uma camada social do-

---

3 É necessário observar que a caracterização de Trotsky do Estado soviético se vincula ao dinamismo do processo histórico real, às relações da burocracia soviética com o capitalismo ocidental. *Sua caracterização do Estado soviético está despida de qualquer atributo ontológico e a-histórico.* Daí, analisando a situação europeia na iminência da Segunda Guerra Mundial, concluir a respeito dos fundamentos proletários do Estado soviético e das vicissitudes de sua permanência no tempo: "A derrota da URSS seria um episódio de curta duração se o proletariado fosse vitorioso em outros países. *No entanto, nenhuma vitória militar salvará a herança da Revolução de Outubro se o imperialismo*

minante e privilegiada, não uma classe. Segundo ele, ela não se apropria privadamente dos meios de produção e não pode perpetuar-se como classe; seu domínio é precário e frágil.

No que se refere à propriedade estatal ou coletiva dos meios de produção, Trotsky caracteriza a URSS como sendo um Estado proletário com deformações burocráticas. A burocracia *usurpa* o poder da classe proletária; daí definir Stalin como bonapartista, para designar o processo no qual a classe economicamente dominante tolera no plano político o comando incontrolado de um aparelho militar e burocrático. A burocracia soviética é produto de *contradições sociais internas* (entre operários e camponeses) e *contradições externas* (entre a URSS e o capitalismo mundial). A ditadura da burocracia, para Trotsky, é a *expressão desfigurada* mais incontestável da ditadura do proletariado. Para ele, somente uma *revolução política*, derrubando a burocracia, permitirá ao proletariado a *realização da união* entre a infraestrutura socialista e a superestrutura correspondente.

Já *Bettelheim* (1970) aponta na URSS a dominação de uma burguesia; o Estado soviético aparece dominado por uma *burguesia de Estado*, representada pelo quadro administrativo, proprietário dos meios de produção. O partido é o instrumento de dominação. A *burguesia de Estado* estrutura-se numa *propriedade capitalista coletiva*, em que a abolição da propriedade individual, o planejamento estatal, *não* constituem condição suficiente para liquidação definitiva da burguesia como classe dominante.

No plano político, para Bettelheim, *a burguesia de Estado* mantém as formas de dominação tradicionais: ela *separa* o aparelho de Estado das massas. A relação dominação/repressão que caracteriza o Estado na URSS em relação às massas configura-o, para Bettelheim, como Estado burguês.

---

se mantém no resto do mundo" (Trotsky, 1963, p.591-2). É o que não entendem seus seguidores atuais.

Para M. Djilas (1958) e S. Stojanovic (1971) acontecera na URSS o surgimento de *uma nova classe* que detém a exploração do poder econômico e o monopólio do poder político. A propriedade dos meios de produção é entendida neste contexto como o direito de *gerir* a propriedade do Estado e *usá-la como posse efetiva do instrumental econômico.*

Segundo Stojanovic o sistema soviético caracteriza-se pelo estatismo. Não é nem capitalismo de Estado (na falta de capitalistas e de capital) *nem* uma sociedade socialista, pois a propriedade estatal como existe na URSS *não* constitui forma de propriedade social. *É um sistema que perpetua a exploração do trabalho*: a repartição da mais-valia efetua-se em função da posição ocupada na hierarquia do Estado pelos elementos que formam a nova classe.

François Fejtö (1968) segue uma linha de análise liberal-economista no que se refere à burocracia soviética. Segundo ele, esta substitui a força como meio de controle social, deixando ao mecanismo do mercado uma função reguladora da produção.

Essa orientação obedece às necessidades de uma camada tecnocrática que ascendeu após 30 anos, de engenheiros, cientistas e economistas, especialmente a elite administrativa da empresa, que devido ao fracasso da planificação centralizada permitiu nova extensão dos mecanismos de mercado e de lucro. Este grupo tecnocrático está mais inserido no processo econômico que a burocracia (conforme Marc Paillet, 1971) dominando a sociedade como *uma nova classe social, um novo tipo de burguesia em vias de formação.* Os novos antagonismos dão-se:

- entre duas frações da burocracia (Mihailo Markovic, 1968);
- entre duas frações de uma classe estatal (Stojanovic);
- entre dois componentes da classe tecnoburocrática (Marc Paillet).

A burocracia aparece como formação social no regime de transição articulando o corpo social, constitui um *aparelho* em que é mantida a separação que existe na fábrica, entre o operário e os meios de produção, traduzida administrativamente pela posição da burocracia como entidade *autônoma* relativamente ao todo social, dominando as decisões, com seus critérios internos, atuando como matriz das relações sociais burguesas, convertendo-se no palco no qual se efetua a repressão às massas.

É neste sentido que se dá a evolução do *aparelho* de Estado na URSS de 1917 até hoje.

No período de transição, o Estado é a base da propriedade social, o que significa que ela *não é social, pois é exercida pelo Estado em nome da sociedade*. Os produtores aparecem como proprietários dos meios de produção *somente por mediação* do Estado.

Fundamentalmente, o significado da propriedade do Estado *depende* das relações sociais existentes *entre* ele *e os* trabalhadores. Se ele é dominado por um corpo de funcionários, *escapando* ao controle dos trabalhadores, é o corpo de funcionários e administradores que detém o controle dos meios de produção, *dispondo* do excedente econômico, conforme suas normas, com *papel dominante* no mercado e na imposição de critérios de rentabilidade.

A burocracia, como proprietária efetiva dos meios de produção, justifica-se pela *função* que exerce, em que a principal é a *função de acumulação exercida enquanto agente do capital social*.

No referente à empresa capitalista, analisamos as condições históricas de sua emergência, que se dera com a Revolução Industrial na Inglaterra, com a Revolução Francesa e seu desenvolvimento na Alemanha como reflexo. Tal processo determinará uma resposta intelectual: serão as teorias de Saint-Simon, Fourier e Karl Marx. É a contestação a uma sociedade no qual aparece a fábrica como unidade produtiva básica, articulada com a livre utilização da mão de obra proletária, oriunda da expropriação do campesinato rural e do artesanato urbano.

A transição do capitalismo liberal para o monopólio, a transformação da empresa patrimonial em burocrática, a substituição da energia a vapor pela eletricidade, implica uma resposta intelectual: F. W. Taylor.

O trabalho simples aparece como a materialização da relação salarial na empresa. Como necessidade externa, como meio de existência para uma vida que acha seu sentido *fora* dele. Explica-se assim a *indiferença* do homem ante o trabalho: sua vida tem início *após* o término do labor.

A industrialização extensiva inerente ao esquema de Taylor implica a proliferação do trabalho desqualificado que coexiste com a estrutura administrativa monocrática, alienante, em que a principal virtude é a obediência a ordens.

Taylor reproduz na linguagem administrativa a estrutura vinculada à produção simples do trabalho e a reprodução ampliada do capital. A racionalização taylorista situa-se *fora* do homem; é a razão do homem como agente das relações, tendendo a identificar a natureza humana com a força de trabalho simples, na qual se dá o processo de valorização do capital pelo trabalho em que o operário *não* utiliza os meios de produção. São estes que o utilizam.

A direção administrativa, que *nega* todas as formas *ativas* de movimento, mantém o *status quo* gerado pelo sistema industrial. Sua maior preocupação concentra-se no fluxo mecânico dos objetos e na manipulação humana conforme critérios utilitários. Ela cristaliza tais mecanismos, confinando o homem a papéis definidos como se fora *coisa*. Confirma-se tal afirmação pela preocupação taylorista em adaptar o homem à máquina.

Na reprodução social fundada no trabalho fabril, aparece um meio artificial em desacordo com as propriedades biológicas e psíquicas que caracterizavam o homem durante séculos. Esmagado pelo meio artificial do qual é servo, nas suas relações com a hierarquia industrial, na separação entre o trabalho manual e o intelectual, o homem vê o mundo, isto é, as condições de produção e reprodução de sua existência como algo *estranho*, sem relação com seu desenvolvimento pessoal; é dominado por uma criação de suas próprias mãos: o produto final na empresa.

O taylorismo[4] aparece como *ideologia da reprodução do trabalho simples*, da acumulação primitiva do capitalismo industrial, em que *a ética da classe dominante surge como a ética da eficiência, que ele traduz.*

O taylorismo fundamentado em valores *quakers*, incide diretamente na *lógica da luta de classes*, na medida em que a fixação de ritmos de trabalho e o reconhecimento da qualificação profissional, a determinação do que sejam *rendimentos normais* e os sistemas de remuneração por tarefa ou tempo, atuam como *elementos condicionantes* da situação operária na fábrica e da rentabilidade do capital, bem como da capacidade em relação ao trabalho assalariado. A determinação dos aspectos acima enumerados do trabalho industrial não se apresentam como aspectos neutros, somente no nível técnico. Influi na *totalidade do social* pela incidência sobre a produção e reprodução ampliada do capital e da força de trabalho como mercadoria e principal força produtiva. Nesta medida é o *taylorismo a tradução administrativa da lógica e dos interesses da burguesia, num momento dado de seu desenvolvimento histórico.*[5]

---

4   Nas empresas lucrativas funcionando no regime de uma economia de troca, o taylorismo constitui o regime administrativo apropriado, daí Weber notar que: "A adaptação ou o ajustamento se for condicionado pela educação ou influências ambientais, só pode determinar-se mediante a *prova*." *Na economia de troca, tratando-se de empresas lucrativas toma usualmente a forma de* 'prova de aprendizagem'. *O sistema Taylor pretende levá-la a efeito racionalmente* (Weber, 1964a, v.I, p.112).

5   *Lenin* consultara a 2ª edição alemã do *Shop Management* de F. W. Taylor, de 1912, anotando: "Que o autor (Taylor) desenvolve a tese de que o operário tem muita oportunidade de passar a contramestre, com o intuito de modificá-lo. *Aparecem inúmeras imbecilidades a respeito da identidade de interesses entre a classe operária e os patrões.* O autor é favorável a multas pecuniárias, como a melhor forma de sanção disciplinar. Multas destinadas ao fundo de Caixa de Acidentes, contra os empregados e contra si próprio" (Lenin, v.I; 1970, t.39, p.153-4).

Sua racionalização empobrecida,[6] em nível operatório somente, adstrita ao estreito tecnicismo traduzido em linguagem administrativa; o culto do ascetismo operário na conduta pessoal com a valorização do rigor, da pontualidade, da remuneração para atender apenas à reprodução da força de trabalho operária, *constitui-se* numa ideologia de uma estrutura fabril que, na separação entre planejamento e execução, trabalho manual e intelectual, reproduz a dependência do *trabalho* ao *capital*.

Como ideologia, o taylorismo tende a dar autonomia à técnica, apresentando o parcelamento do trabalho, a limitação do consumo das massas nos quadros da reprodução simples do trabalho, como categorias a-históricas, inerentes à *natureza* humana. Enfim, o taylorismo é a ontologia de uma formação historicamente delimitada: a empresa capitalista fundada no *idiotismo* da profissão, na direção monocrática e na separação entre o produtor e os meios de produção. "O capital foi *concentrado* e o homem *dividido*" (Marx). O taylorismo soube apresentar o objetivismo sob a máscara de *ciência*; os problemas específicos de produtividade, rendimento, são reais; para situá-los adequadamente é necessário fazê-lo *integralmente*, colocando-os em função de um conjunto, o *sujeito social* no sentido mais amplo. Ora, este sujeito não pode ser reduzido completamente à simples *com-*

---

6 "Em oposição ao que ocorreu nas plantações, a disciplina das empresas industriais funda-se completamente numa *base racional*, pois, com a ajuda de métodos de medição adequados, calcula o rendimento máximo de cada trabalhador como de qualquer meio real de produção. *O treinamento racional baseado em tais cálculos atinge o auge no sistema norte-americano* do 'scientific management' que leva às últimas consequências o resultado da mecanização e da organização disciplinar da empresa. *O aparelho psicofísico do homem é aqui completamente adaptado às exigências do mundo externo, o instrumento, a máquina, em suma, a função*. Desta forma, *despoja-se* o homem do ritmo que impõe *sua* própria estrutura orgânica e mediante uma sistemática decomposição, conforme as funções dos diversos músculos e mediante uma máxima economia de energia, se estabelece *um novo ritmo* que corresponde às condições de trabalho" (Weber, 1964a, v.2, p.873).

binação de operações parciais, nem o cálculo pode determinar completamente seus lucros e perdas.

Fayol continua a tradição de Taylor: monocracia, hierarquia burocrática formal e a indefectível unidade de comando, realizada de forma acabada, por incrível que pareça, na empresa industrial soviética, cujo *Regulamento sobre a Empresa Produtiva Socialista do Estado*, de 04-10-1965, no Parágrafo 4º, define que "a empresa é administrada segundo o princípio da *unidade de comando*", em que o diretor representa o Estado (Meyer, 1964, p.884).

O fayolismo representa a transposição da disciplina militar para a indústria – unidade de comando –, continua Taylor na sua política de remuneração do trabalho. Ela deve servir à reprodução da força de trabalho, dogma de uma sociedade pré-consumista. A retribuição ao trabalho não deve pecar por excesso.

Como ideólogos da reprodução do trabalho simples fundado na indústria mecanizada, as teorias Taylor-Fayol traduzem no plano administrativo a impessoalização burocrática definida pelo enunciado das tarefas e por sua especialização. As *pessoas* alienam-se nos *papéis*; estes se alienam no *sistema burocrático*.

Fayol privilegia a *concorrência* como fundamento de maior eficiência e o *interesse individual* como mola da ação humana, atribuindo direito divino à autoridade do administrador da empresa, que se situa no vértice, donde as comunicações que obedecem a esse único fluxo emanam. Conclusivamente, os esquemas Taylor-Fayol fundam-se na justaposição e na articulação de determinismos lineares, sustentados numa lógica axiomática que cria um sistema de obrigação devido à lógica interna.

Daí, operar uma racionalidade no nível de modelo, em que as operações de decomposição e análise, fundadas em aspectos microeconômicos, criam um sistema de coordenação de funções, donde emerge a estrutura altamente formal.

Na empresa norte-americana na qual a acumulação e reprodução ampliada do capital foram realizadas, *o fator humano* começa a ter *status*. Tem-se o surgimento da Escola de Relações Humanas de Mayo, como resposta intelectual a um sistema industrial em que a alta concentração do capital fora traduzida na formação de grandes *corporations*, em que as formas de regulamentação da força de trabalho do operário efetuadas por via autoritária direta (esquema Taylor-Fayol) *cedem lugar à sua exploração* de forma indireta: *pela manipulação do operário por especialistas*, os quais, por sua vez, são *instrumentos manipulados pela direção das empresas*, sendo a força de trabalho recrutada pelos chamados *conselheiros psicológicos*, especialistas em *relações humanas* e *relações industriais*. Da mesma forma que os meios de produção no contexto capitalista *usam* o trabalho operário, em nível administrativo, *usam* o saber especializado do *human-relations*; geralmente formado por *Business School* reproduz no nível pedagógico os conceitos e as relações de dominação do sistema econômico-político, formando *agentes* desta reprodução em contato com a mão de obra *livre* no interior da empresa.

Em Mayo, encontramos a lógica da eficiência taylorista redefinida como lógica da cooperação; insere-se ele na *tradição* Taylor-Fayol: os interesses da administração *coincidem* com os interesses dos operários (Goldhorpe, n.1/61, p.17).

A Escola de Relações Humanas foi a *resposta patronal*, no plano intelectual, ao surgimento das grandes centrais sindicais norte-americanas que centralizavam a mão de obra operária.

Para Mayo, a *comunicação* é a fórmula salvadora da administração. Por isso, privilegia a informação e sua transmissão; em *detrimento* completo do *processo total* de comunicação, enfatiza a *comunicação máxima*, despreocupando-se com a *comunicação ótima*.

A pesquisa de *Hawthorne*, básica para a definição da ideologia das *relações humanas*, funda-se em *evidências diretas*, não demonstrando ser o fruto conclusivo de hipóteses básicas, que seriam testadas pela realidade. Suas pesquisas movem-se no universo do *empirismo radical*.

A Escola de Relações Humanas define-se como uma *ideologia manipulatória* da empresa capitalista num *determinado* momento histórico de seu desenvolvimento. Acentua a preferência do operário fora do trabalho pelos seus companheiros, quando na realidade ele quer, após o trabalho, ir a casa; é sua maior satisfação. Valoriza baratos símbolos de prestígio, quando o operário procura maior salário. Vê os conflitos da empresa na forma de *desajustes individuais*, quando atrás disso se esconde a oposição de duas lógicas: a do *empresário* que procura maximizar *lucros* e a do *trabalhador* que procura maximizar seu *salário*.

Influenciado pelo *behaviorismo*, procura Mayo, por intermédio de estímulos, adaptar o indivíduo ao meio artificial criado pela empresa capitalista, sem transformá-la. Enfatizam seus *conselheiros psicológicos* nos testes a que submetem o trabalhador, o valor básico: a *adaptabilidade*.

A Escola de Relações Humanas representa a *evitação* e a *negação* – no sentido psicanalítico – em nível institucional do conflito de classes, procurando alcançar a maior produtividade da empresa por intermédio de entrevistas de diagnóstico do candidato a trabalhador com os inevitáveis testes de personalidade, criando uma rede de *serviços sociais* na empresa, o sempre presente jornalzinho interno, a assistência *personalizada* de casos, mantendo cursos e cursilhos que impõem sub-repticiamente *maneiras de pensar, sentir e agir* através das quais é transmitida a ideologia dos donos da vida.

Há em Mayo a fetichização da interação social unida à melhoria dos padrões de comunicação, como força para impedir a luta entre as classes. Define-se a Escola de Relações Humanas como uma ideologia manipulatória, a serviço de um universo de interesses fundado na indústria, que tem a necessidade de escoamento de produtos e cada vez maior capacidade produtiva, desenvolvendo *a produção pela produção*, ameaçada pela obsolescência do equipamento e dos produtos. É parte integrante do mundo da publicidade e das comunicações de massa. A Escola de Relações Humanas institucionalizou no nível empresarial a submissão dos pretendentes aos empregos às entrevistas de diagnóstico, testes de personalidade que penetram no cerne da vida do candidato, atingindo sua intimidade, para ser escolhido aquele que tem mais influência.

A *psicologização* dos problemas do trabalhador teve como finalidade seu condicionamento fundado no convencimento de que vive no melhor dos mundos, havendo somente *casos pessoais* a serem tratados ou quando muito, minigrupos. Com isso, se escamoteiam referências à *totalidade* do social.

As inquietações trabalhistas são apaziguadas mediante a publicação de uns coeficientes por parte dos serviços psicológicos, socioassistenciais de formação de mão de obra, provando que se trabalha melhor com institutos psicotécnicos mantidos pelas empresas e dirigidos por competências condimentadas por estágios em cursos de reciclagem.

Fornadas de indivíduos foram integrados na *massa*, selecionados por testes psicológicos, enfatizando a adaptação daqueles. A individualidade indefesa e nua, à mercê das forças sociais em choque, constituiu-se no *eu* dirigido pelo *outro* – de Riesman –, radar humano satisfazendo expectativas de comportamento, matéria-prima para os grupos de pressão que predominam na estrutura social, para administradores que *otimizam* os recursos da empresa subordinando tudo à produção pela produção, introduzindo na empresa a *ética da classe dominante* traduzida administrativamente como *ética da eficiência* no plano do trabalho e da *consensualidade* no plano das relações sociais.

Na Alemanha de Bismarck a Weimar se dá a passagem da Teoria da Administração para a Sociologia da Organização com Max Weber.

Provavelmente, o caráter *retardatário* e ao mesmo tempo *intenso* da Revolução Industrial na Alemanha foi o responsável pela impotência da burguesia, cuja gênese era constituída como estamento *pretérito* e embrião *futuro* de uma classe, gerando o predomínio do Estado e de sua burocracia sobre a sociedade civil.

Diferentemente da França, que fundira o Exército na burguesia, na Alemanha a sociedade fundira-se no Exército. A indecisão política revelada pela classe média na Revolução de 1848 levara o país a submergir na moldura burocrática da contrarrevolução.

Isto determinou a exploração conjunta da sociedade alemã através da associação entre o Exército, a burocracia, a aristocracia *junker* e a burguesia industrial.

Tal fusão fora incrementada no meio social da alta burocracia, em que metade dos altos funcionários casava-se com filha de comerciantes e industriais. A indiferença da burguesia alemã pelos *destinos políticos* do país e sua impossibilidade em exercer a hegemonia resultara na hegemonia da nobreza alemã.

A emergência da industrialização criara poderoso movimento operário integrado no *ethos* do lassalismo, desde 1854, organizacionalmente definido no plano do sindicato *tutelado* pelo Estado.

A República de Weimar apoiara-se nas antinomias, nas contradições externas e internas do país.

No *plano externo*, o *conflito* com a França objetivando a retomada da Alsácia-Lorena; *conflito* com a Inglaterra buscando a concorrência comercial e a rivalidade naval; o *conflito* com a Rússia visando à conquista das rotas do imperialismo russo (Constantinopla, Mediterrâneo), que bloqueavam as vias do imperialismo alemão: Berlim, Bizâncio, Bagdá.

No *plano interno*, o *conflito* como resultado das divisões religiosas (católicos da Baviera, Hannover e Renânia, que contestavam a predominância dos luteranos da Prússia); o *conflito* em função das divisões econômicas (negociantes de Bremen e Hamburgo; industriais do Rhur, Saxe, Berlim e Silésia; pequenos proprietários do sul e oeste; grandes proprietários do leste); tais *oposições* ao nível de classe são traduzidas pelo antagonismo entre o operariado, a burguesia industrial e a aristocracia territorial.

O reflexo político destes antagonismos manifesta-se com a estruturação dos partidos políticos:

Partido Nacional, ex-Conservador, mantido pelos grandes latifundiários;

Partido Democrata, ex-Nacional Liberal, mantido pela grande burguesia;

Partido do Centro-Católico, mantido pelos pequenos proprietários do Sul e do Oeste;

Partido Social-Democrata, com participação de operariado urbano e contingente do setor terciário;

Partido Comunista Alemão, com a participação do operariado e elementos do setor terciário;

Extremistas da Direita, nacionalistas conservadores apoiados economicamente pela alta finança, socialmente pelos setores médios, atingidos pela inflação galopante após 1918.

A alta finança representada pelo *Partido Populista*, ala direita do Partido Democrata de *Stresemann*, com o apoio do Exército, forma a *coalizão de Weimar*: democratas, centro e social-democratas, mantendo o regime liberal.

Esta realidade social histórica *contraditória* determinará a reflexão intelectual de Weber no nível de antinomias. No seu esquema explicativo, sua Sociologia apresenta a combinação de esquemas de ação social a partir do *sujeito* e explicações estruturais no nível de classe, estamento ou casta. A separação entre o político e o econômico opera-se em sua obra, assim como a dialética antinômica das formas-limite de dominação: burocracia e carisma; a antinomia entre a *racionalidade formal* e a *racionalidade material*; a *ética de convicção* e a *ética da responsabilidade*; a dominação do *ethos* burocrático na vida alemã, em que a burocracia representa elemento democratizante e *impessoal*. Todos são negativamente privilegiados ante ela; há o recurso ao *personalismo do carisma plebiscitário*. São estas contradições *externas* da sociedade alemã no seu conjunto e as *internas*, de classe, religião e políticas, que *situam a reflexão de Weber como a tomada de consciência da crise do espírito liberal weimariano*.

Weber opunha-se ao racionarismo *junker* e à dominação da burocracia prussiana; opunha-se às organizações socialistas nas quais via o perigo da burocratização e a um marxismo *economista* e *determinista* que criticara duramente.[7] *Confia* para a mudança

---

[7] "A denominada concepção materialista da História" considerada como *concepção do mundo* ou como denominador comum da explicação causal da realidade histórica deve ser categoricamente rejeitada. A assim chamada *concepção materialista da História* no velho e amplo sentido primitivo e genial de *O Manifesto Comunista* não exerce influência em nossos dias, senão sobre alguns profanos e diletantes. Com efeito, é nesse meio que se acha desenvolvida a curiosa ideia de que somente a intervenção de causas econômicas fornece a explicação causal de um fenômeno histórico. Acomodam-se seus partidários à hipótese mais vaga e a fórmulas mais gerais, satisfazendo seus desejos dogmáticos quando encontram nas *forças produtivas* econômicas as únicas causas *características, verdadeiras e determinantes em última instância*" (Weber, 1965, p.147-8).
É claro que Marx e Engels não simplificaram a causalidade econômico-social a esse ponto. Engels lembra que "o desenvolvimento político, literário, artístico, etc., assenta-se sobre o desenvolvimento econômico. Contudo, todos estes *atuam igualmente uns sobre os outros, assim como sobre a base econômica. Não é verdade, portanto, que a situação econômica seja a causa, que só ela seja ativa e tudo o mais passivo*" "Engels a Heinz Starkenburg", *em 25/01/1894* (Marx-Engels, 1971, p.198). Reafirma a ação recíproca dos fatores materiais, ao explicar que "segundo a concepção materialista da História, o fator dominante na História é em última instância *a produção e a reprodução da vida real*. Nem Marx, nem eu nunca afirmamos outra coisa. Se alguém, em seguida, deforma esta proposição a ponto de lhe fazer dizer que o fator econômico é o *único* determinante, *transforma-a numa frase vazia, abstrata e absurda*" (ibidem, p.198). Assim, ao analisar a formação social das categorias, Marx nota que "embora historicamente a categoria *mais simples* possa ter existido *antes* da categoria mais *concreta*, ela pode pertencer no seu máximo desenvolvimento intensivo e extensivo a uma forma de sociedade *complexa*, enquanto a categoria mais *concreta* é mais *amplamente* desenvolvida numa sociedade *menos* desenvolvida" (Marx, 1965, p.258-9). Analisando a categoria *dinheiro*, como elemento dominante em nações comerciantes – lombardos, árabes, judeus, referindo-se a seu papel no mundo romano, mostra que "no Império Romano os impostos em espécie e as prestações em espécie são fundamentais. A moeda, propriamente dita, desenvolveu-se completamente na área do *Exército* (superestrutura)" (ibidem, p.257). Preocupa-se em mostrar que "certas relações econômicas, tais como o trabalho assalariado,

social na emergência de uma *elite ilustrada*, mas não confia na massa como elemento da *praxis* política. *Reduz sua crítica à superestrutura: a salvação da Alemanha estava na reorganização do país sob novas bases constitucionais segundo o figurino anglo-norte-americano.*

Weber, na sua reflexão sociopolítica, traz todas as contradições do liberalismo clássico, numa época em que ele estava em crise, especialmente na Alemanha, onde o culto à razão era progressivamente substituído pelos mitos irracionalistas que seriam institucionalizados com o nazismo em 1933.

A sociologia geral de Max Weber, sua sociologia da burocracia em particular, *são tributárias de sua visão filosófico-política, adstrita à burguesia na sua passagem da fase de ascensão em nível europeu,* como classe revolucionária *portadora do racionalismo*, elemento *constituinte* da sociedade.

Weber expressa o liberalismo no plano *filosófico*, inserindo-se no *idealismo filosófico*, no qual a apreensão da realidade se dá

---

o maquinismo, *desenvolveram-se por via militar* e nos Exércitos *antes* de se desenvolverem no seio da sociedade burguesa" (p.264). Mostra "a relação desigual entre o desenvolvimento da produção e da arte" (p.264). Enfrenta problemas em que "o ponto verdadeiramente difícil é saber como as relações de produção vistas como relações jurídicas *se desenvolvem desigualmente*. Assim, por exemplo, a relação entre o *Direito Privado Romano e a produção moderna*" (p.264-5). Daí salientar: "no que concerne à arte, sabe-se que certas épocas de florescimento artístico *não têm relação* com a evolução geral da sociedade, nem com sua base material, que é a ossatura de sua organização. Assim, por exemplo, os gregos comparados aos modernos ou Shakespeare" (p.265). Finaliza com a observação de que "A dificuldade não está em compreender que a arte grega e a europeia estão *ligadas* a certo desenvolvimento social. A dificuldade é esta: elas nos proporcionam ainda um prazer artístico, e sob certos pontos de vista constituem normas, constituem para nós um modelo inacessível" (p.266). A preocupação com a *interação* de economia-política-espírito e a *descontinuidade* entre o desenvolvimento das forças produtivas e a persistência de determinadas *relações de produção*, desaparecidas as causas que as originaram, definem um dos aspectos do *método dialético*, que não se reduz à explicação de *continuidades*, nem de proposições *lineares* quanto ao ritmo do processo histórico.

por meio da razão traduzida em categorias racionais *fundantes* do saber. Aparece também quando *privilegia* o ético derivado da mensagem religiosa como fundamento *original específico* da ação econômica na sua sociologia da religião. Traduz o liberalismo em termos de *idealismo histórico*, na sua procura malsucedida de uma elite política à altura dos problemas alemães. Seu *idealismo político* revela-se conclusivamente no esforço de criação de homens com *vocação política* para exercer o poder e não escolhidos burocraticamente, como se dera na Alemanha, de Bismarck a Guilherme II.

Max Weber é tributário da *ideologia liberal*. Tal *ethos* percorre toda sua obra. Sua concepção de *neutralidade* da técnica aparece paralela à industrialização extensiva fundada na reprodução do trabalho simples e na reprodução ampliada do capital, após a Revolução Industrial. Justamente quando as coisas aparecem como objetos técnicos, no qual o próprio homem está incluído na sua determinação social como trabalhador, é que a *ideologia* da neutralidade axiológica da técnica é fundamentada.

A ideologia política liberal é forma de consciência social, como são a arte e a religião, *porém, forma específica de consciência*. Ela reflete como todas as outras ideologias a existência social de maneira particular, porque é expressão direta dos interesses fundamentais da classe proprietária. No capitalismo, ao mesmo tempo, a ideologia política se apresenta como a expressão mais concentrada da economia.

Os problemas da concentração de renda e da distribuição alimentam as forças de contestação que se opõem ao sistema proprietário e ao *credo liberal*. Este é entendido como reprodução ideológica no plano do conhecimento, da produção e reprodução de mercadorias subordinadas à reprodução ampliada do capital e à elevação de sua taxa média de lucro.

A liberdade e a igualdade formal do *credo liberal*, de quem Max Weber era adepto e propagador, reproduziam a liberdade e a igualdade formal da troca mercantil. Como os membros da sociedade concorrem *voluntariamente e igualmente* no plano da atividade econômica, os partidos políticos, para Weber, distinguem-se das organizações corporativas, pelo *recrutamento livre*, no âmbito das instituições liberais.

Assim, o Estado democrático é dirigido eleitoralmente pela competição, em que seus membros como *cidadãos* abstratos – em detrimento das determinações de classe – participam sob as mesmas condições de igualdade e de liberdade *universais*.

Para Weber a República de Weimar, fundada no padrão constitucional anglo-americano, apresenta-se como *ideal*. Tal República aparece como a *ideal* ao capitalismo, porque a relação entre a administração burocrática – mistificando seu caráter repressivo – e o sufrágio universal nos quadros das relações de propriedade definidas pelo capital apresenta-se como *contrapartida* da relação entre a exploração do trabalho *livre* sob o capital e a troca *livre* de mercadorias. A primeira, numa situação de dependência econômica e dominação, e a segunda realizando a liberdade e a igualdade como *mitologias* adequadas ao sistema. Assim, sob a liberdade formal do contrato, temos a dependência econômica e, sob a liberdade formal no plano político e a democratização impessoal niveladora, a burocracia aparece como *mediação* da opressão.

A minoria que concentra em suas mãos os *meios de produção* econômicos, os *meios administrativos* no plano institucional e os *recursos de pesquisa e as escolas*, legitima o *existente* como o *desejável*, o *transitório* como o *permanente*, a racionalidade do cálculo econômico *capitalista* como a encarnação da *razão na História*.

O racionalismo liberal, especialmente em Weber com seus conceitos de racionalidade *formal* e *material*, tende a assumir a forma de um antropomorfismo, isto é, a concepção de uma razão acima do pensamento humano, que seja a essência ou *causa primeira* da realidade.

Ora, a razão não aparece como *coisa em si*, tem origem e evolução definidas em sua *historicidade*; não parte da experiência *in-*

dividual como o empirismo pretende. Não constitui faculdade *passiva*, ela aparece *integrada na experiência histórica e concebida como atividade*, objetivada na produção e reprodução de coisas e ideias. A questão está em situar as determinações sociais em que esta atividade *racional* está inserida.

Conclusivamente, podemos definir: assim como *Durkheim* fora com seu neopositivismo o ideólogo da sociologia acadêmica francesa oficializado pela Terceira República, implantada no ensino das faculdades de letras e escola normal da França a quem seu *laicismo* legitimava, *Weber* constitui *um representante da crise da consciência burguesa europeia vivida nos limites alemães*. Na última oposição ao irracionalismo sob Weimar, privilegia a *consciência individual* como origem absoluta do conhecimento e da razão, e o *indivíduo* como principal *ator* da ação que culmina nas estruturas Igreja, empresa e Estado.

Em contrapartida, tal postura *acentua o que quer destruir*, ou seja, se a razão individual possui *autonomia radical*, se o *sentido* da ação social é derivado do sujeito, estabelecem-se *condutas injustificáveis*, que só no *indivíduo* encontram sua *legitimação*. Surge o *niilismo como ponto de chegada do racionalismo liberal*.

O *niilismo* estabelece-se quando *não há* possibilidade de julgamento de valor ou normas *universais* a partir da *consciência individual*, em que o critério do bom funcionamento do *social* se subordina à procura do interesse *pessoal*. A partir deste *individualismo*, pode-se demonstrar ser desnecessário qualquer sistema particular de valores, *pois o indivíduo se adapta a qualquer sistema ou valores; isto constitui a base epistemológica do niilismo.*

A neutralidade axiológica defendida por Weber – embora reconheça a valoração no *início* do processo de pesquisa –, e patente no universo *niilista*, refere-se a valores de conteúdo, em que o *individualismo* emerge interligado a *valores formais*, liberdade, igualdade, tolerância e justiça. Sendo *moralmente neutro*, permite que os valores sejam transformados em valores inteiramente opostos à ditadura, à intolerância, à discriminação racial ou social.

Weber, herdeiro de Kant e Rickert, funda seu raciocínio em antinomias, reproduzidas no seu discurso político no nível do *ethos* liberal, que, por sua vez, se move dualisticamente. Em suma, *a metodologia de Weber*, com sua ênfase na *neutralidade do sujeito* observador no processo e término da pesquisa, com sua ênfase no *sujeito* como portador da ação racional e portanto numa *razão* constituinte do processo de ação, *representa um momento historicamente definido do processo da industrialização extensiva e mecanizada*, que realiza o aproveitamento capitalista da aplicação da Ciência como resultado, na forma de *tecnologia autonomizada no plano das representações ideológicas*. Participam da visão weberiana o *liberalismo* com a valorização do *indivíduo*; o *contratualismo livre*, regulador da disposição da mão de obra enquanto mercadoria; a *igualdade formal* realizada pela burocracia com sua democratização *impessoal* e a *nivelação* dos *dominados*; a *livre opção* traduzida no *politeísmo* de valores existentes no mundo cuja escolha depende da liberdade do *sujeito* e da valorização da propriedade privada, da empresa livre, que realiza a *racionalidade* do cálculo econômico.

O liberalismo vê no Estado a *condição* e a *ruína* da liberdade total. É só na *repressão limitativa* que a *liberdade* é possível.

As relações entre a *propriedade* e a *segurança* no discurso *liberal* são complexas: a propriedade prospera na ordem e na estabilidade. Mas o Estado que assegura isto, em função de suas múltiplas regulamentações, pode torná-la estéril e a *insegurança* predominar. A propriedade ganha sua segurança com a condição de estar limitada, o que levado ao nível extremo ameaça decompô-la pela eliminação da produtividade e do lucro. O Estado pode tornar-se o poder da *propriedade* na sociedade e das *coisas* sobre os *homens*. Para os *não proprietários*, a maioria dos componentes da sociedade, a *segurança* consiste na *submissão* a uma ordem onde estão excluídos e explorados. A *propriedade* pode destruir a segurança universal na sociedade, como o *poder* pode destruir a propriedade. Na ética liberal, a propriedade autorreproduz-se, levando a concentrar-se numa minoria, ficando a maioria desprovida dela. A propriedade tende a legitimar a situação de *desigualdade* dos indivíduos numa estrutura historicamente definida.

Se a propriedade exige a liberdade, ela *não* é a base da libertação; ela reduz o indivíduo a seus limites. O campo do proprietário, sua área de ação, *identifica-se* com suas propriedades.

A propriedade *subjuga* o proprietário ao mesmo tempo que o *libera*. A desigualdade na propriedade cria níveis de poder que obrigam a quem possui mais ou menos *depender da vontade* do proprietário. A propriedade reduz os homens à *escravidão* na medida em que ela mesma é *livre*, definindo a *contradição* entre a *liberdade* dos homens e a *liberdade* das *coisas*. A igualdade existe na subordinação a normas comuns; a *liberdade* tende à diferenciação e à afirmação de *particularismos,* que definem *um nível* das antinomias liberais.

O liberalismo significa o regime do *individualismo proprietário* – veja-se a valorização da empresa privada em Weber como portadora da racionalidade ótima em nível formal – no qual o *indivíduo* desponta como proprietário de sua pessoa; o *operário,* de sua força de trabalho, de suas faculdades, à venda no mercado. A ideia da autopropriedade não se esgota na possessão e, por outro lado, encontra seu limite na manipulação dos recursos materiais externos. Ligando o *indivíduo* à propriedade, o *ethos* liberal exige que ele seja reconhecido como *fundamento constituinte das relações objetivas* que os bens econômicos possuem entre si. Exige como base do dinamismo da produção pela produção. As formas de apropriação são referidas à totalidade que determina seu movimento: trata-se da *prioridade* das exigências econômicas internas sobre a expressão da independência individual e das relações interpessoais e sociais, definindo o *individualismo proprietário* como constituinte do *credo liberal* subjacente nos enunciados políticos de Weber.

O *ethos* liberal surge como uma Filosofia da *razão* constituinte e da *liberdade*. O econômico subordina a totalidade do real, dos seus fins. A soberania da economia tão decantada pelo liberalismo como elemento de libertação do homem das *potências irracionais* acaba por submetê-lo à lei férrea da necessidade econômica. A *tradução ideológica* deste processo se dá no *universalismo* dos valores liberais (liberdade, igualdade) no *nível instrumental* a serviço das classes dominantes.

A razão e a liberdade, no *ethos* liberal, são monopolizadas por quem as proclama e leva-as ao triunfo. O que Weber denomina o *culto carismático da razão* nada mais é do que a *transfiguração dos valores burgueses como valores dominantes na sociedade*. O liberalismo como ideologia e prática social contém um dinamismo que *ultrapassa* suas intenções originárias, levando-o à *autossuperação*: faz nascer a crítica socialista-marxista e o *ethos* tecnocrático.

A tecnocracia é *decorrência direta* do liberalismo: este realiza com a Economia as intenções da Sociologia positivista, reduzindo a sociedade a um conjunto objetivo capaz de ser definido por uma legalidade universal em decorrência da aplicação dos métodos das Ciências Naturais.

Procuramos definir o plano político-germânico, a posição crítica de Weber contrária à ideologia corporativista, ao Estado corporativo, *antecipando* em muito as críticas posteriores feitas ao nazismo e fascismo.

Critica Weber os diletantes *literatti*, que procuram criar uma *consciência econômica* como base de uma *economia de solidariedade*, mostrando ele que ignoram o mecanismo da economia capitalista. As corporações significariam nada mais, nada menos do que a substituição do *político* pelo *negociante astuto*, sem diminuir a influência do capitalismo. Pelo contrário, mostra ele a *incompatibilidade* entre a representação corporativa e a dinâmica da mudança tecnológica. A representação profissional é compatível com épocas de estabilização tecnoeconômica. *Critica os partidários da direita alemã que*, com a docilidade de bebedores de cerveja, *garantiam a imobilidade das forças econômicas reacionárias. A burguesia jogava-se nos braços da burocracia, e a Monarquia alemã tolerara a de-*

magogia dos almirantes e a ditadura dos generais vinculada à politização do Exército. Critica Weber, também, o oportunismo daqueles que não vivem *para*, mas *da* Revolução, numa época em que a Alemanha sofria o perigo da ocupação estrangeira, que, segundo ele, poderia comprometer por gerações o futuro do socialismo alemão.

Weber vê no socialismo o produto da *fábrica*, e portanto, inevitavelmente, um agente da burocratização, em que emerge o Partido Social-Democrata, que, na sua opinião, não deveria causar temores à burguesia, por sua inoperância revolucionária.

Como alternativa à burocratização numa economia estatizada, Weber *propõe* a organização dos consumidores em imensas cooperativas que regulariam a produção conforme a procura, com um Parlamento livre para a defesa do consumidor.

No nível da Teoria da Organização, contrariamente a Litterer (1968), Peter Blau (Blau & Scott, 1970), Saughnessy (1968), Peter Heintz (1965), Johnson (1960), Merton (1964) e Frankel (1972), *propomos que Weber longe de ser um ideólogo da burocracia é seu grande crítico*.

Apresenta ele o condicionamento técnico que leva à centralização dos meios de administração, à *separação* do administrador destes meios, criticando os exageros no paralelismo com a democratização, pois, para Weber, ela se dá como *nivelamento dos dominados* com sua participação passiva.

A obra de Weber insere-se no quadro ideológico da reprodução do trabalho simples e da industrialização extensiva, na medida em que concebe a empresa fundada na separação entre trabalhador e meios de produção; a burocracia fundada na separação entre administrador e meios de administração; a instituição militar fundada na separação entre o oficial e os meios de guerra. Para Weber a racionalização opera-se por intermédio do capital contábil, motivo de seu discípulo F. Gottl--Ortenfeld admitir que não se pode *racionalizar tecnicamente* senão em função da *razão comercial*, e a lei da razão técnica deve *subordinar-se* à contabilidade do capital.

Na linha saint-simoniana, Weber considera o socialismo simples generalização do sistema industrial fundado na mecanização, definida conclusivamente no *catecismo positivista* de Comte, subordinando o *futuro* da humanidade ao padrão da industrialização mecanizada.

Daí Weber, prospectivamente, prever que a dominação da burocracia fundada na industrialização mecanizada representaria o futuro da sociedade.[8] Ele conhecera *uma* burocracia na qual as tarefas de certa importância eram definidas administrativamente por decisão direta, por ordens, sobre as *coisas* ou sobre os *homens* considerados como *coisas*.

Pelo fato de a burocracia aparecer a Weber como inerente à empresa capitalista, estabeleceu ele *relações estreitas* entre elas, *sem* considerar a *justaposição* desses *processos de direção* com o movimento espontâneo dos capitais, *sem* ver neles *momentos* do processo da industrialização extensiva, considerando-os como fenômenos fatais e eternos.

O *processo de ideologização* da Teoria Administrativa está em sua postura como ontologia, despida de historicidade. Ela representa a tradução em linguagem administrativa da *praxis* econômico-social historicamente definida. A mesma divisão de trabalho que *separa* planejamento de execução, trabalho *manual* de trabalho *intelectual* na empresa capitalista, opera a *divisão* entre a Sociologia, Filosofia e a Teoria da Administração, formando os *experts* em Teoria Administrativa. A *autonomização* da Teoria Administrativa em relação às *determinações* econômico-sociais se dá por *mediação* das instituições – escolas, institutos de pesquisa,

---

8 "A burocracia estatal reinaria absolutamente se o capitalismo privado fosse eliminado. As burocracias que agora funcionam potencialmente umas contra as outras e assim se restringem mutuamente e, até certo ponto, *fundir-se--iam numa única hierarquia*. Esse Estado seria então semelhante à situação do Antigo Egito, mas se daria de uma forma muito mais racional e, por isso, indestrutível (Weber, 1958b, p.319-20)."

centros de estudo – *encarregadas pela divisão do trabalho na produção e reprodução de ideologias*. A Teoria Administrativa se constitui como apreensão de um momento do processo social historicamente delimitado, encarado como processo de *estruturação* e *desestruturação* de objetos e ideias. A *autonomização* da Teoria Administrativa é *ideológica*, na medida em que ela é *desvinculada* do processo em que as partes não se reconhecem pertencer à *totalidade*.

Weber admite a operacionalidade da burocracia, a impessoalidade, a objetividade, adstrita a um expediente, seu recrutamento impessoal, a hierarquia fundada em diplomas credenciadores, o saber especializado, o cargo como profissão, a fidelidade ao cargo, a direção monocrática, garantindo formalmente rapidez, pontualidade, continuidade e eficiência no *modus operandi* burocrático mostra, porém, que *uma burocracia tecnicamente funcional no plano administrativo é inepta no plano político*. Weber evidencia que a burocracia *racional* na área administrativa pode tornar-se *irracional* na área das decisões políticas. Para ele, os *políticos* são elementos de *equilíbrio* ante a burocracia, razão por que formula a tese do *controle parlamentar da burocracia pelas comissões de inquérito*.

Tratando da técnica plebiscitária, admite que ela, contrariamente ao partido político, desconhece a noção de *compromisso*, significa aumento da demagogia a serviço do capitalismo que financia os partidos políticos.

Para Weber, a reconstrução alemã implicava a desmilitarização total, eliminação da hegemonia prussiana e eleição de um presidente por sufrágio universal direto.

Objetivamente, *Weber com seus escritos representa o último combate do liberalismo burguês na Alemanha, é a consciência liberal-burguesa em crise que se vincularia à* "revolução do niilismo" *cumprida com a ascensão do nazismo ao poder*.

Weber no plano político atua *sem* base social estruturada. *Hostil* à aristocracia *junker*, *desconfiado* do movimento operário, *crítico* do *ethos* burocrático dominante na época, *inimigo* da direita radical-racista, permaneceu servidor da *razão*, recusou-se a fazer o *sacrifício do intelecto*, daí o seu *isolamento*.

Era um ideólogo *sem* público, pois, o público nato, a *burguesia alemã* rejeitava a mensagem liberal, estava mais preocupada com a *ordem* do que com a *liberdade*, associada à classe *junker*, à aristocracia e à burocracia prussiana no culto ao cesarismo bismarckiano; efetua, por fim, a transposição de lealdade ao *Führerprinzip* encarnado em Hitler.

Weber representa a *consciência possível* da burguesia europeia no período que antecede ao nazismo, isto é, *o máximo de consciência* a que pode chegar uma classe social num momento de crise socioeconômica, institucional e ideológica.

Sob o signo dos conflitos eclodidos entre 1918-1933, a direita atribui ao constitucionalismo de Weimar origem *estrangeira, não alemã*, enquanto Carl Schmitt, Spengler, Moeller van den Bruck e Heidegger[9] preparam o clima intelectual para legitimar o nazismo; a esquerda apresenta os expressionistas filiados à visão crítica da realidade germânica com Wedekind, Piscator, Kate Kollwitz.

---

9 O niilismo e o conservadorismo na Alemanha marcham juntos. Assim, Sorel irá influenciar Moeller van den Bruck e Spengler com a sua postura de um *conservadorismo revolucionário*, criando o conceito *mito político* em 1889, base do pensamento de Carl Schmitt, defendendo a *desigualdade* humana com base em Hobbes com seu *homo homini lupus*, um sistema econômico de organização corporativa ampliada ao Estado, pregando uma filosofia da *nostalgia*; este refúgio ante um mundo *estranho* recebe com a teoria do *amigo-inimigo* de Schmitt sua sacralização teórica. *O niilismo converte-se em paradigma de ação política*. É neste contexto que Heidegger lança seu célebre *Apelo aos Estudantes* como Reitor da Universidade de Friburgo em 03/11/1933: "Não busqueis as regras de vosso ser nos dogmas e nas ideias; *o próprio Führer, e unicamente ele, constitui a realidade de hoje e do futuro; é sua lei*" (Publicado no *Freiburger Studentenzeitung* em 03/11/1933 e reproduzido por Richard, 1972, p.70).
O *Führerprinzip* nestes mesmos termos fora reafirmado pelo ministro da Justiça nazista, Frank: "Dado que o Estado Nacional-Socialista é o sistema jurídico nacional-socialista, *é evidente que nosso Führer é também juiz supremo*" (Alocução pronunciada em 1934; Richard, 1972, p.71).

Fiel ao *ethos* liberal Weber *separa* a política da economia, procurando como membro do grupo da *Verein* uma *combinação* entre *intervenção estatal* na economia e o *liberalismo* no plano político e jurídico, aceitando a ordem capitalista como o *positivo existente* na sua época.

A Teoria da Ciência de Weber, definindo a *neutralidade axiológica*, separando juízes de valor dos juízos de realidade, é *ideológica* na medida em que se constitui representação do intelectual burguês que procura participar miticamente das mudanças sociais, buscando a *coincidência* entre estas mudanças e seu objetivo ideal: o ideal da Ciência sem pressupostos.

Se a neutralidade axiológica da Ciência definia o *ethos* liberal no capitalismo livre-concorrencial, a acentuada tendência ao intervencionismo do Estado coloca o tema da *responsabilidade social* da Ciência e do cientista.

Tenha-se em conta a mobilização da Ciência na Inglaterra durante a Segunda Guerra Mundial, seu financiamento pelo Estado; nos Estados Unidos, os contratos de pesquisa entre governo, indústria e institutos universitários, a formação de ministérios da Ciência e a emergência de nova área do conhecimento: política científica.

Desde que a política científica signifique, assim, *escolha* entre prioridades a serem observadas, *não* escapa a critérios valorativos.

Embora o cientista esteja empenhado na *pesquisa fundamental*, na área da chamada Ciência *pura*, não escapa ao *ideológico*, pois, definindo-se este trabalho científico como *solução de enigmas*, se dá a atribuição de *valor* ao *paradigma* no qual essa solução se impõe. Como diz *Steven Rose*, um paradigma científico implica valores, *nunca* é neutro.

Assim, *Rose* exemplifica com a Biologia. No século XIX, a sociedade utilizava metáforas básicas como *luta pela existência, competição de espécies, sobrevivência do mais apto*. Tais metáforas substituíram explicações fundadas na ação da divindade no universo.

Por sua vez, quando se pretende explicar a sociedade atual em termos de controle, comunicação, *feedback*, interação, utilizam-se metáforas em concordância com a extensão do controle social pelo capitalismo monopolista e o estado burocrático.

Por outro lado, na medida em que o paradigma, a metáfora, definem o *limite* das questões que propomos sobre determinado assunto, *limitam* as respostas que procuramos no material que utilizamos. Esta limitação da resposta se dá em função de enunciados cujo fundamento é ideológico.

A Teoria da Administração encontra seu *sentido* no âmbito de uma Sociologia das Organizações Complexas; estas, numa macrossociologia. Mostrar isto foi o mérito de Weber.

O processo de *ideologização da Teoria da Administração fundada na reprodução do trabalho simples e na industrialização extensiva é sistematizado nas teorias de Taylor, Fayol, Mayo e Weber*.

Embora *contestando* o sistema capitalista, J. Habermas[10] projeta no *futuro* como tendência irrecorrível a persistência e extensão de domínio de uma burocracia monocrática, hierárquica e formalista, produto do *passado* histórico: da *industrialização mecânica*. Neste sentido, *constitui prolongamento das teorias de Taylor, Fayol, Mayo e Weber*.

A mesma sociedade que criara a burocracia como dominação, que separara o trabalho físico do intelectual, que condenara o operário ao idiotismo da profissão, a agente passivo do processo produtivo, produz o oposto.

A automatização complexa elimina o trabalho simples, concentra a energia produtiva nas *fases preparatórias* da produção, exige alta qualificação, promove a intensificação da tecnicização

---

10 "No mesmo sentido, é claramente perceptível o período de uma civilização exclusivamente técnica, que perde a conexão entre a teoria e a *praxis*; está ameaçada pela cisão da consciência e pela divisão dos homens em duas categorias: engenheiros sociais e hóspedes de instituições totais" (Habermas, 1971, p.104).

da produção, a *passagem* do processo produtivo *parcelado* para *unitário*, integra o trabalho manual e intelectual. Permitindo a diminuição da jornada de trabalho,[11] influi *no estilo de vida do operário*,[12] no desenvolvimento de *forças produtivas sociais* que ela libera em grau cada vez maior;[13] na mudança subjetiva do agente de produção, entendido não como *instrumento* de trabalho, mas como uma *individualidade múltipla e diversificada*,[14] dando lugar à utilização do *tempo livre*,[15] da criação científica e artísti-

---

11 "Com relação a qualquer sociedade, a produção do *tempo disponível* é também uma criação de tempo para a produção científica, artística, etc. Não corresponde ao curso do desenvolvimento social o fato de um indivíduo após satisfazer sua necessidade criar seu excedente; é o fato de obrigar-se a um indivíduo ou classe de indivíduos a trabalhar *além* do necessário à satisfação de suas necessidades, é que se dispõe do sobretrabalho de um lado, o ócio e a super-riqueza de outro" (Marx, 1971d, v.I. p.352).

12 "Uma vez estabelecida a produção coletiva, a determinação do tempo é evidentemente essencial. Quanto *menor* é o tempo de que necessita a sociedade para produzir trigo, criar gado, tanto *mais tempo* ganha para outras produções materiais e espirituais. Em relação ao indivíduo isolado, a plenitude de seu desenvolvimento, de sua atividade, de seu prazer, depende da *economia de tempo*. Economia de tempo: a isso reduz-se toda a economia" (ibidem, p.101).

13 Todo o progresso da civilização, por conseguinte, em outras palavras, todo aumento das *forças produtivas sociais*, isto é, das forças produtivas do próprio trabalho, tal como são reproduzidas pelas *Ciências, invenções*, a divisão e combinação do trabalho, a melhora dos *meios de comunicação*, criação do mercado mundial, maquinaria, etc. (p.248-9).

14 "O cultivo de todas as propriedades do homem social e sua produção como *indivíduo* cujas necessidades se desenvolveram ao máximo, por possuir numerosas qualidades e relações; sua produção, como *produto social no sentido mais pleno e universal possível*, pois, para aproveitá-lo *multilateralmente* é necessário que saiba *desfrutar* e, portanto, *seja extremamente refinado*; constitui, assim, uma condição de produção fundada no capital... *às quais corresponde um sistema de necessidades cada vez mais amplo e diversificado*" (p.361).

15 Com a socialização da economia "o tempo de trabalho encontrará sua medida nas necessidades do indivíduo social; em outros termos, o desenvolvimento da força produtiva social será rápido, *determinando o crescimento do tempo livre de todos os indivíduos*. É que a *riqueza real é a força produtiva desenvol-*

ca não de uma *minoria* como na industrialização mecanizada, desenvolvendo ramos de produção qualitativamente diversos. Neste contexto, *a Ciência atua como a força produtiva mais importante*, tornando o tempo de trabalho e a produtividade dependentes de seu desenvolvimento.

O *conhecimento* aparece como força *produtiva*,[16] a produção se dá como *objetivação* do conhecimento, a produção e reprodução da vida social dependem da *inteligência coletiva*,[17] o *tempo livre* se torna medida da riqueza e não mais o tempo de trabalho; este adquire aspecto *lúdico*.[18]

Tais enunciados formulados por Marx há mais de cem anos constituem recursos conceituais explicativos do processo social que se desenvolve ante nossos olhos.

É bem verdade que Marx não construíra uma *utopia técnica* tão a gosto dos tecnocratas que produzem livros em série em

---

vida de todos os indivíduos. Não é mais, de forma alguma, o tempo de trabalho a medida da riqueza, senão o tempo livre" (ibidem, v.2, p.236-7).

16 "A acumulação de conhecimento e da habilidade das forças produtivas gerais do cérebro social" (p.220). "... O *trabalho imediato* se vê reduzido quantitativamente a uma produção mais exígua e qualitativamente a um momento, sem dúvida imprescindível, mas *subalterno ante o trabalho científico geral, à aplicação tecnológica das Ciências naturais*" (p.222).
"... *As invenções* se convertem num ramo da atividade econômica *e a aplicação da Ciência à produção imediata torna-se um critério que a determina e a desenvolve*" (p.227). "... O poder dos agentes postos em circulação durante o tempo de trabalho *não tem relação alguma* com o tempo de trabalho imediato que custa sua produção, mas que *se torna mais dependente do desenvolvimento geral da Ciência e da tecnologia ou da aplicação desta Ciência à produção:* (p.228). "... Esta disciplina (o tempo livre), considerado como respeito ao homem que se desenvolve – *como exercício*, a Ciência experimental, Ciência que se objetiva e é materialmente criadora, *a respeito do homem desenvolvido, em cujo cérebro está presente o saber acumulado da sociedade*" (p.220, 222, 227-28 e 236-37).

17 "O desenvolvimento do capital fixo revela até que ponto o *conhecimento social geral* converteu-se em força produtiva imediata e até que ponto as condições do processo da vida social *ficam subordinadas à inteligência coletiva*" (p.331).

18 *"O trabalho,* na medida que exige atividade manual e liberdade de movimentos, *é ao mesmo tempo um exercício"* (p.237).

nossos dias. Marx sempre vinculou a utilização dos recursos tecnológicos e humanos *às determinações econômico-sociais* em que eles estão inseridos, ao processo da luta entre as classes sociais num momento historicamente dado. Tais determinações atuam por *mediação* das relações de propriedade que entram em choque com o desenvolvimento das forças produtivas, cuja solução depende, em última análise, da relação de forças existente entre as classes sociais num momento historicamente dado. Ela decide o rumo do movimento global da sociedade.

Assim, nos países industrializados qualquer mudança na estrutura da mão de obra ocasionada pela revolução tecnocientífica leva a uma *transferência* da não especializada a novas áreas, acentuando a *disparidade* entre a *classificação* conforme o *trabalho* e conforme a *classe social*, entre o *dinamismo* da estrutura de trabalho e suas *limitações* impostas pelas *relações de propriedade*, em que *o temor à depreciação do capital em consequência do progresso tecnológico é responsável pelas tendências a limitá-lo, reduzindo a eliminação da mão de obra simples.*

A automação não elimina as tarefas parceladas e repetitivas; ela cria umas e suprime outras. Nem leva obrigatoriamente à especialização profissional nos novos ramos de produção, que são transformados após sua introdução. Exige conhecimento, capacidade de julgamento quando as máquinas dependem do operador, sua complexidade torna-as independentes e após determinado nível *absorvem-no*.

A automatização exige *integração maior* do trabalhador na empresa, decorrente do processo de trabalho, sua contribuição é bem mais complexa daquela que Taylor definia como uma boa jornada de trabalho. Ela coloca os operários como responsáveis por equipamentos cada vez mais custosos e complexos, reduz a um número finito as tarefas superespecializadas, não *promovendo* a mão de obra existente na sua *totalidade*.

Nos *países subdesenvolvidos*, onde a abundância da mão de obra e seu baixo custo não levam à implantação de equipamento automático custoso, que exige técnicos de alto nível, *aumenta* a área dos trabalhos *parcelados*.

A *ultrapassagem* tão a gosto dos tecnocratas do Ocidente como da Europa Oriental – a exemplo de Radovan Richta – não se dará por obra de influxos tecnológicos, sem consideração de suas determinações sociais e políticas.

O problema da automação e suas consequências, em última análise, é um *problema social-político*: a *razão técnica* subjacente pode utilizá-la na manutenção de uma formação econômico-social capitalista, transformando-se em *razão de domínio*, ou pode utilizá-la como elemento de *libertação* do *trabalhador coletivo* do capitalismo.

O rumo da sociedade não será decidido por enunciados teóricos, mas sim determinado pela *relação de forças* entre as classes sociais. A hegemonia da burguesia e do Estado capitalista poderá a longo prazo transformar a sociedade numa instituição total dirigida por *engenheiros sociais* e minorias burocráticas; o oposto, a hegemonia dos *negativamente privilegiados*, poderá liquidar com a *descontinuidade* entre o desenvolvimento das forças produtivas e o quadro estreito das relações capitalistas de produção. As mesmas forças que *condicionam* a *opressão* do homem pelo homem podem criar as condições para a *colaboração* do homem com o homem.

A Teoria da Administração, até hoje, reproduz as condições de opressão do homem pelo homem; seu discurso muda em função das determinações sociais. Apresenta seus enunciados *parciais* (restritos *a um momento dado* do processo capitalista de produção), tornando *absolutas* as formas hierárquicas de burocracia da empresa capitalista ou *coletivista burocrática*, em que *capital* é encarado como *bem de produção* inerente ao processo produtivo, *trabalho* complemento do *capital*, a *maximização do lucro* objetivo da empresa, burocracia hierárquica expressão *natural* da divisão de trabalho. A Teoria Geral da Administração *dissimula a historicidade* de suas categorias, que são inteligíveis *num modo de produção historicamente deli-*

mitado, são como *expressão abstrata de relações sociais concretas, fundadas na apropriação privada dos meios de produção*, que permitem a conversão do *negro* em *escravo*, a emergência do *príncipe* no pré-capitalismo, do *burguês* após a Revolução Comercial, do *cidadão* na Revolução Francesa e do *quadro* no burocratismo soviético.

O processo produtivo capitalista caracteriza-se pela produção e reprodução ampliada do capital; neste contexto a informática cumpre o papel de reforçar o sistema econômico, revelando as relações de poder, racionalizando e diminuindo o custo da reprodução ampliada do capital.

Ela pertence a uma área definida da prática social: a prática científica, orientada pela necessidade da reprodução das relações sociais dominantes. Seu ensino, em nível formal, liga-se à necessidade da reprodução das condições sociais de produção, condicionando para tal a mão de obra necessária. A inovação tecnológica e a pesquisa científica confluem para um estuário: a acumulação da mais-valia relativa e a reprodução ampliada do capital.

A pesquisa científica surge orientada para a área militar após a Segunda Guerra; ao mesmo tempo que a eletrônica aparece como setor dominante na economia capitalista mundial, a informática a ela ligada satisfará a necessidade de uma administração integrada, centralizada, acompanhando a centralização do capital; a IBM, por exemplo, está fabricando 2/3 dos computadores do mundo.

A superprodução levou na Europa Ocidental ao desenvolvimento das técnicas de racionalização econômica e *marketing*, ampliadas com a introdução da mecanografia em 1923 e dos computadores em 1950. Contemporaneamente, a orientação da economia para a guerra permite o desenvolvimento da pesquisa operacional e das técnicas de planejamento.

Atualmente, a informática favorece a centralização das decisões e constitui-se num recurso para impedir a queda da taxa média de lucro, oferecendo, para tal, redução das despesas gerais, dos custos de produção e aumento dos lucros. Para este aumento contribui a otimização do capital constante operado pela pesquisa fundamental.

O computador acelera o processo de concentração, o que proporciona grandes lucros às fábricas de equipamentos. Este processo de concentração dá-se na razão inversa da competição entre os fabricantes de computadores: quando existe mercado, este é monopolizado; onde o mercado pode ser criado, nota-se a insuficiência de capital.

Os salários insignificantes pagos aos operários neste setor constitui-se num fator dos pingues salários pagos em outros setores. A informática aprofunda a separação do produtor dos meios de produção, o planejamento da execução.

Ela se assenta numa técnica instrumental com sua *ideologia*: o *modelo* que se constitui no mito operacionalizado, em que o poder tecnocrático surge como poder da natureza. Aí a razão historicizada – burguesa – define seus princípios como leis a--históricas, *naturais*. O conceito informação brota indevidamente ampliado, gerando a *confusão* entre informação eletrônica e a dos sistemas sociais, eis que são homens historicamente situados numa estrutura social que emitem e recebem mensagens por mediação das máquinas.

A ação social e política aparece profissionalizada. As decisões *científicas* tendem a ser apresentadas como necessariamente *justas*. Ora, a informação está sempre ligada a *fins sociais*, seja aumento do PNB, da taxa anual de crescimento a 8% ou mais, etc.; verifica--se sempre a *opção entre valores* que dependem da ótica da fração hegemônica da classe dominante, que fala em nome da do *interesse nacional, vontade geral* e outras mitologias.

A máquina não pensa, não possui capacidade dedutiva. Vinculada ao sistema capitalista, rege-se pela *lógica do lucro máximo*, que os tecnocratas apresentam como a *lógica da razão científica*.

Esta ideologia aparece ligada a valores como máxima produtividade, racionalização, eficiência, vinculada à utilização de *modelos* substituindo a formulação de *teorias*. Isso é patente nas teorias sistêmicas de administração (Katz & Khan), nas quais o modelo aparece como mediador entre a teoria e o real, construído analogicamente, possuindo valor operacional. No entanto, a lógica do modelo padece de uma *contradição* fundamental: o modelo quanto mais pobre for, mais claro é, porém, possui menor valor explicativo. Quanto mais rico, mais complexo, perde o valor explicativo.

O modelo é seletivo. O fundamento de sua construção reside no valor dos critérios que presidem à escolha das variáveis em jogo. O modelo parte de uma hipótese preferencial, nunca é neutro. O modelo econômico, num plano, subordina-se à significação atribuída a determinadas variáveis que presidem o desenvolvimento econômico-social. Assim, o privilégio atribuído ao desenvolvimento da indústria de bens de produção ou de consumo, num plano, nada mais é do que o resultado da pressão do setor pesado ou leve do sistema econômico. Basicamente, o modelo equilibra os imperativos da razão científica com os dogmas da economia capitalista e da teoria administrativa que traduzem em sua linguagem técnica não o poder da razão, porém, a razão do poder, seja econômico ou político.

O modelo procura situações de *equilíbrio*, porém, os antagonismos sociais que eclodem na forma de greves perturbam sua *racionalidade*; ele aparece como o *codificador* das relações sociais sob o capitalismo monopolista que, no plano administrativo, a teoria dos sistemas procura legitimar. Daí otimizar o *presente* rompendo com a História entendida como processo.

Em nível técnico é admitida a operacionalidade do modelo, já que em nível macroeconômico sua utilização para medir previsões do PNB francês para 1968 e as realizações para 1969 apresentou uma margem de erro não negligenciável de 25%.

Em suma, a Teoria dos Modelos, integrante da Teoria dos Sistemas, naturaliza a razão técnica condicionada historicamente, otimiza o atual como sendo o desejável, projeta ao futuro a lógica da industrialização automatizada sob o capitalismo monopolista; tão *transitória* quanto o fora a lógica da industrialização mecanizada, constitui-se na mais sofisticada representação ideológica produzida pela pequena burguesia intelectual: a ideologia do fim das ideologias por quem não possui ideologia alguma. Em outras palavras, cultiva a *neutralidade científica* como o *ethos* ideológico da Ciência, num universo administrado burocraticamente pelos financiamentos das grandes *foundations* com o *white-collar às suas ordens*.

Bibliografia consultada*

Revistas

BABICOU, H. A. Byzance et le Mode de Production Asiatique. *La Pensée*, 1968.

CHEVERNY, J. Le Mode Autoritaire de L'Anarchie. *Esprit*, 1970.

CODACCIONI, M. Le Recrutement des Hauts Fonctionnaires. *La Revue Administrative*, v.70, n.1, p.45.

DEJEAN, C. Le Salaire au Rendement: Un Exemple Belge. *Sociologie du Travail*, v.61, n.2, s.d.

GOLDHORPE, J. Conflicts du Travail et Relations Humaines. *Revue Sociologie du Travail*, v.61, n.1.

LAUTMAN, J. Prestige, Inegalités et Modernisation de L'Organisation Bureaucratique. *Esprit*, 1970.

LEWIT. Le Remuneration du Travail dans L'Enterprise de Type Sovietique. *Sociologie du Travail*, v.70, n.3.

---

* Todos os esforços foram feitos para determinar a referência precisa da bibliografia citada. Nos casos em que isso não foi possível, foi mantida a referência tal como originalmente registrada pelo autor. (N.E.)

LEWIT. *Revue Sociologie du Travail*, v.70, n.2, p.127.
MO-JO, K. La Societé Esclaviste Chinoise. *Recherches Internationales à la Lumière du Marxisme*, 1952.
PEISKER, J. Die Serbische Zadruga. *Zeitschrift – Sozial und Wirtschaftgeschichte*, v.2, 1900.
WEBER, M. Der Strat in der Charakter der Altergermanischen Sozial – Verfassung. *Jahrbf-Nationalokonomie und Statistik*, v.83, 1904.
_____. *Frankischen Kurier*, 2 ago., 1916.
WORTHY, J. C. Organizational Structure and Employee Moral. *American Sociological Review*, 1950.

Livros

ALMASI, M. Alienation and Socialism. In: APTHEKER, H. (Ed.) *Marxism and Alienation*. New York: Humanitis Press, 1970.
ANTONI, C. *L'Historisme*. Paris: Droz, 1963.
ARISTÓTELES. La Política. In: *Obras*. Madrid: Aguilar, 1967.
ARMAND, F. *Fourier (textes choisis)*. Paris: Sociales, s.d.
BAIROCH, P. *La Revolución Industrial y el Subdesarrollo*. México: Siglo XXI, 1967.
BALAZS, E.; MASPERO, H. *Histoire et Institutions de la Chine Ancienne*. Paris: Presses Universitaires de France, 1967. 2 v.
BECKER, A. *Was Wollen die Kommunisten?* Lausanne: Eine Rede, 1844.
BETTELHEIM, C. *Calcul Économique et Formes de Propriété*. Paris: Maspero, 1970.
BLAU, P.; SCOTT, R. W. *Organizações formais*. São Paulo: Atlas, 1970.
BOCKENFORDE, W. E. Die Deutsche Verfassungengeschichtliche Forschung in 19 Jahrhundert, Zeitgebundene Fragestellungen und Leitbilder. In: *Schriften zur Verfassungeschichtliche*. Berlin: Duncker & Humboldt, 1961. t.1.
BOOT, C. *Life and Labor of the People of London*. London: Macmillan, 1891.
BOTTOMORE, T. B.; RUBEL, M. *Sociologia e filosofia social de Karl Marx*. São Paulo: Zahar, 1964.
BRAVO, G. M. *Les Socialistes avant Marx*. Paris: Maspero, 1966. v.8.
BROWN, M. *El Pensamiento Político de la India*. Madrid: Tecnos, 1965. p.43

BURNHAM, J. *The Managerial Revolution*. New York: J. Day & Company, 1941.

CANTIMORI, D. Introduzione a Max Weber. In: *Il Lavoro Intellettuale come Professione*. Einaudi, 1948.

CHESNEAUX, J. *Le Mode de Production Asiatique*. Paris: Cahiers du C.E.R.M., 1969.

CHINOY, E. *Automobile Workers and the American Dreams*. New York: Doubleday, 1955.

CLOUGH, S. *Bases Económicas de La Civilización de los EUA*. Buenos Aires: Sudamérica, 1956. p.181.

CONZE, W. In: *Colletion Industrielle Welt*, n.1. Stuttgart: Ed. Ernst Klettverlag, 1962. p.90.

DAHRENDORF, R. *Sociología de la Industria y de la Empresa*. México: Uthea, 1965.

DESAI, A. R. *Rural Sociology in India*. Bombay: Ed. The Indian Society of Agricultural Economics, 1959.

DEUTSCHER, I. *A revolução inacabada*. Rio de Janeiro: Civilização Brasileira, 1968.

DIDEROT. *Prospectus de L'Encyclopedie*, 1750.

DJILAS, M. *La Nouvelle Classe Dirigeante*. Paris: Plon, 1958.

DRESCH, J. *De la Révolution Française à la Révolution Hitlerienne*. Paris: Presses Universitaires de France, 1945.

DROUTON, E.; VANDIER, J. *L'Egypte: les Peuples de L'Orient Mediterraneén*. Paris: Clio, 1952. v.I, II.

DUDORINE. *Planification et Programmation Lineaire de l'Approvisionnement Matériel et Technique*. Moscou: Ekonomizdat, 1961.

DURKHEIM, E. *Leçons de Sociologie*. Paris: Presses Universitaires de France, 1950.

ENGELS, F. *Principes de la Philosophie du Droit*. Paris: Gallimard, 1940. p.186, 226.

_____. Teses sobre Feuerbach. In: BOTTOMORE, T. B. ; RUBEL, M. *Sociologia e Filosofia Social de Karl Marx*. São Paulo: Zahar, 1964.

_____. *Ludwig Feuerbach et la Fin de la Philosophie Classique Allemande*. Paris: Sociales, 1970.

ETZIONI, A. *Organizações complexas*. São Paulo: Atlas, 1962. p.126.

FAYOL, H. *Administração industrial e geral*. São Paulo: Atlas, 1965.

FEJTÖ, F. *La Démocraties Populaires*. Paris: Éd. du Seuil, 1968. 2v.

FOURIER, C. *Oeuvres Complètes*. Paris: La Libaire Sociétaire. 1846a, 6v., p.193.

_____. *Le Nouveau Monde Industriel et Sociétaire*. Paris: La Libraire Sociétaire, 1846b. v.6, p.21.

_____. *Traité da L'Association*. Edição de 1922. v.5, p.249.

_____. *Le Nouveaux Monde Amoureux*. Paris: Éd. Anthropos, 1967.

FRANKEL, H. *Sociedad Capitalista y Sociologia Moderna*. Madrid: Artiach, 1972.

FREYER, H. *La Sociologia, Ciencia de la Realidad*. Buenos Ayres: Losada, 1944.

FRIEDMANN, G.; NAVILLE, P. *Tratado de Sociologia del Trabajo*. México: Fondo de Cultura Económica, 1963. 2 v.

GERTH, H. *From Max Weber – Essays in Sociology*. London: Routledge & Kegan Paul Ltd., 1952.

GERTH, H.; MILLS, C. W. *Essays in Sociology*. New York: Galaxy Books, 1958. p.196-216.

GIANOTTI, J. A. *Estudos sobre Teoria e método em Sociologia*. São Paulo: Cebrap, 1971.

GODELIER, M.; MARX, K.; ENGELS, F. *El Modo de Producción Asiatico*. Córdoba: Eudecor, 1966.

_____. *El Modo de Producción Asiatico*. Buenos Ayres: Martinez Rocca, 1969.

GRANICK, D. *El Hombre de Empresa Soviético*. Madrid: Ed. Revista do Ocidente, 1966. p.40.

GRAY, A. *The Socialist Tradition*. London: Longmans, Greed and Co., 1947.

GUÉRIN, D. *Ni Dieu, ni Maître*. Paris: F. Maspero, 1968. v.I.

GURVITCH, G. *Lês Cadres Sociaux de la Connaissance*. Paris: Presses Universitaires de France, 1966. p.222.

HABERMAS, J. *Teoria e Prassi nella Società Tecnologica*. Bari: Laterza, 1971.

HAMMON, J. L.; HAMMON BARBARA. *The Town Labourer*. London: Longmans, 1925.

HANNOVER, H. E. *Politische Justisz – (1918-1933)*. Berlin: Coll. Fischer--Bucherei, 1966.

HEGEL, G. W. F. *La Filosofia della Storia Universale*. Firenze: Vallecchi, s.d. 2v.

HEGEL, G. W. F. *Principes de la Philosophie du Droit*. Paris: Gallimard, 1940.
HEINTZ, P. *Curso de Sociologia*. Buenos Ayres: Eudeba, 1965.
HERTZLER, O. J. *The History of Utopian Thought*. New York: MacMillan, 1926. p.188.
HISTORY OF CHINESE SOCIETY. Filadélfia: Ed. American Philosophical Society, 1949. v.36.
ISAMBERT. *Recueil Général des Anciennes lois Françaises*. Paris, s.d. v.23.
JOHNSON, H. M. *Introdução Sistemática ao Estudo da Sociologia*. São Paulo: Lidador, 1960.
KAISER, J. H. *Die Representation Organisierter Interessen*. Berlin: Duncker & Humboldt, 1956.
KAMINSTER. *Manuel de l'Enterprise Industrielle*. Moscou: Ekonomizdat, 1961.
KHALDUN, I. *Os Prolegômenos ou Filosofia Social*. São Paulo: Comercial Safady, 1958. 2v.
KNOWLES, W. H. *Principios de Dirección del Personal*. Madrid: Rialp, 1960.
KORNHAUSER, D. R. *Industrial Conflict*. Buenos Ayres: F.C.E. – UNBA, 1969.
KOSAMBI, D. D. *An Introduction to the Study of Indian History*. Bombay: Popular Book, 1956.
KOSSELECK, R. *Preussen Zwischen Reform und Revolution von 1791 bis 1848*. Stuttgart: Ernst Klett Verlag, 1967.
KU-CHENG, C. *Breve Historia da China*. Buenos Ayres: Oficina Editorial, 1972.
LENIN, V. I. *O Capitalismo de Estado e o Imposto em Espécie*. Curitiba: Guaíra, s.d.
_____. *La Révolution Bolcheviste*. Paris: Payot, 1963.
_____. *Oeuvres*. Paris-Moscou: Éd. Sociales e Éd. du Progrès, 1970. t.39.
LEPAWSKY, A. *Administración*. México: Cia. Editora Continental, 1961.
LEROY, M. *Histoire des Ideés Sociales en France*. Paris: Gallimard, 1962. 3v.
LIONEL, R. *Nazismo y Literatura*. Argentina: Granica, 1972.
LITTERER, J. A. *Análise das Organizações*. São Paulo: Atlas, 1968.
LOWENFELD, P. *Das Strafrecht as Politische Waffe*. Berlin: Coll. Fischer-Bucherei, 1933.
MACHIAVELLI, N. El Arte de la Guerra. In: *Obras Politicas*. Buenos Ayres: Poseydon, 1943.

MACHIAVELLI, N. *Le Prince*. Paris: Seghers, 1972.

MACKENZIE, E. Brown. *El Pensamiento Politico de la India*. Madrid: Tecnos, 1965.

MAITLAND, F. J. The Survival of Archaics Comunities. In: *Collected Papers*. Cambridge, 1911. v.2.

MALLAT Y CUTÓ, J. *Organización Científica Del Trabajo*. Espanha: Labor, 1942. p.11-2.

MANDEL, E. *La Formación del Pensamiento Económico de Marx*. México: Siglo XXI, 1971.

MANNHEIM, K. *Ideologia e Utopia*. Porto Alegre: Globo, 1959.

MARKOVIC, M. *Dialektik der Praxis*. Frankfurt: Surham-Verlag, 1968.

MARX, K. Das Elend der Philosophie. In: *Ausgewahlte Schriften*. München: Kindler Verlag. p.340.

_____. *Manifesto do Partido Comunista*. São Paulo: Vitória, s.d.

_____. *Le 18 Brumaire de Louis Napoleón*. Paris: Sociales, 1928.

_____. *El Capital*. Madrid: Aguilar, 1931. v. único.

_____. *Misère de la Philosophie*. Paris: Sociales, 1947.

_____. *Oeuvres Philosophiques*. Paris: Costes, 1953. Tomo VI.

_____. Critica del Programa de Gotha. In: *Obras Escogidas*. Moscou: Literatura Política, 1955. v.2, p.16.

_____. *Contribuition à la Critique de l'Économie Politique*. Paris: Sociales, 1957.

_____. *La Ideologia Alemana*. Buenos Ayres: Grijalbo, 1959.

_____. *Ausgewahlte Schriften*. München: Kindler Verlag, 1962.

_____. Le Capital. In: _____. *Oeuvres*. Paris: Ed. de la Pleiade, 1965.

_____. *El Manifesto Comunista*. Buenos Ayres: Claridad, 1967.

_____. *El Capital*. México: Fondo de Cultura Económica, 1968a. 4v.

_____. *Oeuvres – Économie. I e II*. Paris: Éd. de La Pleiade, 1968b. 2v. (Edição organizada por M. Rubel.)

_____. *Antologia Filosófica*. Porto: Estampa, 1971a.

_____. *Critica del Programa de Gotha*. Buenos Ayres: Organización Editorial, 1971b.

_____. *Critique de la Philosophie du Droit de Hegel*. Paris: Aubier Montaigne, 1971c. p.87.

_____. *Elementos Fundamentales para la Critica de la Economía Política (Borrador) 1857-1858*. Buenos Ayres: Siglo XXI, Argentina Ed., 1971d. 2v.

MARX, K.; ENGELS. *Antologia Filosófica.* Porto: Estampa, 1971. p.198.

MAYO, E. *Democracy and Freedom, an Essay in Social Logic.* Australy, 1919.

MAZZINI, A. L. *De l'Italie dans ses Rapports avec la Liberté et la Civilisation Moderne.* Paris: Librairie Amyot, 1947. v. I.

MEIGNEZ, R. *La Patologie Sociale de l'Entreprise.* Paris: Ed. G. Villars, 1965.

MEISTER, A. *Socialisme et Autogestion.* Paris: Éd. du Seuil, 1964.

MERTON, R. K. *Teoria y Estrutura Sociales.* México: Fondo de Cultura Económica, 1964.

MEYER, M. *L'Enterprise Industrielle d'État en Union Soviétique.* Paris: Cujas, 1964.

MILLAT Y CUTÓ, J. *Organización Cientifica del Trabajo.* Espana: Labor, 1942.

MILLS, J. S. *Principios de Economía Política.* México: Fondo de Cultura Económica, 1951.

MILLS, S. *A elite do poder.* São Paulo: Zahar, 1962. p.148.

MOMBERTIY, M. *Geschichte der National Ekonomie.* Jena, 1972. p.182.

MONTESQUIEU, R. de. *De l'Esprit des Lois.* Paris: Seghers, 1972.

MORGAN, H. J. *German Universities:* a Narrative of Personal Experience. New York, 1878.

ONDEGARDO, J. P. [1571] Relación de los Fundamentos Acerca del Notable Daño que Resulta de no Guardar a los Indios sus Fueros. s.n.t.

PAILLET, M. *Marx contre Marx.* Paris: Denoel, 1971.

PFIFFER; SHERWOOD. *Organização Administrativa.* São Paulo: Best-seller, 1965. p.64.

PLEKHANOV, G. V. *Les Questions Fondamentales du Marxisme.* Paris: Sociales, 1947.

PORTAL, R. *Os Eslavos.* Lisboa: Ed. Cosmos, 1968.

PROUDHON, P. J. Idée Générale de la Révolution au XIXeme siècle (1851). In: GUERIN, D. *Ni Dieu, Ni Maître.* Paris: F. Maspero, 1968

RAMOS, A. G. *Sociologia Industrial:* formação e tendências atuais. Rio de Janeiro: Mendes Jr., 1953.

RAMOS, G. A. *Sociologia industrial.* Rio de Janeiro, s.n., 1952.

RAMOS, G. A. *Administração e Estratégia do Desenvolvimento.* Rio de Janeiro: Ed. Fundação Getúlio Vargas, 1960.

REINHART, K. *Preussen Zwischen Reform und Revolution Von 1791 bis 1818.* Stuttgart: Ernst Klett Verlag, 1967.

RICHARD, L. *Nazismo y Literatura*. Argentina: Granica, 1972.
ROSS, M. R. *História de la Economia Norte-americana*. Buenos Ayres: Kalada, 1955. p.345.
ROSTOVZEFF, M. *História Social y Económica del Imperio Romano*. Madrid: Espasa-Calpe, 1937. 2v.
RUBEL, M. *Pages de Karl Marx pour une Ethique Socialiste*. Paris: Payot, 1970. 2v.
RUSTOW, A. *Ortabestimmung der Gegenwart*. Zurich: Erlenbach, 1950-1952. 2v.
SAINT-SIMON. *Textes Choisis*. Paris: Sociales. s.d.
_____. L'Organizateur. *Oeuvres de Saint-Simon et Efantin*, 1819a. v.20. p.17-26.
_____. *Oeuvres de Saint-Simon et Efantin*. 1819b. v.19. p.84.
_____. *Producter*. 1819c. v.2. p.59.
SARAIVA, A. J. *Maio e a Crise da Civilização Burguesa*. Lisboa: Europa-América, 1970.
SAUGHNESSY, J. O. *Organização de Empresas*. São Paulo: Atlas, 1968.
SCHAFF, A. *Le Marxisme et la Personalité Humaine*. Paris: A. Colin, 1968.
SELZNICK, F. *TVA and the Grass Roots*. New York: Harper & Rew Publishers, 1956.
SHERWOOD; PFIFFNER. *Organização Administrativa*. São Paulo: Best Seller, 1965.
SMITH, A. *Investigaciones sobre la Naturaleza y Causa de la Riqueza de las Naciones*. México: Fondo de Cultura Económica, 1958.
SOCIETÉ, T. *L'Organization Scientifique dans l'Industrie Americaine*. Paris: Societé Taylor-Dunod, 1932.
SOCIETY, American Philosophical. *History of Chinese Society*. Philadelphia, 1949. v.36.
SOMBART, W. *El Apogeo del Capitalismo*. México: Fondo de Cultura Económica, 1946. 2v.
STERNFELD, W. German Students and their Professors. In: READ FISCH HANS, T. *Tyrannes*: four centuries of struggle against tiranny in Germany. London, 1944.
STOJANOVIC, S. *Critique et Avenir du Socialisme*. Paris: Éd. du Seuil, 1971.
TAYLOR, F. W. *Princípios de Administração Científica*. São Paulo: Atlas, 1966.

TOURAINE, A. *História General del Trabajo*. México – Barcelona: Grijalbo, 1968. 4v.

TROTSKY, L. "La Révolution Trahie." In: *De la Révolution*. Paris: Éd. de Minuit, 1963.

_____. *História de la Revolución Russa*. Buenos Ayres: Tilcara, 1966. 2v.

TUCKER, R. J. D. *A History of the Past and Present State of the Labouring Population*. London, 1846. v.I.

VEGA, G. de la. *Comentários Reales de los Incas*. Lima, s.n., 1945, 2v.

VELSKOPF, C. H. E. Probleme der Periodisierung der Altengeschichte und Alt-Ameriks in die Weltgeschichte Entwicklung. In: *Zeitschrift für Geschichte*. Berlin-Est, 1957.

VERMEIL, E. *Doctrinaires de la Révolution Allemande (1918-1938)*. Paris: Fernand Sorlot, 1938. 2v.

_____. *L'Allemagne Contemporaine*. Paris: Aubier Montaigne, 1952.

VRANICKI, P. *Socialism and the Problem of Alienation in Fromm-Socialist Humanism*. New York: Doubleday and Co., Inc., 1965.

WEBER, M. *Ensaios de Sociologia*. Rio de Janeiro: Zahar.

_____. Der Stat um Charakter der altgermanischen Sozialverfassung. In: *Jahrbf. Nationalokonomie und Statistik*, 1904. v.83.

_____. *Economía y Sociedad*. México: Fondo de Cultura Econômica, 1944. 4v.

_____. Politics as Vocation. In: GERTH, H.; MILLS, W. *From Marx Weber*. London: Kegan Paul, 1952.

_____. *Historia Económica General*. México: Fondo de Cultura Econômica, 1956.

_____. *Gesammelte Aufsatze zur Soziologie und Sozialpolitik*. Tubingen: J.C.B. Mohr (Paul Siebeck), 1958a.

_____. *Gesammelte Politische Schriften*. Tubingen: J.C.B. Mohr (Paul Siebeck), 1958b.

_____. *Wirtschaft und Gesellschaft*. Berlin: Kepenheuer e Witsch, 1964a. 2v.

_____. *L'Éthique Protestante et l'Esprit du Capitalisme*. Paris: Plon, 1964b.

_____. *A Ética Protestante e o Espírito Capitalista*. São Paulo: Pioneira, 1967.

_____. *Essai sur la Théorie de la Science*. Paris: Plon, 1965.

WEFFORT, F. C. Nota sobre a teoria da dependência: teoria de classe ou ideologia. In: GIANOTTI, J. A. *Estudos sobre Teoria e Método em Sociologia*. São Paulo: Cebrap, 1971.

WITTFOGEL, K. *Wirtschaft und Gesellschaft China's*. Leipzig: C.L. Hirschfeld, 1931.

_____. *Oriental Despotism*: a Comparative Study of Total Power. Yale, 1951.

XEREZ, F. de. *Verdadeira Relación de la Conquista del Peru (1534)*. Madrid: Biblioteca de Autores Españoles, 1853. 2t.

SOBRE O LIVRO

Formato: 14 x 21 cm
Mancha: 27,5 x 49 paicas
Tipologia: Iowan Old Style 10/14
Papel: Offset 75 g/m² (miolo)
Cartão Supremo 250 g/m² (capa)
1ª edição: 2006

EQUIPE DE REALIZAÇÃO

Edição de Texto
Regina Machado (Preparação de Original)
Diná Viana da Cruz e
Ruth Mitsui Kluska (Revisão)
Oitava Rima Prod. Editorial (Atualização Ortográfica)

Editoração Eletrônica
Santana

Impressão e acabamento